中国职业经理人制度研究与实践

THE RESEARCH AND PRACTICE FOR PROFESSIONAL MANAGER SYSTEM IN CHINA

职业经理研究中心◎著

中国财富出版社

图书在版编目（CIP）数据

中国职业经理人制度研究与实践／职业经理研究中心著．—北京：中国财富出版社，2018.1

ISBN 978－7－5047－4922－2

Ⅰ.①中…　Ⅱ.①职…　Ⅲ.①企业管理—研究—中国　Ⅳ.①F279.23

中国版本图书馆 CIP 数据核字（2018）第006437号

策划编辑　谢晓绚　　责任编辑　张冬梅　周　畅

责任印制　梁　凡　　责任校对　孙会香　卓闪闪　　责任发行　董　倩

出版发行　中国财富出版社

社　　址　北京市丰台区南四环西路188号5区20楼　　邮政编码　100070

电　　话　010－52227588转2048/2028（发行部）　010－52227588转307（总编室）

010－68589540（读者服务部）　010－52227588转305（质检部）

网　　址　http://www.cfpress.com.cn

经　　销　新华书店

印　　刷　北京京都六环印刷厂

书　　号　ISBN 978－7－5047－4922－2/F·2856

开　　本　787mm×1092mm　1/16　　版　　次　2018年3月第1版

印　　张　14.75　　印　　次　2018年3月第1次印刷

字　　数　306千字　　定　　价　68.00元

编 委 会

编者按

建立职业经理人制度是党和国家推进全面深化改革的重要决策。国务院国有资产监督管理委员会（简称国资委）所属职业经理研究中心根据十多年来在职业经理人领域内的研究成果和探索实践，总结经验，凝聚智慧，编印了《中国职业经理人制度研究与实践》一书，为推行职业经理人制度建言献策。

本书从职业经理人的起源与发展、职业经理人制度的内涵辨析入手，详细阐述了职业经理人制度建设与中国企业发展的紧密关系；总结以往的研究成果和实践经验，在微观企业层面，介绍了职业经理人选聘、薪酬、绩效评价、契约化管理与任期制、监督、退出等方面的制度建设思路和方法；在宏观社会层面，探讨了职业经理人市场、信用体系、标准、培养与社会化评价等方面制度建设的途径和方式。本书不仅对企业推行职业经理人制度具有重要指导意义，对相关部门从社会层面推进职业经理人制度建设也具有重要的参考价值。

本书由王新伟负责编写第 1 ~ 3 章及第 13 章，张红涛负责编写第 4 ~ 8 章，吕青松负责编写第 9 ~ 12 章及附录，贾薇、许春燕、姜琳琳等同志为编写本书做了相关工作或提供了有关资料。

本书在写作过程中援引了诸多公开媒体出版物中的文献和资料，在书稿的讨论、修改、完善环节，张伟、王喜富、庞铁等专家给予了悉心指导，提出了宝贵意见，在此表示感谢！

《中国职业经理人制度研究与实践》编委会

2017 年 11 月 1 日

序　言

2018年，是中国实行改革开放四十周年，回顾走过的路，我们充满着胜利的喜悦。2018年，是贯彻落实党的十九大伟大纲领的开局之年，我们充满着必胜的信心。十九大到二十大是"两个一百年"奋斗目标的历史交汇期。我们既要全面建成小康社会、实现第一个百年奋斗目标，又要乘势而上，开启全面建设社会主义现代化国家新征程，向第二个百年奋斗目标进军。2020年到2035年，在全面建成小康社会的基础上，再奋斗十五年，基本实现社会主义现代化。2035年到本世纪中叶，在基本实现现代化的基础上，再奋斗十五年，把我国建成富强民主文明和谐美丽的社会主义现代化强国。行百里半九十，"两个百年"是一次新的征程，在习近平新时代中国特色社会主义思想引领下，我们一定能实现中华民族伟大复兴的中国梦。

当前，中国经济正处于转变发展方式、优化经济结构、转换增长动力的攻关期，已由高速增长阶段转向高质量发展阶段，通过质量变革、效率变革、动力变革，进一步增强中国经济的创新力与竞争力，这就必须贯彻新发展理念，建设现代化经济体系，而推进与完善职业经理人制度，是深化企业体制改革，完善社会主义市场经济体制，建设现代经济体系的重要一环。

职业经理人制度是社会化大生产与社会分工的必然产物，是企业管理的一场深刻变革，在发达的市场经济国家取得了巨大成功。中国实行改革开放以来，随着企业改革推进，企业管理层对如何既坚持党管干部原则，又推进市场化选聘，建立职业经理人制度，进行了积极探索，取得了阶段性成果，但推进速度慢、模式不完善，制度性约束仍较严重。中国必须有所突破，有所创新，有所前进。为此，党中央、国务院在许多文件中，在党中央、国务院许多会议上，反复强调"推进职业经理人制度"。特别是2015年8月《中共中央、国务院关于深化国有企业改革的指导意见》明确提出"推行职业经理人制度，实行内部培养和外部引进相结合，畅通现有经营管理者与职业经理人身份转换通道，董事会按市场化方式选聘和管理职业经理人"，在中央文件中首次明确了职业经理人的选聘、评价、管理、薪酬、退出机制。十八届三中全会、"十三五"规划又都明确了这一点。

由王永利任编委会主任，职业经理研究中心编著的《中国职业经理人制度研究与实践》，适应了经济转型发展与深化企业改革的需要，汇总了职业经理人制度的理论研究成果与实践经验，涉及到职业经理人定义，发展历史，职业经理人选聘、薪酬、评价、契约化管理，职业经理人的市场机制、信用体系、法制环境等，是一部深入浅出、通俗易懂，理论与实际结合的普及性读本，也是政府与企业领导推动职业经理人制度运作的指导性读本。由于职业经理人制度在中国还处于起步阶段，本书的内容将在实践中不断更新与发展。

丁俊发

2018 年 1 月

（丁俊发，中国知名流通经济学家，资深物流与供应链专家，享受国务院政府特殊津贴，研究员。曾任国家内贸局副局长、中国物流与采购联合会常务副会长。）

目　录

第一章

职业经理人概述

职业经理人是当前人们议论的一个焦点。职业经理人概述将围绕职业经理人开展研究，对职业经理人的概念、特征、历史沿革以及中国企业发展与职业经理人的关系等内容进行比较深入的论述，以期使人们对职业经理人能够有较为深入的了解与认识，同时，也为职业经理人相关工作的开展提供帮助和支持。

第一节　什么是职业经理人

一、职业经理人的概念

（一）职业经理人的称谓

“职业经理人”一词经常被大家提起。说起职业经理人，人们会不由自主地想起一些知名的 CEO（首席执行官），例如杰克·韦尔奇、艾尔弗雷德·P. 斯隆等。

杰克·韦尔奇于 1935 年 11 月 19 日出生于美国马萨诸塞州塞勒姆市。1960 年，杰克·韦尔奇毕业于伊利诺伊大学，获得化学博士学位。博士毕业后，他加入美国通用电气公司，成为一名助理工程师。1971 年年底，杰克·韦尔奇成为美国通用电气公司化学与冶金事业部总经理。此后，他不断晋升。1979 年，杰克·韦尔奇成为美国通用电气公司副董事长。1981 年，年仅 45 岁的杰克·韦尔奇成为美国通用电气公司历史上最年轻的董事长和 CEO。杰克·韦尔奇自 1981 年接任美国通用电气公司第八任总裁以来，一直到 2001 年，美国通用电气公司各项主要指标都保持着两位数的增长。在此期间，在杰克·韦尔奇的领导下，美国通用电气公司从一家制造业巨头转变为以服务业和电子商务为导向的企业巨人。有百年历史的美国通用电气公司成为了真正的业界领袖级企业。美国通用电气公司的市值从他上任时的 130 亿美元上升到了 4800 亿美元。杰克·韦尔奇所推行的“六西格玛”标准、全球化和电子商务，几乎重新定义了现代企业。他所提出的“数一数二的市场原则”的经营理念，更是被大家津津乐道。他被誉为“最受尊敬的 CEO”“全球第一 CEO”“全美头号经理”。

艾尔弗雷德·P. 斯隆是一位传奇式商界领袖，被誉为一位成功的职业经理人。艾尔弗雷德·P. 斯隆于 1875 年 5 月 23 日出生于美国康涅狄格州的纽海文市。他于 1895 年毕业于美国麻省理工学院（艾尔弗雷德·P. 斯隆后来资助该学院成立了现在闻名世界的“斯隆管理学院”），获得电子工程学士学位。艾尔弗雷德·P. 斯隆于 1918 年加盟杜兰特先生（别克汽车的创始人）领导的美国通用汽车公司。1923 年，继杜帮先生之后，艾尔弗雷德·P. 斯隆成为通用汽车公司的总裁。之后，艾尔弗雷德·P. 斯隆一直担任美国通用汽车公司总裁、首席执行官、董事会主席至 20 世纪 50 年代。在他加入美国通用汽车公司时，公司正处于严重的危机之中，人们看不到公司的未来。在他领导公司的几十年中，美国通用汽车公司不但超越福特汽车公司成为了世界上最大的汽车制造商以及世界上最大的产业集团之一，而且成为了美国经济的重要标志。艾尔弗雷德·P. 斯隆在汽车行业50多年的管理经验，不但使艾尔弗雷德·P. 斯隆成为20世纪伟大的CEO之一，也成为职业经理人的榜样。而且，艾尔弗雷德·P. 斯隆对企业的组织结构、计划和战略、持续成长、财务成长以及领导的职能和作用的研究，都对现代管理理论的形成和发展产生了极大的影响。

什么是职业经理人？到目前为止，这还是一个困扰许多人的问题。当人们想准确回答这个问题时，最好的思路就是追踪溯源，从“职业经理人”一词的最初源头来研究和认识什么是“职业经理人”。

“职业经理人”一词一般被认为是从国外传到中国来的。查阅国内的历史文献，没有出现“职业经理人”一词的提法和记录。因此，许多研究者首先从国外的文献或者研究中找寻“职业经理人”一词的来源。

“职业经理人”一词在国外不是专有名词，一般对应的英文翻译是“Professional Manager”或“Career Manager”。一些研究者试图通过“Professional Manager”或“Career Manager”等查找相关资料或者文献时，却没有查到非常有价值的文献或资料。但是，人们在查阅时会经常看到一些与“Professional Manager”或“Career Manager”有联系的词语，如“Middle Manager”（中层经理）、“Top Manager”（高层经理）、“Top Management”（高阶层管理）、“Managerial Class”（经理人阶层）、“Senior Manager”（总经理）、“Managing Director”（总经理）和“Top Executives”（高管）等。人们经常也能听到“Managerial Revolution”（经理革命）等相关论述。当我们与国外一些研究人员和企业人员进行交流时，发现他们对“职业经理人”这一称呼很陌生，甚至并不知晓。

最早专门系统研究经理人的学者是美国的学者小艾尔弗雷德·D. 钱德勒。在他撰写的《看得见的手：美国企业的管理革命》（*The Visible Hand：The Managerial Revolution in American Business*）中，出现了“Professional Managers”和“Career Managers”（职业经理人员或职业经理层）。“Professional Managers”和“Career Managers”在书中用以表述以企业管理为职业的人员群体。全书一般都用Manager（经理人）来表述，为什么用了“Professional”和“Career”呢？研究发现，“Professional”和“Career”旨在强调“起初，管理不是一种职业”，随着公司规模越来越大，公司管理变得越来越复杂，经过一个时期的发展，管理从其他工作中分离出来，成为一种新的职业。从事这种职业的人就是经理人。这个由经理人组成的群体就被称为“Professional Managers”或“Career Managers”。

人们在文化习惯上的差异，往往造成人们对同一个事物称呼上的差异。例如，美国NBA球员在中国总被习惯地称为职业球员。为什么特意加了“职业”两个字呢？这是由于特定的历史背景造成的。中国改革开放之初，国内也有打篮球的球员。虽然同是打篮球的球员，他们之间是有很大差异的。这些差异除了体现在打球专业能力素质的差异，即打球专业化程度的差异，还有就是职业化方面的差异。美国 NBA 球员是以打球为职业的人员，而当时中国球员的身份是公职人员。中国球员是为国家工作的人员，而不是以打球为职业的人员，也就是说，“打球”当时对于中国球员来讲还不能称为一个职业。因此，为了体现这种差异性，人们习惯于称美国 NBA 球员为“职业球员”，而中国的球员被称为“运动员”。随着时代的发展，中国职业篮球赛的球员当前也被称为“职业球员”。

与之相似的是，20 世纪七八十年代，中国的企业绝大多数是国有企业。1994 年，《中华人民共和国公司法》开始实行以后，公司的管理人员被人们称为经理人。但是，当时国有企业的经理人不管是从管理的专业化程度，还是从职业化角度来看，与国外经理人都有很大差异。我们习惯称国外的经理人为职业经理人，称国内的经理人为经理人。

（二）职业经理人的定义

关于“职业经理人”，许多学者或机构都从不同角度下了定义。但到目前为止，社会上对职业经理人还有不同的解释。

《牛津商务词典》对“Manager”（经理人）的定义为：被雇用来控制、组织、指导整个业务活动或整个组织、部分业务活动或组织的某一部分的人。

商务印书馆发行的《现代汉语词典》中，将“职业”定义为：个人在社会中所从事的作为主要生活来源的工作；将“经理”定义为：企业中负责经营管理的人。

《职业经理人相关术语》（GB/T 26999—2011）中，将“职业经理人”定义为：受雇于企业，担任不同层级的领导和管理职务，承担相应的义务和责任，从事经营管理活动，以此为职业的人才。

二、职业经理人的主要特征

虽然人们对“职业经理人”所下的定义不同，但在职业经理人内涵的认识上是趋同的。“职业经理人”的主要特征如下：

（一）职业化

经理作为一种职业，具有一定的代表性、广泛性和稳定性。代表性体现在管理是一项工作，人们在社会中从事管理工作可以获得自己的主要生活来源。广泛性体现在经理工作在社会上已经广泛存在。具体来说，经理工作包含公司总经理、总裁、副总经理、财务总监、部门经理和项目经理等管理职位的工作。稳定性体现在这些工作岗位在企业中已经广泛存在，并且稳定存在。

这里所说的“经理人”可以指担任总经理、副总经理、部门经理等职位的人，与《中华人民共和国公司法》中的“经理”有所不同，《中华人民共和国公司法》中的“经理”是从法律意义上来讲的，特指公司中的总经理。职业经理人作为从事经理工作的人，应该符合职业化要求。例如，职业经理人在从事经理工作时，要遵守职业道德规范，具备良好的职业素养，掌握必备的工作知识，承担所要承担的责任等。

（二）专业化

职业经理人是专门从事企业管理工作的人，因此，职业经理人要能够履行委托人赋予的职责。这就像职业球员，要有基本的专业技能，否则就不是称职的职业球员。对于职业经理人来说，必须具备工作岗位要求的专业化的能力，体现出专业化的特征，才能成为真正合格的职业经理人。

（三）市场化

职业经理人是一种社会化的公共资源，它是由于社会分工发展到一定阶段而产生的。职业经理人也像其他社会化的公共资源一样，是受市场这只“看不见的手”所支配的。职业经理人应按照市场规则在市场上进行有序的流动，并通过契约化的方式与委托人明确责、权、利，在约定的职权范围内开展管理工作，承担相应的责任，获取相应的报酬。市场化是职业经理人的显著特征之一。

第二节　职业经理人发展的历史沿革

一、国外职业经理人发展的历史沿革

（一）国外职业经理人产生的萌芽

工业革命之前，整个社会的生产力水平相对较低，社会生产经营活动的社会化程度不高，生产经营规模普遍较小，生产经营管理活动相对比较简单，因此，社会生产经营活动通常的组织形式是单一业主制企业或者合伙业主制企业。

单一业主制企业是由一个人出资的企业。企业的所有者是单一的。企业主亲自经

营管理企业，企业的利润和风险都由企业主自己承担，企业主承担无限连带责任。

合伙业主制企业是由两个以上的个人出资，通过签订合伙协议联合经营的企业。合伙业主制的企业可以由其中一人出面经营，也可以由若干合伙人共同经营，经营收益由全体人员分享，经营亏损由全体人员承担。企业主承担无限连带责任。

不管是单一业主制，还是合伙业主制，企业出资人一般情况下既是企业的所有者，又是企业的管理者，企业的所有权与经营权是合二为一的。管理还没作为一种职业从其他工作中独立出来。

除了单一业主制企业和合伙业主制企业，一些地方也出现了类似于股份制公司的合股公司。例如，在英国、法国、荷兰、丹麦、葡萄牙等国出现了一批由政府特许建立的具有国外某些地区贸易垄断特权的特许贸易公司。这些特许贸易公司在筹建资本和治理结构上已经接近现代公司。

以荷兰东印度公司为例。荷兰东印度公司是1602年由国家特许成立的。荷兰东印度公司是由6个阿姆斯特丹商会联合组建而成，其资本总额达650万荷兰盾。荷兰东印度公司一半以上的股份为阿姆斯特丹商会拥有，其余股份面向全国招募。荷兰东印度公司依照宪法制定公司的选举方法，由出资5000荷兰盾以上的股东召集协议会。荷兰东印度公司有8家分公司，主要股东参加这些分公司。荷兰东印度公司设立股东大会作为最高权力机构。由股东大会选出60名董事组成董事会作为公司的决策机构，另选17人组成经理会作为执行机构。荷兰东印度公司的股票可以自由转让，在公司管理上大都由股东集体授权其中的合伙人作为经理人来经营。

合股公司一般是由为数众多的股东共同参股的，或者是由国家及法人投资合办的公司。合股公司开始必须经政府特许才能开办。随着市场的发展，人们发现没有政府的特许，也可以仿效特许贸易公司的组织形式，通过发行股票吸引社会资本进行开办。合股公司逐渐脱离政府特许自由建立。

最早出现的合股公司形式是无限责任公司，公司对其债务负连带的无限责任。这种模式的合股公司与单一业主制企业或者合伙业主制企业在承担无限责任方面无本质的区别。随着时代的发展，在合股公司中，存在无限责任股东和有限责任股东，无限责任股东负无限债务责任，有限责任股东则负有限债务责任。至17世纪初，公司组织形式出现了质的飞跃，股份有限责任公司作为一种全新的组织形式出现在西欧。但由于股份有限责任公司的设立手续烦琐，进入19世纪，西欧国家中又出现了一种新的企业组织形式，即有限责任公司。德国于19世纪通过了世界上第一部有限责任公司法，之后许多国家均出现了有关有限责任公司的法律。股份有限责任公司和有限责任公司由于其组织形式便于吸收大量社会资金参与企业的经营以及承担有限责任，逐渐开始风靡世界。

在工业革命之前，由于企业管理工作还不是十分复杂，经理工作一般还是由出资合伙人中的人员来担任，经理还没有作为一种职业从社会其他职业中分离出来。但是，也有少部分企业的经理人不是出资合伙人，职业经理人的萌芽已经开始出现了。

（二）国外职业经理人的产生

18 世纪中叶，随着瓦特改良了蒸汽机，欧洲爆发了以机器取代人力，以大规模工厂化生产取代个体工场手工生产的一场生产与科技革命，即工业革命。工业革命从英国传播到欧洲，19 世纪传播到北美地区。后来，工业革命传播到世界各国。工业革命使生产力迅速提高，社会结构和生产关系发生重大改变。

在工业革命影响下，美国出现了铁路建设热潮。股份公司使企业规模突破了个人资本的限制，使得投资巨大且拥有数千、数万员工的企业成为现实。由于修筑铁路所需的巨额资本，唯有通过资本市场才能筹集，因此，导致大批股份公司诞生。随着企业生产的社会化程度越来越高，这些铁路建设企业的规模和经营范围也日益扩大，企业人员与机构不断增大，不仅增加了企业管理的难度，也增加了企业经营决策的难度，企业的经营管理变得越来越复杂。企业管理者需要拥有专业的管理技能并经过训练才能够胜任企业的管理工作，传统的管理方式已经越来越不能够满足企业的管理需要。当时，由于企业所有者的管理能力不能满足铁路管理的高水平要求，造成铁路事故频发。企业所有者在追求经济利益最大化目的驱动下，希望寻找最符合要求的人直接经营管理企业，进而产生了寻求企业所有者之外、有才能的人作为经理人来管理企业的现实需求。

> 1841 年，美国马萨诸塞州的铁路上发生了一起两列列车迎头相撞的事故，造成一名列车员和一位乘客身亡，另有 17 位乘客受伤。事故的主要原因是企业所有者的管理错误。由于铁路事故关系到公众的切身利益，导致了公众的强烈反响，积极要求政府对企业的管理制度进行干预，选拔有能力的人来管理铁路。在州议会推动下，该事故的责任方铁路运输公司开始对企业的管理制度进行改革，促使企业成为美国第一家以专职支薪经理通过严密的管理系统而经营的现代企业。

由于政府的干预，企业的管理工作作为一种专业性的工作被确定下来。管理工作被明确地从其他工作中分离出来。这种工作是被大众认同、政府认可的，并长期存在着，而且对于铁路企业来说具有广泛性，管理工作在不被人们察觉之间转换成为了一种职业。因此，很多学者把这一标志性事件作为职业经理人诞生的起点。虽然这时的职业经理人与真正的职业经理人还有很大差距，但是，作为一个开端，职业经理人队伍开始在企业中发展壮大，从美国到欧洲，到世界各地。

（三）国外职业经理人发展历程

从职业经理人诞生至今，已经有近 200 年的历史。职业经理人发展走过了一个漫长的历程。归纳总结后，可以将职业经理人发展历程划分为以下几个阶段：

1. 成长期

这个阶段从 1841 年职业经理人诞生开始，到 1923 年美国管理协会成立。这个阶段主要有以下特点：

（1）管理逐渐成为一门学科

人们对企业管理的认识越来越深，越来越多的学者和企业经营管理者开始关注和从事企业管理问题的研究，管理作为一门学科被社会广泛重视，企业管理的研究越来越深入。

（2）多数职业经理人是从专业技术人才中产生的

这一时期，大多数职业经理人是从那些精通本企业生产或者研发等方面的专业技术专家中选拔出来的。专业技术人才担当职业经理人成为当时一种典型模式。但是，企业的经营管理是一门极为复杂的专业化学科。专业技术人才如果不具备企业的经营管理知识和技能，技术再强也很难做好企业管理工作。他们发现了自己的不足，开始自觉地进行企业管理的学习、研究与实践。1923 年，美国管理协会成立。它是由美国一些公司中的高阶层管理人员自发成立的社会性组织，通过会议或者刊物等方式，组织公司中高阶层管理人员和研究学者等系统地开展研究讨论现代企业的管理、经营和监督等问题。职业经理人的专业化程度逐渐增强。

（3）多数职业经理人没有掌控企业管理的主导权

企业管理工作逐渐由所有者主导向职业经理人主导进行转换。但是，大多数企业所有者还牢牢把握着对企业的决策权和控制权。大多数职业经理人还没有真正掌握企业管理的主导权。

2. 成熟期

这个阶段是从 1923 年到 20 世纪 60 年代末。这个阶段主要有以下特点：

（1）管理已经成为一门成熟的学科

企业管理研究逐渐走向成熟。随着企业发展的需要，许多大学成立了商学院或者管理学院，开始专门从事企业管理的研究与企业管理人员的培养工作，例如 1881 年，美国宾夕法尼亚大学成立的沃顿商学院；1908 年，美国哈佛大学商学院成立等。尤其是 1925 年，随着美国哈佛大学企业管理研究院的成立，专业化的企业管理的研究生教育开始迅速发展起来，以企业管理为主要培养方向的 MBA（工商管理硕士）教育逐渐兴起。职业经理人队伍的整体素质不断提高，职业经理人队伍也迅猛发展，在世界经济舞台上扮演着越来越重要的角色。

（2）职业经理人主要从管理专业人才中产生

企业的职业经理人主要从受过专业企业管理教育或者培训的人员中选拔产生，并逐步摆脱以往大多数企业的经理人从技术专家中产生的模式。职业经理人在专业化和职业化方面也逐渐成熟起来。

（3）多数企业管理的主导权开始由职业经理人掌控

随着新技术革命的推动以及社会生产力的发展，生产的社会化、国际化程度进一步提高，生产规模进一步扩大，企业内部分工、专业化和协作程度越来越高，管理技术日益复杂，企业所有者由于能力不足，以及“搭便车”心理等原因，企业管理工作逐渐由所有者主导转化为职业经理人主导。根据有关研究统计，到 20 世纪 60 年代末，80% 以上的美国企业都聘请了职业经理人。

有学者将这个持续了一个多世纪的管理变革称为“经理革命”。在这个长久的企业实践过程中，不仅造就了一个与高度发达的现代化社会化大生产相适应的现代企业制度，也造就了现代企业制度的运作主体之一——一个规模庞大的、利益相对独立的职业经理人阶层，同时，也形成了一套较为规范的职业经理人运行管理机制和规则。

3. 完善期

这个阶段是从 20 世纪 70 年代开始，一直到现在。这个阶段主要有以下特点：

（1）管理问题越来越复杂，研究越来越深入

随着科学技术的突飞猛进，整个社会发生了翻天覆地的变化，企业遇到的管理问题越来越多。人们在应对企业遇到的问题时，产生了许多新的管理理念、管理方法、管理模式和组织形式等，对企业管理的研究越来越深入，研究分支呈多元化发展，并且越来越精细。

（2）职业经理人控制企业的模式所产生的问题已成为一个亟待解决的难题

随着企业资本的社会化，很多企业成为公众企业，股东急剧增加并高度分散。由于企业经营管理活动日趋复杂，加之有些股东有“搭便车”心理，以及一些股东没有能力或者不愿关心企业的实际运作，许多企业的实际管理权落到了职业经理人手中，即企业从企业所有者控制变为职业经理人控制，使得企业在经营管理方面出现了许多新的问题，职业经理人利用手中的权力和信息不对称等便利，侵占和损害企业及所有

者利益的事情时有发生。如何加强对职业经理人的管控与监督，成为今后在企业管理中亟待解决的一个重要问题。

二、中国职业经理人发展的历史沿革

（一）国内职业经理人产生的萌芽

中国较早出现了职业经理人的萌芽。明清时期，随着社会生产力和商品经济的发展，一些地方的手工业部门开始出现资本主义性质的生产关系，出现资本主义萌芽。与此同时，城镇经济空前繁荣，涌现了许多以地域为中心、以血缘乡谊为纽带的商人群体，称作商帮。其中最著名而且实力最强的是徽商和晋商，有的商帮在当时的社会条件下就聘用了经理人。

清朝晋商当中的雷履泰就是一个典型的工商业管理者。雷履泰家境贫寒，清朝嘉庆年间，从赌馆伙计跳槽到颜料行。雷履泰由于善于经营，被东家李大全赏识，一路提拔，最终被聘为掌柜，负责颜料行的管理工作。当上掌柜的雷履泰，具有非常高的商业敏感触觉。他发现中国商业的发展使得各商号对银款的汇兑业务有极大的需求，并且这项业务有极高的利润空间。于是，雷履泰向东家李大全建议将颜料行改行，做票号生意。最后，雷履泰的建议得到东家李大全的支持，成立日升昌记票号。雷履泰被聘任为日升昌记票号总经理（俗称大掌柜），被赋予日升昌记票号经营方面的全权。日升昌记票号创建了一套非常现代的组织机构和管理模式。日升昌记票号的东家李大全负责出资，并选聘总经理和协理（俗称二掌柜），参与四年一度的分红。日升昌记票号的全部经营活动由总经理负责，东家不参与经营，所有权与管理权完全独立。双方用条约的方式规定东家不“举荐人位”，不向票号随意借贷。协理负责所有员工的工作考核与管理。信房先生一人，负责主管账务及与各分号间的信息沟通。入职人员必须经历三年的学徒期，考核合格才能成为伙计。伙计按工作业绩及工作年限实行差别工资制，在升到最高一级工资后，可以取得票号“顶身股”形式的收益股份，参与分红。日升昌记票号的管理制度已经比较接近于现代企业管理制度。雷履泰作为较早使用“总经理”这个称呼的管理者，堪称中国工商业早期经理人的代表性人物。

（二）国内职业经理人产生的初期

1911 年辛亥革命以后，当时的政策和措施较有利于发展经济，促进了中国企业发展，股份制企业和上市公司制度也被引入中国。职业经理人随着中国现代企业的发展而出现。但是，由于企业主要是由官僚资本或民营创业者所控制，职业经理人在企业管理中不占主导地位。

（三）国内职业经理人的断档期

1953年以后，中国开始对私有经济进行公有制改造。到1956年年底，全国私营工业户数的99%，私营商业户数的82.2%，分别纳入了公私合营或合作社的轨道。中国建立起以公有制为基础的计划经济体制。国有企业生产资料属国家所有，企业由政府领导和管理，企业管理者按干部管理体制进行管理，不再是职业经理人。

（四）国内职业经理人的恢复期

1978年，党的十一届三中全会提出，中国经济管理体制权力过于集中，应该按经济规律办事，重视价值规律作用。

1984年，党的十二届三中全会通过的《中共中央关于经济体制改革的决定》中提出，国有企业实行厂长负责制。厂长负责制是以厂长为企业生产经营活动的中心，由厂长统一领导企业生产管理工作，并对企业经营管理负完全责任的一种领导制度。在厂长负责制下，厂长全面领导企业的生产经营管理工作。厂长依照国家的各项法律和法规，有权决定企业的生产经营计划、机构设置、人事任免，以及作出各项经营管理决策。

1987年，国有企业全面推行承包责任制。到1987年年底，全国实行各种承包经营责任制的国营大中型工业企业达到82%，国营大中型商业企业也达到60%以上。1988年，国务院颁布了《全民所有制工业企业承包经营责任制暂行条例》。

1988年，第七届全国人民代表大会第一次会议通过《中华人民共和国全民所有制工业企业法》，规定企业实行厂长（经理）负责制，确立了企业所有权与经营权分离的原则。

1992年，党的第十四次全国代表大会提出，中国经济体制改革的目标是建立社会主义市场经济体制。1993年，党的十四届三中全会明确提出，国有企业改革的方向是建立产权明晰、责权明确、政企分开、管理科学的现代企业制度。

1993年，《中华人民共和国公司法》正式颁布。《中华人民共和国公司法》对公司的治理结构、内部管理体制都作出了清晰的规定，为探索科学的企业管理模式以及深化国有企业改革奠定了基础。《中华人民共和国公司法》对经理的产生方式以及职权进行了明确的规定，首次赋予了经理较为明确和完整的管理权。

这一时期，在一些中外合资企业和中外合作企业中，出现了一批职业经理人。

（五）国内职业经理人的成长期

《中华人民共和国公司法》的实施，为职业经理人的成长释放了空间。1997 年，党的第十五次全国代表大会提出，要初步建立现代企业制度。

制度的创新和完善带来了中国企业的迅猛发展，同时，也为职业经理人的成长起到了积极的促进作用。各类企业越来越重视职业经理人。一些成立较早、发展较快的民营企业，开始有意识地聘用职业经理人负责日常管理事务和经营业务，但是，职业经理人在企业中不处于主导地位。

许多大学都设立了商学院或管理学院等，主要进行企业管理方面的研究与企业管理人才的培养。随着中国企业的迅猛发展，中国职业经理人的数量不断增加，整体素质也不断提升。

这一时期，企业职业经理人多数从专业技术人才中产生。企业职业经理人开始有意识地主动参加企业管理方面的学习或培训，以提高自身管理能力和素质。

（六）国内职业经理人的成熟期

2001 年，随着中国加入 WTO（世界贸易组织），中国企业开始同世界各国的企业在市场中展开了竞争。面对激烈的竞争环境，中国企业对高水平高素质的职业经理人的需求越来越迫切。党和政府先后出台了一系列政策推进中国的职业经理人队伍建设和各项制度建设。许多大学在管理方面的研究逐步与世界接轨，多年培养的管理人才已经有很多开始在企业中担当重任。

中国职业经理人数量迅速增长，整体素质越来越高，职业经理人的专业化和职业化程度也越来越高。有些职业经理人在企业管理中已经处于主导地位，其作用越来越突出。企业职业经理人运行管理机制和规则正在逐步完善，建立完善职业经理人制度将成为企业今后的一项重要工作。

第三节 中国企业发展需要职业经理人

一、国有企业发展需要职业经理人

（一）国有企业做强做优做大离不开职业经理人

企业是经济发展的主要推动力量。国有企业作为国有经济发展的核心力量，其经营的好坏直接影响着国有经济在社会经济中的主导作用，从而影响着是否能够坚持以公有制为主体的基本经济制度。所以，《中共中央国务院关于深化国有企业改革的指导意见》明确提出，要坚持和完善基本经济制度，做强做优做大国有企业，为促进经济社会持续健康发展、实现中华民族伟大复兴中国梦作出积极贡献。因此，国有企业的发展对于中国经济的发展以及坚持巩固中国特色社会主义制度有着至关重要的作用。

国有企业发展的好坏关键要看“领头羊”。“领头羊”就是那些负责企业管理的职业经理人或者企业家。随着社会的发展，社会分工越来越细，管理作为一项工作，从企业工作中逐渐分离出来。有句话说得好：“只有专业的人才能干专业的事情，非专业的人干不好专业的事情。”在管理企业方面，必须是专业化和职业化的管理人才才能胜任。职业经理人作为企业管理方面专业化和职业化人才，在促进企业发展中起着至关重要的作用，是引领企业健康持久发展的关键所在。国外企业发展的历史已经证明了这一点。同样，中国国有企业的发展也离不开职业经理人。

（二）推进现代企业制度需要加强职业经理人队伍建设

2013 年，党的十八届三中全会提出：“推动国有企业完善现代企业制度”“进一步深化国有企业改革”“建立职业经理人制度”。推动国有企业完善现代企业制度是国有企业改革的一个重要方向。职业经理人制度是现代企业制度的重要组成部分，是完善国有企业治理结构的关键环节之一。因此，职业经理人制度建设已经成为国有企业深化改革的重要手段和途径之一，也是政府和企业在未来很长一段时间内开展的一项重要工作。推行职业经理人制度需要加强职业经理人队伍建设。开展职业经理人队伍建设是职业经理人制度建设的基础。没有一支素质能力较高的职业经理人队伍，职业经理人制度建设就无从谈起。

党和政府高度重视职业经理人工作，出台了许多职业经理人相关的政策，并提出有关要求。

2002 年，《2002—2005 年全国人才队伍建设规划纲要》（中办发〔2002〕12 号）中提出：“建设一支职业经理人队伍。”

2010 年，中共中央、国务院印发的《国家中长期人才发展规划纲要（2010—2020 年）》（中发〔2010〕6 号）提出：“以提高现代经营管理水平和企业国际竞争力为核心，以战略企业家和职业经理人为重点，加快推进企业经营管理人才职业化、市场化、专业化和国际化，培养造就一大批具有全球战略眼光、市场开拓精神、管理创新能力和社会责任感的优秀企业家和一支高水平的企业经营管理人才队伍。”

因此，国有企业的发展亟须职业经理人，大力开展职业经理人队伍建设迫在眉睫。

二、民营企业发展需要职业经理人

（一）民营企业规模性发展需要职业经理人

改革开放以来，中国民营企业从无到有、从弱到强，逐渐发展壮大。但是，中国民营企业发展也存在着一些问题。据统计显示，中国民营企业平均存活寿命偏短，与国外发达国家相比有明显差距。是什么原因造成这一现象的呢？

中国许多民营企业在管理上有一个特点，即控制权高度集中在企业所有者手中。这种管理模式虽然具有决策高度集中、决策效率高、对市场反应迅速、内部凝聚力强等优点，但是，这种民营企业控制权高度集中在所有者手中的管理模式也存在不少问题。

第一，民营企业的家族成员很难管理。这种管理模式是以血缘、亲缘等为纽带的，其内部一般会形成各种利益集团，且掺杂着许多复杂的情感关系，使得民营企业所有者在处理一些利益问题时，有时会处于两难的境地，很多时候，企业所有者不能够有效地进行企业管理。并且，随着民营企业的发展壮大，家族企业的成员不足以应对庞大的企业规模对管理人员的需求，也难以适应多元化经营带来的复杂化经营局面。

第二，企业经营存在很大风险。民营企业这种管理模式使得决策权与控制权、投资者与管理者的身份二者合一，民营企业的决策很多时候实际上就是企业创始人的个人决策。随着民营企业的不断发展、外部环境的变化，民营企业创始人如果还是在利用自己个人经验来应对企业的各种问题，出现错误的概率就会比较高，很容易导致决策失误，造成企业经营困难甚至倒闭。

此外，大多数民营企业集中做劳动密集型产业，产品利润率相对较低，并且面临着行业过度竞争压力以及市场波动的影响等。如果将企业比作一艘在大海中航行的船，面对恶劣的航行环境，船长必须具备高超的管理水平，才可能避免被恶劣的环境所吞噬。如果不聘请专业的企业经营管理者来经营管理企业，民营企业所有者就要具备很高的企业经营管理能力和水平。否则的话，民营企业倒闭的概率就非常高。经过研究发现，大多数民营企业的所有者在企业的经营管理方面不具备这样的管理要求。所以，这就是造成中国民营企业平均存活寿命较短现象的主要原因之一。

第三，很多企业存在排外性。民营企业这种管理模式会对企业外部的一些资源产生本能排斥，外部人员有时很难融入到民营企业当中，这种方式有时会使得民营企业在融合社会资本以及吸纳人才等方面的能力存在严重不足。这将会导致民营企业向更高层次的发展受到很大限制，造成民营企业在成长过程中出现许多问题，现实中，许多民营企业由此而衰落和夭折的例子比比皆是。

F公司是一家高新技术企业，主要从事光机电一体化数控成套加工设备的开发、制造和销售等。

F公司董事长指出，对于中小企业，尤其是民营企业，有些原始股东总感觉企业是个人的，就像自己的孩子，我可以管，你不能管。毫无疑问，原始股东多半具备某些管理特质，这些管理特质在创业初期很奏效。当形成一定规模后，管理层治理知识结构与人才储备跟不上发展需要，短时间又难以自我补偿，就必须引进“空降兵”来支持。因此，F公司不断优化股权结构，以开放的发展战略做驱动力，F公司从组建之初的100万元注册资金发展到上亿元净资产。

对于F公司来说，选择一个合适的职业经理人其实很难，因为F公司是同行业中的老大，在全国范围内很难寻找到合适的职业经理人。因此，F公司采取了两步走的策略，首先将职业经理人引进来，但把他放在总经理助理位置上培养。等到职业经理人在F公司总经理助理的位置上工作近3年，各方面都熟悉和融合后，才让职业经理人接任总经理的位置。

在对职业经理人授权问题上，F公司董事长非常开放。他说一个人老是扮演主角是不行的，转而去当导演，自己既不会感到职业疲惫，又能在新的岗位上不断学习，保持一如既往的工作激情。同时，一个人长期霸占董事长与总经理的位置，即使能力再强，精力也不够。手下有能力的人永远没有个盼头，他们无处释放能力与激情，年轻一点就会跳槽走人。F公司董事长还认为，选好人、管好人的最终目的是要用好人，高薪聘请职业经理人，又不让他做事，那不是和公司的钱过不去吗？对于现任总经理的工作，他是满意的，自职业经理人加入以来，公司的生产经营更为规范和严密了。

（二）民营企业转型升级需要职业经理人

当前世界经济呈现复苏态势，由于全球流动性提升，原材料价格频繁波动，民营企业的国际经济环境改善不大。国内方面，在我国推进节能减排、能源价格市场化改革、利率市场化和注重民生建设的大趋势下，许多民营企业生产成本难以降低。再加上，我国民营企业大多数处于产业链的低端，产品技术含量不高，产品或服务的附加值低，面对国内外倒逼的市场环境，以及大多数民营企业过度竞争的局面，我国民营企业必须加快技术创新、管理创新、产业升级的“转型升级”。

对于大多数民营企业来说，转型升级既是企业发展的内在要求，又是企业顺应外部环境变化的最好选择。但是，转型升级对于民营企业来说，又将面临企业发展的关键十字路口，企业波动较大、风险相对较高。因此，转型升级对民营企业的经营管理能力和水平要求更高。职业经理人作为专业化和职业化的企业经营管理人才，可以有效地促进民营企业的经营管理能力和水平提升，为民营企业的转型升级成功提供可靠保障。

（三）民营企业代际传承需要职业经理人

对于民营企业来说，代际传承可以说是企业生存与发展的重要问题。近年来，一些民营企业进入换代交班时期，选定一个合格的接班人，是民营企业延续的关键。根据调查发现，大多数民营企业所有者把“子承父业”作为首选。民营企业从子女或者家族成员中挑选最为优秀的接班人，可以有效地避免委托职业经理人代理企业所带来的风险，这是大多民营中小企业首选“子承父业”的一个原因。但是，如果子女或者家族成员中没有合适的人选，没有能力担任接班人或者不愿意接班的话，“赶鸭子上架”就会给企业经营带来很大风险，国内外很多企业的例子充分证明了这一点。因此，根据许多国外知名家族企业的实践经验来看，如果子女或者家族成员不能接班，选择职业经理人来接班可能就是最佳选择。职业经理人虽然在某种程度上增加了代理成本，但是民营企业可以充分利用职业经理人获取更大的利润，以较大的利润弥补增加的代理成本。管理学大师彼得·德鲁克曾经在其撰写的《大变革时代的管理》一书中提出，要想让家族企业保持持续生存和有效运作，那么在企业的高管当中，无论家族成员占多少，无论他们能力多么突出，也都需要至少一位非家族成员进入高层管理。

中国有句俗语：“富不过三代。”国外学者也曾做过研究，只有30%左右的家族企业能成功地从第一代过渡给第二代；只有10%左右的家族企业能成功地从第一代过渡给第三代；只有3%左右的家族企业能成功地从第一代过渡给第四代。因此，民营企业应站在企业的利益角度，而不是从家族的利益角度，去发现和培养接班人。对于大多数民营企业来说，要想更好地生存和发展，聘请专业化和职业化的经理人来负责企业的经营与管理是一种好的选择，否则，民营企业很难保持健康稳定的发展，甚至可能会走向衰败。

K公司创办于1980年，主营中、高档皮鞋，兼营皮件、服装、商贸、自营出口等。董事长33岁学做皮鞋，人们习惯性地将他视为当地鞋王级人物。自从他的女儿和儿子加入公司成为K公司员工后，外界对K公司的认识便多了一层含义，那就是董事长已经有意识地培养女儿和儿子作为K公司接班人。但是，这时的K公司主要面临的是需要快速发展的问题。经过审慎的思考，董事长觉得应该在让子女接班的同时，引进职业经理人，于是他请来了钟某担任总经理。

钟某是原市经委副主任、乡镇企业局局长，辞官后出任过某集团总裁，有人称他为当地“第一职业经理人”。钟某加盟K公司后，主要做了三件事：整合资源、制度创新和团队建设。整合资源过程中遇到的最大挑战是将代理的终端接收过来变为K公司自营。除了谈判异常艰苦以外，企业还遇到了资金、管理、人才、营销模式转变等许多方面的挑战。经过钟某的努力，K公司自营的终端已经占了很大一部分，这为企业销售的大幅度增长提供了必要条件。企业发展到了一定的规模很难仅仅靠质量的提升来获得进一步发展。钟某认为应该走多品牌道路，通过创立更多高端品牌，提高每一双鞋子的技术含量和附加值，从而提升企业的销售额和利润。K公司董事长说：“在钟某来之前，我们花了两年时间成立了3个分公司，但他来后，我们一年内成立了10个分公司，这个速度我们原来想都没有想过。模式的变化给渠道带来的震动，让K公司的内贸营业额一下子增长了40%。”

三、国外家族式企业发展模式的启示

根据《幸福》杂志统计，在全球500家大型企业中，有175家家族企业。此外，根据《财富》杂志统计，世界500强企业中有超过1/3的企业是家族企业。例如，我们比较熟悉的、世界上成功的家族企业有沃尔玛、福特、松下、IBM、壳牌、摩托罗拉、杜邦、通用电气及迪士尼等。这些家族企业创业之初，绝大多数的决策权和控制权高度集中在家族成员手中。随着家族企业发展，这些家族企业的管理模式也在逐渐发生变化。纵观发达国家著名的家族企业，许多家族企业都由家族封闭的经营管理模式转变为公众公司，如松下、福特、杜邦、通用电气、摩托罗拉及迪士尼等。

松下公司创立之初是一家小企业，企业的控制权掌握在创始人松下幸之助的手中。随着公司发展，规模不断壮大，松下幸之助个人股权所占比例从企业创业之初的100%，下降到1975年的2.9%。1977年，松下幸之助打破传统的小家观念，以公司的发展为重，委任家族之外的成员山下俊彦为社长，使松下企业的发展突破了个人和家族的局限。这一举措促使松下公司保持了多年持续稳定的快速发展，成为世界级的著名大公司。

研究现代家族式企业管理模式，我们会发现，现代家族式企业一般是家族成员拥有企业一定的股份，而企业的经营管理工作是由有能力的家族或非家族成员来承担。换句话来说，就是如果家族成员有能力，就由家族成员来担当企业的管理职责；如果家族成员没有这种能力，就交给有能力的非家族成员来担当。这种现代化家族企业的管理模式已经成为一种趋势，世界上很多家族式企业大都采用了这种管理模式。

世界性连锁企业沃尔玛是由山姆·沃尔顿于1962年在美国阿肯色州成立的。作为美国重要的家族企业，沃尔玛在短短几十年中发展速度之快令人惊讶。在沃尔玛的各个股东里，持有股份最多的是沃尔顿家族。但沃尔玛并不由家族成员所执掌，而是由家族聘请外来职业经理人任CEO，负责管理沃尔玛日常的经营和运作，沃尔玛的CEO迈克·杜克、李四阁、大卫·格拉斯等都不属于沃尔顿家族，却被聘请来执掌沃尔玛，可见其企业管理模式的开放。从沃尔玛这些年的发展情况来看，沃尔顿家族的决策十分正确。自1962年以来，沃尔玛的营业额一路攀升，经营状况和经营规模一直稳步向前发展，远远超过其他同类企业。

迪士尼公司于1923年由华特·迪士尼和洛伊·O. 迪士尼共同成立。自成立之初规模不断扩大，如今已在娱乐传媒界拥有举足轻重的地位。迪士尼不仅是好莱坞六大电影集团之一，也是世界第二大娱乐传媒企业。迪士尼是美国较为典型的家族企业。公司成立之初，由华特·迪士尼任总裁，洛伊·O. 迪士尼任首席执行官。在迪士尼两兄弟相继去世之后，洛伊·O. 迪士尼之子洛伊·E. 迪士尼并未执掌迪士尼，而是由其他人员分别担任了首席执行官和总裁，其中迈克尔·艾斯纳自1984年至2005年担任迪士尼CEO长达21年；随后迪士尼公司的执掌人是罗伯特·艾格。洛伊·E. 迪士尼仅任迪士尼的荣誉董事及顾问。迪士尼几十年来都是雇用职业经理人来对企业进行管理。这种方式确实使迪士尼的发展一路向好。迪士尼所打造的主题乐园、动画电影等得到了全球观众的青睐和喜爱，这当然与其管理方式与管理人员的能力密不可分。能力不足者只能退出，给有能力之人掌舵的机会，这也是对企业的一种负责任的态度。作为创始人之子的洛伊·E. 迪士尼，在其执掌迪士尼时作品和企业业绩均不佳，因而主动辞去职务，主动让贤给更有才能的人，这是慷慨而明智之举。

乐高集团是一家创办于1932年的丹麦公司，是一家大型玩具制造企业，也是全球最大的积木玩具生产商，当然也是一个家族企业。2004年，作为全球知名的玩具公司，乐高却笼罩在阴霾中：2003年，乐高出现第三次亏损，营业收入下降25%，全年亏损额达到史无前例的2.3亿美元。乐高公司面临着越来越严峻的形势，严重亏损、濒临破产。乐高怎么了？它到底得了什么顽疾？综合分析原因，此前乐高在美国、德国和英国建造了规模宏大的主题公园，耗资大、收益低；乐高全球扩张的速度很快，而创始人之孙克伊尔在“统一他们的步调，不让他们向不同方向自由发展”等方面的掌控力以及沟通协调能力不尽如人意。克伊尔在CEO的位置上工作了25年，把乐高集团作为自己钟爱的玩具，不愿让“别人”过早“插手”，直到有一天他不得不这样做。回头来看，此次危难亦是契机，克伊尔得以让乐高进入一个全新时代，而自己也有机会体验另一种人生。2004年10月，克伊尔向乐高补充了1亿美元的个人投资，并向管理层力荐约恩·维格·克努德斯道普接替他任CEO，他自己则从此退居幕后。约恩·维格·克努德斯道普曾在国际知名咨询公司做高管，2001年被克伊尔“挖”到乐高任职。在乐高集团的架构中，监事会成员有7人，其中只有两人是克伊尔家族的成员。决策层以CEO克努德斯道普为核心，他有绝对的话语权，与CMO（市场总监）、CFO（首席财务官）、COO（首席运营官）等一起负责企业日常运转。克努德斯道普一上任就对公司进行了大刀阔斧的改革。克努德斯道普的管理风格和经营理念承袭了创始人的经营之道，他一上台即提出回归公司的核心理念：创造力、乐趣和品质，专注公司优势业务：拼搭玩具制造，坚定执行公司的“环球瘦身计划”，并打出了削减成本、更新观念、专注核心、返璞归真的组合拳，控制业务的复杂性，明确核心业务，开发更大的受众群。克努德斯道普对管理团队进行了大换血，开除了七名生产执行官，并为团队任命了新领导。而且，他还聘请专业心理学家教管理层辨别哪些是由逻辑做出的决定，哪些是由情感做出的决定。他开始毫不留情地给集团减负，一次性辞退总部比隆工厂约1000名工人，将乐高的基础制造部门全部外包到人力成本更低的捷克。事实证明，克努德斯道普的“冷酷”为这家老牌企业削减了很多不必要的成本，帮助他们更加专注于核心产品的经营。2005年，乐高止住了收入下滑的颓势，营收达到70.5亿丹麦克朗，盈利5.05亿丹麦克朗，公司转危为安。

因此，国外现代家族式企业引进职业经理人的做法为中国企业的发展提供了一个很好的发展思路和模式。

第二章

职业经理人制度

职业经理人制度是人们在职业经理人职业化过程中的一项制度安排。职业经理人制度研究将主要分析职业经理人制度产生的动因、职业经理人制度的概念、职业经理人制度的内容，以及建立具有中国特色的国有企业职业经理人制度等内容，为开展职业经理人制度建设工作提供支持和帮助。

第一节 职业经理人制度的产生

一、制度的产生

制度从产生来源看，可分为两种情况：一种是内生制度，它是从人们的实践经验中演化而来的，体现为曾经有益于人们的各种解决方法，如良好的习惯、礼仪、伦理道德和商业习俗等；另一种是外生制度，是被自上而下强加和执行的制度。

对于频繁出现的问题，人们总是会制定相应的制度，以便以最少的资源解决存在的问题。也就是说，由于影响系统生存与成长的问题出现，产生了系统对制度的需要，下面的故事就说明了这个道理。

在一个荒岛上，有7个人每天都需要共分一小锅粥，他们没有任何度量器具。一开始，大家随意指定了一个人全权负责分粥，但很快就发现，负责分粥者往往给自己分的粥最多。换了人以后，结果还是一样，负责分粥的人，碗里的粥总是最多的。

于是，大家决定轮流坐庄，每人负责一天。结果一周下来，每个人都只有一天能吃饱，也就是自己负责分粥的那一天。

接着，大家又尝试采用第三种办法，即共同选举一个大家都信得过、品德高尚的人来主持分粥。一开始被选者还能公平分粥，但不久大家都开始挖空心思去讨好他。逐渐地，他便只给对自己溜须拍马的人多分，结果分粥又变得不公平了。

随后，大家又探索了第四种分粥办法，即成立分粥委员会和监督委员会，分散权力，相互制约。这样，公平基本做到了，但由于监督委员会经常提出种种质疑，分粥委员会又据理力争，等到分完，粥早就凉了，浪费了大家很多时间，有时反而还会引起一些矛盾。

最后，大家终于想出一个很好的分粥办法，即大家轮流负责分粥，但负责分粥者在每次分好7碗粥后，要等其他人都挑完以后，再由自己端剩下的那一碗。于是，为了不让自己拿到最少的那一碗，负责分粥者每次都尽量分得平均，就算不够绝对平均，负责分粥者也只能最后一个拿到粥。从此以后，大家快快乐乐、和和气气，日子越过越好。

二、职业经理人制度产生的原因

（一）企业与职业经理人委托代理的需要

企业所有者与职业经理人之间的关系属于一种委托代理关系，企业所有者是企业资产的委托人，职业经理人是企业资产的代理人，企业所有者与职业经理人在信用关系的基础上签订委托代理合约，规定双方的权利、责任和义务。

委托代理实际上是一种契约关系。委托人与代理人之间不是一种普通的合作关系，而是通过契约严格规定了双方的权利与责任。同时，委托代理也是一种利益关系。委托人一方要事先确定一种报酬机制，激励代理人尽心尽责，努力实现委托人利益最大化目标；代理人据此选择自己的努力方向和行为方式，以求自身利益的最大化。但是，由于未来存在许多不确定性、委托人与代理人之间的信息不对称和有限理性、委托人与代理人目标的不一致性等，委托代理关系隐含着诸多代理风险。例如，在委托代理关系确定以前，代理人就掌握了一些委托人所不知道的信息，从而利用这一信息优势订立对自己有利的契约；在执行过程中，代理人有可能偏离委托人的目标要求，从而发生损害委托人利益的行为。

亚当·斯密在《国富论》中就曾指出："让经理人管理股东财产，会产生疏忽、懒惰、为自己利益而不是为股东利益考虑的弊端。很难期望他们带着同样焦虑的警惕心来关心他人的资金。"人们将如何让经理人像所有者一样关注股东利益，以及由此产生的股东与经理人之间的矛盾，称为"斯密的难题"。

美国施乐公司是一家历史悠久的以经营办公设备为主的跨国企业。2000 年，由于佳能的竞争，施乐股价跌至 7 美元以下。至 2001 年，施乐股价一跌再跌，陷入严重亏损状态，资产大幅缩水。2002 年 4 月，美国证券交易委员会（SEC）对其近年来的收入报表提出质疑，指控该公司有做假账嫌疑，并对其处以 1000 万美元罚款，同时要求该公司重新进行审计，彻底清查账目。2001 年 6 月 8 日，施乐提交的 1997—2001 年的重述年度财务报表中，承认在此期间虚计收入 64 亿美元、税前利润 14 亿美元。施乐的会计欺诈案随即曝光，并在资本市场上激起轩然大波，成为财经界的热点问题。施乐之所以要利用会计操纵手段来使公司业绩达到公司内部盈利目标和市场预期，主要是因为这些关系到公司管理层的切身利益，包括报酬和职位。正是依赖于公司经营业绩的酬金以及与股价直接相关的股票收入，促使公司管理层不惜使用违法的会计处理来谋取高额回报。除报酬之外，职位的保全也是动机之一。因为市场竞争使得没有创造出色业绩的管理层面临被辞退的风险，而会计利润又是评价管理层业绩的重要指标，管理层有动机为保全职位而去操纵会计利润。

职业经理人的出现是社会分工的结果，从而引导专业的人做专业的事，确保了企业持久的发展与延续。但是，企业所有者与管理者之间的委托代理关系，也造成了许多问题的出现。委托人和代理人各自追求的目标是不完全相同的。委托人追求企业所有者权益的最大化；代理人把企业看成是工资、地位和在职消费的来源，谋求自身利益的最大化。由于高昂交易成本和信息不对称的存在，委托人无法事先订立完全契约来限定职业经理人的种种经营控制行为，所以必然产生委托代理问题。这些委托代理问题归纳起来有如下几种：

1. 逆向选择

职业经理人可能在与企业所有者委托代理关系确定以前，就掌握了一些企业所有者所不知道的信息，从而利用信息优势订立对自己有利的契约。

2. 道德风险

由于信息不对称，企业所有者无法或不能低成本观察到职业经理人的行动，职业经理人就可能从自身利益而非从企业所有者利益出发采取行动。这种自利行动往往是以损害企业所有者利益为代价的，包括在职消费、肆意无效扩张、任用与自己有特殊关系而又缺乏相应才能的人员等。

3. 留存收益

留存收益是企业在经营过程中所创造的，由于企业经营发展的需要或法定的原因，没有分配给所有者而留存在企业里的盈利。留存收益是企业从历年实现的利润中提取或留存于企业的内部积累，它源于企业的生产经营活动所实现的净利润。由于企业规模增长会给予职业经理人更大的权利、更高的声望、控制董事会的能力以及使他们自己获得更高水平的报酬，职业经理人可能从留存收益中获益。

4. 短期行为和风险规避

企业现金流的时间选择可能也会引发企业所有者和职业经理人之间的利益冲突。企业所有者会关心在不确定的未来所有的现金流，但是，职业经理人可能只关心他们任期内的现金流，这导致职业经理人偏向于短期较高的会计收益项目，而放弃净现值更高的长期项目。这个问题的程度随着职业经理人接近退休或者准备离开公司而提高。

安然公司曾是美国能源业巨头，也是世界上最大的天然气交易商和最大的电力交易商。2001 年，安然公司因为高管层利用复杂的财务合伙形式，虚报盈余，掩盖巨额债务，被发现后突然倒闭了。

回顾整个事件，安然公司首先利用政府放松能源管制的机会，抓住时机，使公司迅速成长起来。之后安然公司又通过大力发展金融衍生产品交易和电子商务，使公司迅速做大。然而，当美国经济陷入衰退时，能源价格下降，网络经济泡沫破裂，股市下跌，安然公司的能源业务和金融衍生产品交易及电子商务都受到重创。面对这种情况，安然公司面临重大抉择。是实话实说，承认公司面临困境，还是通过不正当手段，继续维持高增长局面。结果，安然公司的高管层选择了后者。为了追逐更多的利润，安然公司的高管层不惜以身试法，先后成立了多家离岸公司，用离岸公司来避税，提升公司盈利。离岸公司的设立，使安然公司能够随心所欲地调遣资金而不被注意，同时也能够掩盖公司的经营亏损。这样的好处就是安然公司的股价因为公司的虚假繁荣涨上去了。这时，安然公司的高管层开始利用内部消息大把炒作自己的股票。他们一手创立离岸公司虚增利润，一手操纵股价交易，这使他们的股本稳赚不赔，然而，安然公司和其他不知情的股票投资者却要为此付出沉重的代价。

安然公司高管层所做的一切看上去似乎环环相扣、无懈可击，从法律上和财务准则上很难找出毛病，然而，一旦某一个环节出现问题，链条就会中断，问题就会彻底暴露。2000 年年底，安然公司在经营方面存在的问题被媒体披露，安然公司股票开始下跌。这时，安然公司的高管层一边向投资者承诺公司股价会涨起来，一边却悄悄将自己手里的公司股票出空。因为高管层知道公司前景不妙。事后统计，安然公司的 29 名高管在股价崩跌之前出售了 173 万股股票，获得 11 亿美元的巨额利润。然而，公司的 2 万名员工却被高管们禁止出售大幅贬值的股票，损失高达数十亿美元；同时安然公司股票的持有者损失也极其惨重。

安然事件引发了整个社会对美国公司极大的信任危机，造成美国股票市场持续下跌，延缓了美国经济复苏的步伐。为了防止此类问题的再次发生，各界人士纷纷从不同角度对这些问题进行研究和分析，积极寻求解决问题的途径。

丑闻事件暴露出公司治理结构不平衡和外部监督缺失。为了亡羊补牢，各国立法和管理部门颁布了包括法案在内的一系列法律法规，美国的《萨班斯—奥克斯利法案》就是其中之一。《萨班斯—奥克斯利法案》是由美国参议员萨班斯和众议员奥克斯利联合提出的。安然事件暴露出美国上市公司在授权和业务处理程序上的内控弱点。因此，《萨班斯—奥克斯利法案》的主要关注区域，即整个内控环境的完善。从管理者、内部审计及外部审计等几个层面对公司内部控制作了具体规定，并设定了问责机制和相应的惩罚措施。《萨班斯—奥克斯利法案》严格界定了上市公司管理者的财务责任和义务，强调了公司内部审计的作用与职责，对公司信息披露做出明确要求，对公司的外部审计做出严格规定。

法案能给公司控制和执行方面带来变化，但变革的程度有所不同。长期成本的增加和报告担保风险可能是法案带给每一个管理者的难题，大多数的管理人员都对其感到头疼。

此外，20 世纪 90 年代曾发生山登公司、阳光电器、废品管理、朗讯科技等典型的高管财务造假案件，以及环球电信、泰科国际、奎斯特电信、莱得艾德、世界通信、美国在线时代华纳、默克制约、阿德尔非亚、甲骨文软件等著名上市公司高管的财务造假问题相继曝光，即使是极有声誉的跨国公司，如微软、恩科、波音、通用电气、国际商用机器等，也频频传出不规范会计问题的新闻。这些造假案让人们进行了深刻的反思。许多新问题的不断出现，加上企业管理日益复杂化，进一步完善对职业经理人的管理迫在眉睫。

由于委托代理问题的存在，必须建立一套有效制衡的制度和机制来规范和约束代理人行为，使代理人目标与委托人目标趋向一致，从而减少代理风险，提高企业经营效率和投资回报，保障职业经理人的经营管理不偏离正确的方向。

（二）社会发展环境的需要

随着社会分工专业化和市场规模的扩大，商业交易形式极其复杂，交易的参与者很多，信息不完全或不对称，欺诈和违约等行为难以避免。因此，社会存在着许多有关职业经理人方面的问题。

1. 职业经理人才总量不足

经过多年的职业经理人才队伍建设，职业经理人才数量有较大幅度的增加，但职业经理人才总量仍显不足，高层次职业经理人才匮乏；从整体上看，职业经理人队伍总体素质有待提高，与国际先进水平相比还有一定的差距，在数量上和质量上都不能充分满足现代企业的发展需求。

2. 职业经理人才市场尚不完善

职业经理人是一种社会资源，是可遵循市场机制原则进行有效配置的资源。随着我国社会主义市场经济体制的不断完善，企业日益融入全球经济体系，中国企业对职业经理人的需求也越来越大。但是，目前还没有专门的职业经理人才市场，国内相当一部分从事经营管理人才中介服务的机构规模小，从业人员素质低，专业区分不细化，形成特色的品牌不多，职业经理人还未能充分按照市场机制原则进行有序的流动和有效的配置。

3. 职业经理人才发展体制机制障碍尚未消除

受传统经济体制、所有制结构等因素的影响，许多企业人事制度改革滞后，与现代企业制度相配套的各项机制还不健全。目前，还没有成体系的职业经理人评价标准，职业经理评价标准不统一，评价标准不够科学、缺乏针对性，评价主体不尽合理等。

在激励机制上，没有建立起灵活多样的、体现人才价值的分配制度；在人才配置上，还没有突破身份、地域等壁垒的限制，促进职业经理人才的合理流动。职业经理人培养机制、评价机制、推荐机制和流动机制等还存在许多问题，这些直接影响了职业经理人才资源按照市场发展要求进行有效配置，限制了企业的发展。

4. 职业经理人相关法治体系仍须健全

政府相继出台了一系列职业经理人相关法律法规，但如何规范和解决企业与职业经理人之间纷争的法制体系还不够健全。职业经理人与企业之间缺乏商业道德、商业规则和商业秩序的约束。企业普遍反映，政府应加大职业经理人方面相关法治体系建设，以便为企业引入职业经理人保驾护航。

5. 职业经理人信用体系有待建立

目前，职业经理人队伍整体的职业意识不是很高。有些职业经理人拿回扣，做假账欺骗企业所有者；有的偷走企业的技术；有的凭借掌握的客户资源或销售渠道，与企业所有者抗衡，甚至另立门户，成为企业的竞争对手；有的直接加入企业竞争对手，利用掌握的企业商业秘密，反戈一击，给企业造成重大损害。因此，企业出资人对职业经理人难以信任，许多企业不敢聘用职业经理人。

企业所有者与职业经理人之间的委托代理关系是建立在一定的信用基础之上的。如果缺乏必要的信任，所有者与职业经理人之间互相猜疑，必然提高代理成本，或影响职业经理人的才能发挥。

据有关资料显示，美国也存在过社会信用缺失。由于人口流动及其外来移民大量涌入，社会上机会主义、搭便车和道德败坏行为的盛行，企业所有者对职业经理人缺乏足够的信任，更愿意雇用诚实可靠或有血缘关系的人来管理企业。随着美国社会制度的发展，信用体系逐渐完善，这一问题才得到较好控制。

除此之外，社会上还存在着许多影响职业经理人发展的社会环境问题。这些问题都需要通过建立职业经理人制度，以促进职业经理人、企业和社会的健康持久发展。

三、中国企业发展与职业经理人制度

20 世纪 90 年代以来，中国一些企业也开始尝试引入职业经理人。有成功的案例，也有许多失败的案例。经调查，中国企业对于聘用职业经理人有很高的愿望，大约占受调查企业的 80% 以上。但是，在实际工作中，企业聘用职业经理人的却比较少，大概只有 30% 。为什么会产生这么大的落差呢？主要存在以下几个方面的问题：企业很难寻找到真正符合企业要求的职业经理人；治理结构不够完善，管理不够成熟，企业不能对职业经理人进行有效的管理和监督；职业经理人与企业文化不能完全融合；企业出资人和职业经理人的关系问题；职业经理人约束激励机制不完善等。

如何找到以上问题的根源，推动中国企业对职业经理人的引入，促进中国企业发展，是推行职业经理人制度要解决的问题。职业经理人制度是人们追求一定的社会秩序的结果。人们试图通过职业经理人制度为在涉及职业经理人有关的行为中构建一个稳定的空间。职业经理人制度的作用是使所有成员共同遵守某些办事规程和行动准则，从而为完成与职业经理人有关行为的任务目标提供保证。

职业经理人制度是提升企业经营管理水平的重要手段之一。因此，要想从根本上解决中国企业面临的有关职业经理人问题，只能通过建立科学合理的职业经理人制度，才能有效地激励和约束职业经理人，使得职业经理人在维护企业利益上发挥关键作用，从而促进中国企业健康持久的发展。

党和政府高度重视职业经理人制度建设工作，提出在国有企业建立推行职业经理人制度，鼓励有条件的私营企业建立职业经理人制度，并先后出台了一系列的相关政策进行引导和支持。

2013 年，党的十八届三中全会通过的《中共中央关于全面深化改革若干重大问题的决定》提出“推动国有企业完善现代企业制度”“建立职业经理人制度”“鼓励有条件的私营企业建立现代企业制度”。

2015 年，《中共中央办公厅印发〈关于在深化国有企业改革中坚持党的领导加强党的建设的若干意见〉的通知》提出“进一步完善坚持党管干部原则与市场化选聘、建立职业经理人制度相结合的有效途径”。

2015 年，《中共中央国务院关于深化国有企业改革的指导意见》提出“推行职业经理人制度，实行内部培养和外部引进相结合，畅通现有经营管理者与职业经理人身份转换通道，董事会按市场化方式选聘和管理职业经理人，合理增加市场化选聘比例，加快建立退出机制。推行企业经理层成员任期制和契约化管理，明确责任、权利、义务，严格任期管理和目标考核”“对国有企业领导人员实行与选任方式相匹配、与企业功能性质相适应、与经营业绩相挂钩的差异化薪酬分配办法。对党中央、国务院和地方党委、政府及其部门任命的国有企业领导人员，合理确定基本年薪、绩效年薪和任期激励收入。对市场化选聘的职业经理人实行市场化薪酬分配机制，可以采取多种方式探索完善中长期激励机制。健全与激励机制相对称的经济责任审计、信息披露、延期支付、追索扣回等约束机制。严格规范履职待遇、业务支出，严禁将公款用于个人支出”。

2015 年，《国务院关于国有企业发展混合所有制经济的意见》提出：“推行混合所有制企业职业经理人制度。”

2016 年 2 月，国务院国有企业改革领导小组研究决定开展“十项改革试点”，以点带面、以点串线，形成经验、复制推广。其中涉及职业经理人制度的内容有：

（1）落实董事会职权试点。国资委将向试点企业董事会授予中长期发展战略规划、高级管理人员选聘、业绩考核、薪酬管理、工资总额备案制管理和重大财务事项管理六项职权，通过试点有效调动董事会积极性，促进董事会发挥作用。

（2）市场化选聘经营管理者试点。试点将落实董事会在经理层成员选聘、业绩考核、薪酬分配等方面职权；界定国资监管机构、企业董事会、企业党组织在经营管理者选聘和管理工作中的职责等。试点工作将采取公开遴选、竞聘上岗、人才中介机构推荐等市场化方式，在各级履行出资人职责机构直接监管的国有独资、控股的一级企业进行，国资委和各省市将分别选择 3 ~5 户企业进行试点。

（3）推行职业经理人制度试点。在市场化选聘经营管理者试点基础上，探索推行职业经理人制度。从市场化选聘经营管理者试点的单位中，优先选择 2 ~3 户主业处于充分竞争领域的商业类企业试点，同时鼓励中央企业选择部分条件成熟的二三级公司开展试点。

（4）企业薪酬分配差异化改革试点。完善国有企业负责人薪酬分类管理制度，建立健全职业经理人薪酬管理制度。对市场化选聘的职业经理人实行市场化薪酬分配机制，建立科学合理的业绩考核评价体系。到 2020 年左右，全面形成与国有企业负责人选任方式相匹配、与企业功能性质相适应的负责人薪酬管理办法和业绩考核评价办法。

2016 年 3 月 5 日召开的十二届全国人大四次会议上，李克强总理做的《政府工作报告》中提出，加强供给侧结构性改革；大力推进国有企业改革；开展落实企业职业经理人制度等试点。

2016 年，《中华人民共和国国民经济和社会发展第十三个五年规划纲要》提出：“大力推进国有企业改革”“建立国有企业职业经理人制度”。

2016 年，中共中央印发的《关于深化人才发展体制机制改革的意见》提出：“研究制定在国有企业建立职业经理人制度的指导意见。”

2016 年，《国务院关于激发重点群体活力带动城乡居民增收的实施意见》提出：“完善国有企业经营管理人员激励方式。完善对组织任命的国有企业负责人的薪酬激励机制，合理确定基本年薪、绩效年薪和任期激励收入。研究制定在国有企业建立职业经理人制度的指导意见，对市场化选聘的职业经理人实行市场化薪酬分配机制，采取多种方式探索完善中长期激励机制。稳妥有序推进混合所有制企业员工持股试点，探索通过实行员工持股建立激励约束长效机制。”

2017 年，《国务院批转国家发展改革委关于 2017 年深化经济体制改革重点工作意见的通知》提出：“研究制定改革国有企业工资决定机制的意见，启动国有企业职业经理人薪酬制度改革试点。”

2017 年，《国务院办公厅关于进一步完善国有企业法人治理结构的指导意见》提出：“充分发挥企业家作用，造就一大批政治坚定、善于经营、充满活力的董事长和职业经理人”“有序推进职业经理人制度建设，逐步扩大职业经理人队伍，有序实行市场化薪酬，探索完善中长期激励机制，研究出台相关指导意见。国有独资公司要积极探索推行职业经理人制度，实行内部培养和外部引进相结合，畅通企业经理层成员与职业经理人的身份转换通道”“积极探索党管干部原则与董事会选聘经营管理人员有机结合的途径和方法”。

目前，在党和政府的政策指引下，国有企业正在大力开展职业经理人制度试点工作。预计到 2020 年左右，多数国有企业将建立起科学合理的职业经理人制度。同时，越来越多的中国民营企业意识到，企业要发展，一是必须依靠专业化和职业化的职业经理人，二是通过建立职业经理人制度管好用好职业经理人，这样才能促使职业经理人与企业实现共赢。职业经理人制度将在促进中国企业健康持久的发展方面发挥越来越重要的作用。

第二节　什么是职业经理人制度

一、职业经理人制度的概念

职业经理人制度就像企业会计准则、社会保险制度等一样，都属于制度的范畴。为了正确地认识和理解职业经理人制度，我们首先从制度来进行研究。

（一）制度的概念

说起制度，大家并不陌生，大则有企业财务报销制度、企业人力资源管理制度、企业生产管理制度等。小则有早上九点上班，下午五点下班，这也属于制度。这些制度看起来很熟悉，如果让大家讲制度的概念，很多人或许难以把制度的内涵和外延讲清楚。下面，我们就来谈谈什么是制度。

汉语中，“制”有节制、限制的意思；“度”有尺度、标准的意思。“制度”合起来意思就是节制人们行为的尺度。因此，制度可以解释为，要求成员共同遵守的、按一定程序办事的规程。

制度属于社会科学中的概念。许多年以来，有很多学者对制度进行了研究。但是，到目前为止，人们对制度的定义还没有形成一个统一的认识。例如，有人认为，制度就是行为的规则或方式；有人认为，制度是实现某种功能和特定目标的社会组织乃至整个社会的一系列规范体系等。虽然大家对制度的定义不尽相同，但是，人们在以下几个方面对制度有着相同或者近似的认识。

（1）制度与人的行为有着内在联系。人们的行为是人们内在心理的表现，如果人们都去追求自身效用的最大化，其结果只能是秩序的混乱或者低效率。因此，对人们的行为必须进行科学合理的限定或者规定，以便确保人们行为的有序、高效，从而抑制人们交往过程中可能出现的任意性和机会主义。这种约束人们行为的一系列规则就是制度。

（2）制度是一种“公共物品”，它不针对某一个人。制度是在群体中发挥作用，是在一定范围内人人都可享用的“公共物品”。制度是依靠某种惩罚或激励而得以贯彻的，由此将人们的行为导入可合理预期的轨道。制度从理论来说，是人人可以享用的，不具有排他性。但是，有的制度对大多数人来说是有利的，而对少数人来说是不利的，因此，这些少数人对制度具有排斥性。

第二次世界大战期间，美国空军降落伞的合格率为99.9%。这就意味着从概率上来说，每一千个跳伞的士兵中可能会有一个因为降落伞不合格而丧命。军方为了保护士兵，向厂家要求，必须让降落伞的合格率达到100%。但是，厂家负责人说，他们竭尽全力了，99.9%已是极限，除非出现奇迹。怎么办呢？军方想出来一个好办法——改变检查制度，每次厂家交货前，军方从降落伞中随机挑出几个，让厂家负责人亲自跳伞检测。从此，奇迹出现了，降落伞的合格率达到了100%。

总结上面所论述的制度概念，我们认为制度就是人们在行为中需要共同遵守的、按一定程序办事的规程或行为准则。

（二）职业经理人制度的定义

根据制度的研究来看，制度与人的行为存在内在联系。因此，职业经理人制度与涉及职业经理人的有关行为存在内在联系。

例如，企业选聘职业经理人，是涉及职业经理人的行为。为了降低人们在企业选聘职业经理人过程中的不确定性，维护秩序，就需要制定所有参与成员共同遵守的一些办事规定和行动准则，以便确保企业选聘职业经理人任务目标的完成。

此外，职业经理人的培养、职业经理人的信用等，都需要制定所有参与成员共同遵守的办事规程和行动准则，从而为完成任务或目标提供保证。

因此，职业经理人制度就是在与职业经理人有关的行为中，需要人们共同遵守的、按一定程序办事的规程或行为的准则。

二、职业经理人制度的内容

（一）制度的构成

对于制度的内容构成，众多学者有着不同的认识与看法。其中，道格拉斯·诺斯对制度内容构成的阐述被更多人所接受。道格拉斯·诺斯认为制度包括三个部分：正式规则、非正式规则和实施机制。这三部分构成了完整的制度内涵，是一个不可分割的整体。

规则是行为的模式。规则可以是正式的、成文的、上升为国家意志的，并受国家法律保护的制度；同时，也可以是非正式的、不成文的、没有上升为国家意志的、不受国家法律保护的制度。

正式规则又称正式制度，是指人们有意识地创造的一系列政治、经济规则及契约等法律法规，以及由这些规则构成的社会等级结构，包括从宪法到成文法与普通法，再到明细的规则和个别契约等，它们共同构成人们行为的激励和约束。正式规则主要指现实中人们较易识别的、一般是与人们的生活直接相关的、各种正式的、成文的、微观的制度等。

非正式规则又称非正式制度，是人们在长期实践中无意识形成的，具有持久生命力，并构成世代相传文化的一部分，包括价值信念、伦理规范、道德观念、风俗习惯及意识形态等因素。非正式规则主要指各种不成文的、非正式的各种习俗、惯例和约定等。

实施机制是为了确保正式规则和非正式规则得以执行的相关制度安排，是制度安排中的关键一环。

正式规则的主要特征在于其具有强制性，例如，劳动合同管理、工资管理、社会保险福利待遇、工时休假、职工奖惩以及其他劳动管理规定等。

非正式规则具有自律性，例如，不同文化对于个人行为以及组织行为具有重要的影响作用。一个人的社会化是在一定文化环境中形成的，文化对个人的非正式约束不同于正式约束的强制性，往往是通过社会监督和舆论等来完成。

（二）职业经理人制度的构成

研究分析涉及职业经理人的有关行为发现，这些行为可归为两个方面。一方面是企业微观层面的有关职业经理人的行为，例如，企业选聘职业经理人条件、职业经理人薪酬设定、职业经理人绩效考核、职业经理人契约化管理、职业经理人监督追责、职业经理人退出、职业经理人培养、企业职业经理人的标准以及评价等。

另一方面是社会宏观层面的有关职业经理人的行为，例如，从法律层面如何对职业经理人的行为进行保护与约束，如何制定职业经理人信用体系，如何促进职业经理人的合理有效流动，如何促进整个社会的职业经理人队伍培养，如何评价职业经理人，以及如何建立职业经理人良好的意识形态、价值观念和职业道德等。

因此，通过对职业经理人行为分析，职业经理人制度应包含两个层面的制度体系：

一个是企业微观层面的职业经理人制度体系，如职业经理人选聘制度、职业经理人考核制度、职业经理人薪酬制度、职业经理人契约化管理制度、职业经理人监督制度、职业经理人退出制度、职业经理人培养制度、职业经理人流动制度等正式规则，以及企业自身长期形成的职业经理人价值观念、道德规范、诚信理念和意识形态等非正式规则。

另一个是社会宏观层面的职业经理人制度体系，如职业经理人信用制度、职业经理人法律制度、社会化的职业经理人培养制度、社会化的职业经理人评价制度、社会化的职业经理人流动制度等，社会长期形成的职业经理人价值观念、道德规范、诚信理念和意识形态等非正式规则。

除了职业经理人正式规则和非正式规则外，职业经理人规则的实施机制也是职业经理人制度中一个不可分割的部分，是确保职业经理人规则得以执行的关键一环。针对职业经理人每一项相应规则，必须有落实相应职业经理人规则的实施机制与之相衔接，例如职业经理人标准体系、职业经理人选聘机制、职业经理人薪酬体系、职业经理人考核体系、职业经理人退出机制、职业经理人监督追责机制、职业经理人培养机制、职业经理人评价机制、职业经理人人才市场体系、职业经理人信用体系、职业经理人法律法规等，以及促进形成良好的职业经理人意识形态、职业经理人价值观念、职业经理人职业道德和职业经理人诚信规范等方面的实施机制。

目前，不论是国有企业还是民营企业基本都已建立了比较完善的企业管理层的制度体系和实施机制。但是，这些制度体系和实施机制与真正的职业经理人制度还有很大差距，例如，国有企业在高管薪酬和绩效考核机制上，还没有完全市场化；许多民营企业还没有真正建立起现代企业制度，“人治”现象比较严重，还没有形成一套真正的职业经理人制度。因此，建立现代企业制度，推行职业经理人制度将成为中国企业进一步发展必须面对的难题。

第三节　建立有中国特色的国有企业职业经理人制度

习近平在 2016 年 10 月全国国有企业党的建设工作会议讲话中指出，国有企业是中国特色社会主义的重要物质基础和政治基础，是党执政兴国的重要支柱和依靠力量。坚持党的领导、加强党的建设，是我国国有企业的光荣传统，是国有企业的“根”和“魂”，是我国国有企业的独特优势。坚持党对国有企业的领导是重大政治原则，必须一以贯之；建立现代企业制度是国有企业改革的方向，也必须一以贯之。中国特色现代国有企业制度，“特”就特在把党的领导融入公司治理各环节，把企业党组织内嵌到公司治理结构之中，明确和落实党组织在公司法人治理结构中的法定地位，做到组织落实、干部到位、职责明确、监督严格。

因此，建立有中国特色的国有企业职业经理人制度，一是必须坚持党的领导；二是必须建立符合现代企业制度要求的职业经理人制度。通过把党的领导融入职业经理人制度体系的各个环节，明确和落实党组织在职业经理人制度体系建设中的地位与作用，做到组织落实、干部到位、职责明确、监督严格。

一、确立国有企业党组织的领导核心和政治核心地位

国有企业党组织对国有企业的领导是政治领导、思想领导和组织领导，在国有企业中担负着领导核心和政治核心作用。归结起来，就是把方向、管大局、保落实。

（一）把方向

把方向就是在国有企业职业经理人制度建设中，要自觉在思想上、政治上、行动上同党中央保持高度一致，坚决贯彻党的理论、路线、方针和政策，确保在国有企业职业经理人制度建设中坚持改革发展的正确方向。

（二）管大局

管大局就是在国有企业职业经理人制度建设中，要坚持在大局下行动，议大事、抓重点，加强集体领导、推进科学决策，推动国有企业在国有企业职业经理人制度建设中全面履行责任。

（三）保落实

保落实就是在国有企业职业经理人制度建设中，要管干部聚人才、建班子带队伍、抓基层打基础，凝心聚力完成国有企业职业经理人制度建设工作，把党中央精神和上级部署不折不扣地落实到国有企业职业经理人制度建设中去。

公司章程是公司内部的根本大法。将国有企业党组织的领导核心和政治核心作用写入公司章程，就从法律上确定了国有企业党组织的领导核心和政治核心地位。国有

企业党组织开展工作就能有法可依，做事就能名正言顺、有章可循。

在公司章程中，应明确国有企业党组织在企业决策、执行、监督各环节的权责和工作方式以及与其他治理主体，如董事会、监事会和经理层等的关系，使国有企业党组织成为公司法人治理结构的有机组成部分，发挥国有企业党组织在国有企业职业经理人制度建设中的领导核心和政治核心作用，支持董事会和经理层等依法行使职权，开展国有企业职业经理人制度建设各项工作。

二、坚持党管人才

党管人才的原则，是中国共产党长期坚持的一项重要原则，是党的组织路线为政治路线服务的一项有力保障，是巩固党的执政地位的一个重要保证。国有企业领导人员是党的事业的骨干。加强党对国有企业领导人员的管理是实现党对国有企业领导的重要组织保证，更是坚持党对国有企业领导的根本原则。

近年来，国有企业在发展中取得了巨大成就，但也出现了一些问题。有的国有企业的领导人员党性意识淡薄，责任意识不强；用人不守纪律、不讲规矩，搞“一言堂”“家天下”，忘记了自己管理的是党领导下的国有企业；有的以改革为名，贱卖贵买、予取予求，侵吞国有资产，成为“国有企业的蛀虫”。

某市国有大型企业的党委书记、董事长王某因为没能抵挡住“财”与“色”的诱惑，贪图享乐、追逐私利，落入腐败泥潭。王某利用职务便利，为他人牟取利益，非法收受他人财物折合人民币1988.7179万元。2015年，经市纪委常委会议研究并报市委、市政府批准，给予王某开除党籍、行政开除处分，并将其涉嫌犯罪问题和线索移送司法机关依法处理。经司法机关审理，王某以受贿罪被依法判处有期徒刑11年。

王某是从车间普通工人，一步步走上领导岗位的。曾经，在王某和企业干部职工共同努力下，8个企业下属公司实现扭亏为盈，可以说，王某为企业的发展壮大付出过努力。他带领企业逐步做大做强，也因此获市劳动模范等荣誉称号。

作为一个掌控上千亿元国有资产的企业负责人，王某本应遵纪守法、以身作则、严格遵守各项规章制度。但王某却利用该企业制度不健全之机，大肆收受贿赂。

在办公室、宾馆等地，王某曾多次收受他人贿赂，并为对方职务升迁之路安上“加速器”。例如，王某先后收受企业下属某公司2位负责人315万元、200万元，在工作中重用2人，并给2人发放高额年终奖；收受企业副总会计师人民币

21 万元，答应为其升职为总会计师提供帮助。

王某还利用职务便利，帮助他人获得资金支持或投资项目。例如，王某收受某公司董事长 430 万元，为该公司获得资金支持提供帮助；收受有关人员贿赂，为其开发水上公园某地段写字楼项目提供帮助；收受某投资有限公司董事长财物，折合人民币 504.1929 万元，令企业为该投资有限公司及旗下公司提供资金及贷款担保的支持；收受某企业 190 万元，通过企业，变相为某实业有限公司投资提供担保。

王某不仅利用职权大肆受贿，还嗜赌成瘾，十余次利用出国考察机会到境外赌场赌博，甚至在纪委就境外赌博问题对其进行诫勉谈话后仍未停止。

王某在生活上也腐化堕落，常流连于灯红酒绿之地，包养情妇。2007 年，王某与某女子相识后，要求该女子辞去工作，并为该女子租下住房，以方便二人“交往”。后来，王某还为该女子支付日常生活费，并为该女子购买房产、轿车等大件财产，至 2014 年 9 月共计花费 340 万元，其间，两人一直保持不正当性关系。

王某在党的十八大后仍心存侥幸，不收敛、不收手，置中央三令五申于不顾，视党纪国法为儿戏，继续违反中央八项规定精神和廉洁纪律，收受贿赂，在违纪违法道路上越走越远。2013 年、2014 年王某共收受民营企业负责人、下属企业负责人的贿金、礼金共 255 万元，性质十分恶劣。

王某身为大型国有企业主要领导人员，无视党纪国法，收受巨额贿赂，生活上恣意放纵，私欲恶性膨胀，从一名受党培养、教育多年的领导干部蜕化成为腐败分子，滑向犯罪深渊，损害了党和政府的形象，丧失了一个共产党人应有的品质，理应受到党纪、国法的严惩。

因此，在国有企业，必须要进一步加强党的领导，进一步完善国有企业内部监督体系，增强国有企业领导人员的党性修养，保障国家方针政策、重大决策在国有企业的贯彻执行，将企业效益和政策执行进行深度有效融合，使其更好地服务于国家经济发展大局。

国有企业是我国经济建设的主战场，从某种程度上说，国有企业的改革与发展状况，直接影响和决定着我国社会主义现代化建设进程，是关系到整个国民经济发展的重大经济问题，也是关系到社会主义制度命运的重大政治问题。因此，只有坚持党管人才的原则，才能保证国有企业党组织在职业经理人制度建设中发挥领导核心和政治核心作用，从组织上保证党的路线、方针、政策贯彻落实到职业经理人制度建设中，保证国有企业职业经理人制度建设的正确方向，保证党对国有企业职业经理人制度建设的领导权，才能确保国有企业健康持久发展。

三、建立健全决策与执行的规则和程序

（一）建立完善国有企业党组织决策前置程序

坚持国有企业党组织在公司治理结构中的领导核心和政治核心地位，做到“既不缺位，也不越位”。国有企业应坚持国有企业党组织研究讨论作为董事会、经理层在国有企业职业经理人制度建设中决策重大问题的前置程序要求，明确在国有企业职业经理人制度建设中的重大事项必须经国有企业党组织讨论研究后，再由董事会或经理层等做决定。

（二）建立完善决策与执行中的沟通机制

进一步完善国有企业党组织、董事会、经理层之间在国有企业职业经理人制度建设中的重大问题决策和执行沟通机制，既要维护董事会和经理层在国有企业职业经理人制度建设中对重大问题的决策权和执行权，又要保证国有企业党组织的意图在重大问题决策和执行中得到体现。在国有企业职业经理人制度建设中，国有企业党组织要加强与股东会、董事会、经理层和其他利益方的有效沟通，要尊重各治理主体的不同意见，努力化解矛盾、消除分歧，在沟通中实现充分酝酿，对确实存有分歧和异议的议题，要暂缓上会讨论。

（三）建立完善决策和执行中的争议协调机制

建立完善国有企业在职业经理人制度建设中的重大问题决策和执行争议协调机制，当对重大问题决策和执行出现争议时，国有企业党组织或董事会可将争议问题提交国有企业政府主管部门或有关上级党组织进行协调与解决。

四、建立健全以国有企业党组织为核心的监督体系

建立完善以国有企业党组织为领导核心和政治核心的职业经理人制度建设工作的监督体系，充分发挥国有企业党组织、董事会、监事会、纪检监察、财务、审计、工会等部门的监督力量，通过制度与流程，健全完善多部门联动监督体系，加强沟通，信息共享，优势互补，有效监督职业经理人制度建设中各项工作的开展。

国有企业董事会应当履行聘任职业经理人的主体职责，全面负责职业经理人制度在建设过程中的监督管理工作。国有企业监事会依法依规对职业经理人制度建设工作

进行监督。国有企业党组织依照《中国共产党章程》《中国共产党党内监督条例（试行）》《国有企业领导人员廉洁从业若干规定》等规定，依法依规对职业经理人制度建设工作进行监督。国有企业审计、纪检监察、法律、财务等部门按照监督职责，加强内部流程控制，对职业经理人制度建设工作进行监督。加强国有企业职工民主监督，依法依规，通过工会、职工代表大会或者其他形式，对职业经理人制度建设工作进行民主监督。

强化国有企业外部对职业经理人制度建设情况的监督，实施信息公开，加强社会监督。通过外部纪检监察监督和巡视，加强对职业经理人制度建设工作的监督。通过信息公开网络平台，依法依规、及时准确披露有关信息，充分发挥媒体舆论监督作用，接受政府和社会公众对职业经理人制度建设工作进行有效监督。

第三章

职业经理人选聘

职业经理人选聘是企业选用职业经理人的一个关键环节。职业经理人选聘研究将结合企业选聘职业经理人的工作实际，研究讨论职业经理人选聘流程、内外部选聘职业经理人的优缺点、外部选聘的常用方式以及选聘中需要注意的重要方面等内容，对国有企业选聘职业经理人工作应该注意的一些问题进行分析，为企业选聘职业经理人工作提供帮助。

第一节　职业经理人选聘的组织与管理

职业经理人选聘的成功与否直接影响到企业经营管理活动所取得的成果。企业授权职业经理人负责经营管理活动，并同时明确了职业经理人的责任和义务。从表面上看，权利和义务是对等的，但如果职业经理人经营管理工作出现问题，职业经理人损失的最多只是他们的收入、职务和名誉等，企业的损失则无法估量。选聘职业经理人对企业来说至关重要，不能有丝毫马虎和闪失。

企业选择职业经理人不仅依赖于企业自身的选择，而且依赖于职业经理人的选择。在企业选聘职业经理人的过程中，企业和职业经理人之间的信息往往是不对称的。企业对职业经理人的信息掌握往往是不全面的，职业经理人对企业的信息了解通常也是不全面的。由于这种信息的不对称，一方面，职业经理人可能通过欺骗或者夸大自己的能力来获取企业的信任，从而得到职位；另一方面，企业也可能在选聘宣传过程中，夸大生产经营情况或者授予的权限和薪酬等，造成职业经理人认识上的错误。当职业经理人进入企业后，会产生巨大的落差，很可能造成职业经理人的离职，从而使企业选聘职业经理人的活动最终失败。选聘职业经理人是一项非常复杂和困难的工作。

一、职业经理人选聘流程

（一）确定职业经理人需求

企业应综合考虑企业发展战略、组织结构调整、内部人员流动以及人员流失等因素，对职业经理人需求情况进行分析、评估和综合衡量，最后，确定企业对职业经理人的需求。具体来说，应考虑的内容包括：实现企业年度目标所需职业经理人总数与结构、现有职业经理人总数与结构、职业经理人流出人数与方式（如退休、辞退、轮岗等）、职业经理人流入人数、时间与方式（如内部招聘和外部招聘）及其原因分析等。

（二）制订职业经理人选聘计划

企业应根据职业经理人需求及职业经理人供给情况，制订企业职业经理人选聘计划和具体实施方案。职业经理人选聘计划的主要内容包括职业经理人选聘岗位、人数及资格要求（年龄、性别、学历、工作经验、工作能力、个性品质等），职业经理人选聘渠道和方式，职业经理人选聘的评价内容和实施部门，职业经理人选聘结束时间和人员到位时间以及职业经理人选聘预算（选聘广告费、交通费、场地费、住宿费、招待费、出差津贴及其他费用）等。

（三）职业经理人选拔

首先，企业需要通过有关渠道收集整理应聘职业经理人岗位的人员信息资料；其次，企业按照职业经理人岗位资格要求对收集到的应聘者个人信息进行审查，将不符合要求的剔出；再次，按照选聘计划，组织对筛选出来的应聘人员进行综合评测；最后，根据评测结果和企业实际情况，确定职业经理人需求岗位的人选。

（四）职业经理人聘用

企业与确定的职业经理人人选进行商谈、商定双方的责权等；然后，企业与职业经理人按照相关法律法规的要求和程序，签订有关聘用合同，完成职业经理人聘用工作。

对于特殊的职业经理人人才的选聘工作，企业可根据企业具体情况，采用非常规的方式和程序选聘职业经理人。

（五）职业经理人选聘工作评估

职业经理人选聘工作结束后，企业应对选聘工作进行认真分析，以总结经验，并制定改进措施。此外，企业还要定期跟踪录用职业经理人的工作绩效和流动情况，并对职业经理人选聘方法再评估，从而不断改进和完善职业经理人选聘工作。

二、企业内部选聘职业经理人

企业内部选聘职业经理人是企业经常采用的一种选聘方法。有关研究机构曾对美国企业进行调查研究，发现大约90%的企业管理职位的人员是从企业内部产生的。为什么企业如此偏爱内部产生职业经理人呢？主要有以下几个方面的原因。

（一）企业能充分掌握职业经理人的信息

如果是企业内部产生的职业经理人，企业对这些人员的信息掌握比较充分，企业和这些人员之间的信息不对称程度很低，从而使选聘的有效性和可信度大大提高，降低了由于企业和这些人员之间的信息不对称所造成的风险，提高了选聘职业经理人成功的概率。

（二）企业内部产生的职业经理人熟悉本企业的情况

企业内部产生的职业经理人对本企业情况比较熟悉，非常了解企业内部工作流程，对企业内部人员比较熟悉，更容易接受企业现行管理体系，并且这些人员能够很快适应工作岗位，从而节省很多选聘或者培训成本。

（三）企业内部产生的职业经理人对本企业文化有较深认识

企业内部产生的职业经理人对企业文化有着深入的认识，对企业文化比较认同，这些人员能够很快融入企业文化之中，忠诚度较高。

（四）有利于激励内部员工

企业内部产生的职业经理人，有利于激励内部员工奋发向上，提升内部员工的凝聚力和向心力。

（五）节约选聘成本

企业内部选聘职业经理人可以节约昂贵的外部选聘成本。

美国学者吉姆·柯林斯在其撰写的《基业长青》一书中指出，高瞻远瞩公司从内部人才中培养、提升和慎重选择管理人才的程度，远远超过对照公司，它们把这件事当成保存核心要素的关键步骤。从1806年到1992年，只有两家高瞻远瞩公司曾经直接从公司外部聘请CEO，比率是11.1%，却有13家对照公司直接聘用外人当CEO，比率是72.2%。资料显示，高瞻远瞩公司的113位CEO当中，只有3.5%直接来自公司外，对照公司的140位CEO当中，却有22.1%直接来自公司外……换句话说，在高瞻远瞩公司加起来总共170年的历史中，只有4次外人直接接任CEO角色的个别案例。简单地说，高瞻远瞩公司和对照公司最大的差别不是领袖的素质，重要的是优秀领袖的一贯性，也就是保存核心的一贯性。高瞻远瞩公司和对照公司在公司历史的某些时期都曾经拥有绝佳的最高管理层，但是，高瞻远瞩公司拥有更好的管理发展和继承人规划。这是保持这座时钟能够继续嘀嗒作响、发扬光大的关键。这种机制使18家对照研究的公司中，有15家高瞻远瞩公司比对照公司在从内部培养人才方面，更能确保一贯性。

M集团非常重视人才的培养。M集团创始人何某经常说，人才是M集团第一资源，没有人才，就没有M集团的过去、现在和未来。何某对职业经理人的战略性培养思想始于1996年。在深入分析M集团首次出现业绩大幅下降的原因之后，何某决定开始下放权力，内部培养并提拔职业经理人担任重要职务。目前，M集团95%以上的职业经理人都是内部培养出来的。

从2001年开始，M集团不断完善企业各项制度，在企业治理结构设计、授权与激励体系以及职业经理人团队打造等方面花了很多工夫。何某认为，将企业寄托到某一个人身上并不理智，企业要持续稳健发展，靠老板、靠感情、靠物质激励迟早会出问题；相反，M集团要建立一套科学的企业管理制度，通过对职业经理人的培养、放权、激励和约束，把企业做大做强。

2012年，何某辞去M集团董事长职务，由职业经理人方某接任董事长。但是，何某依然控制着M集团绝大多数的股权，他的儿子亦是董事会成员。然而，父子两人都不参与公司的决策与治理，充分放权给以方某为首的职业经理人团队。M集团的董事会成员多元化，而且年富力强。10名董事中，董事长、总裁、高级副总裁以及董事会秘书，均为职业经理人。这也成为中国家族企业至今被津津乐道的交班故事。

以方某为首的职业经理人团队带领M集团取得显著成绩。M集团在2016年进入了《财富》世界500强榜单，并跻身全球最大的家电公司之列。这也是历史上第一家进入该榜单的中国白色家电公司。另外，M集团也是最具赚钱能力的家电企业之一，按照其2015年税后净利润127亿元计算，M集团每天能够净赚3500万元。这意味着M集团一天所赚的钱比近四成的中国A股上市公司一年的盈利还多。

当然，企业内部选聘职业经理人也存在着一些问题。例如，企业内部选聘职业经理人，本质上是企业内部职业经理人竞争上岗的过程，其结果必然是有胜有败，这就有可能影响企业的内部团结。更重要的是，企业内部选拔职业经理人很可能会导致企业内部的“近亲繁殖”“团体思维”“长官意志”等现象的出现，也很可能出现“裙带关系”，滋生企业内部的“小帮派”和“小团体”，削弱企业的组织效能，不利于企业健康持久发展。此外，企业内部选拔职业经理人可能会因企业领导人的好恶而导致优秀职业经理人才被埋没或外流。还有，如果企业只是内部选聘职业经理人，很可能造成自我封闭、观念固化、视野局限、职业倦怠滋长，不易吸收企业外部优秀职业经理人进入企业，长此以往会导致企业缺乏活力和创造力。

三、企业外部选聘职业经理人

企业外部选聘职业经理人是另一种企业职业经理人产生的途径。企业外部选聘职业经理人具有以下优点。

第一，企业外部选聘职业经理人时，候选职业经理人来自五湖四海，有利于企业选聘到符合企业需求的职业经理人。

第二，企业外部选聘的职业经理人，会带来许多企业外部的不同的价值理念、管理经验和管理方法，也可能带来许多新的客户群体，这样会促进企业吸收外部先进的经营管理观念、管理方式和管理经验，使得企业可以内外融合，不断开拓创新。

第三，企业外部选聘的职业经理人，在某种程度上可以缓解企业内部候选职业经理人因为竞争产生的矛盾，也会给企业原有的管理者施加压力，形成危机意识，有利于激发原有管理者的斗志和潜能。

第四，企业外部选聘职业经理人，可节约企业内部培养和培训职业经理人才的成本和费用。

第五，企业可以通过外部选聘职业经理人的契机，向人们传递企业开拓进取、锐意创新等方面的良好外部形象，进而增加人们对企业品牌的认同感。

但是，事物往往具有两面性，企业外部选聘职业经理人也存在一些缺陷：

第一，由于企业与职业经理人之间的信息不对称，会造成企业筛选符合企业需要的职业经理人的难度加大，成本提高，甚至出现“逆向选择”和“道德风险”等问题，往往会出现一些不称职的职业经理人。

第二，企业外部选聘职业经理人进入企业后，对企业的各方面情况需要有一个熟悉的过程，不能迅速进入工作角色开展工作。此外，企业外部选聘的职业经理人需要适应企业内部环境，有可能出现“水土不服”的现象。

第三，如果企业中有能力的管理者未被选用或提拔，企业外部选聘职业经理人的做法会挫伤企业内部管理者的积极性和自信心，有时，也会引发内外部职业经理人之间的冲突和矛盾。

因此，职业经理人内部选聘与外部选聘各有优劣。一般来说，如果企业处在比较稳定的市场环境中，并且企业的历史悠久、规模较大，可以重点考虑在内部培养职业经理人。如果企业所处市场环境发生剧烈变化，并且企业必须从旧的商业模式转化到新的商业模式中去时，企业与其坚持从内部选拔职业经理人，不如从外面寻找职业经理人来帮助企业实现转型。

根据全球著名的管理咨询公司博斯公司的一项研究结果显示，公司内部晋升者依然占据新任 CEO 的绝大多数，并且业绩表现更为出色。但是，越来越多的企业尝试从外部寻找 CEO，空降兵比例逐年上升。2007 年，企业外聘 CEO 的比例仅为 14%，而在 2011 年，这一比例已经上升到 22%；在西欧和北美，新任 CEO 中外聘比例分别高达 31% 和 22%。究其原因，许多公司一直尝试从其他公司，甚至其他行业中选拔 CEO，希望借此补充新鲜血液，为高管团队带来新的思维方式。许多公司也在不断尝试如何在力所能及的范围内，在连续性与寻找新鲜血液之间保持平衡。

四、企业通常采用的外部选聘职业经理人方式

职业经理人选聘的具体方式有很多，如传统新闻媒介、人才中介、熟人推荐等。

（一）传统新闻媒介

通过报纸、电视等传统新闻媒介发布企业招聘职业经理人信息是企业选聘职业经理人经常采用的一种方式。这种方式的优点在于具有直接性、灵活性、时效性，可以减少企业选聘职业经理人的工作量。职业经理人选聘信息发布后，企业只需等待职业经理人应聘即可。此外，发布职业经理人选聘信息有时还能从侧面很好地展示企业品牌形象。

这种方式的缺点在于主动发布职业经理人选聘需求，却被动接收职业经理人的简历或者报名资料等。这种方式实际上是靠供需双方通过自发的随机碰撞行为而实现的配置方式，具有自发性、随机性和不可控性，有时很难实现职业经理人资源的优化配置。所以，采取这种方式选聘职业经理人的成功概率较低。

（二）人才中介

人才中介是指由专门的人才中介机构牵线职业经理人供需双方，由供需双方经过相互选择，实现职业经理人资源优化配置的一种方式。

1. 人才交流中心

全国各地一般都有人才交流中心。人才交流中心通过举办人才交流会或者洽谈会等形式，组织职业经理人供需双方直接见面洽谈，经过职业经理人供需双方相互选择，实现职业经理人选聘工作的完成。这种方式具有针对性强、费用低廉等优点，但是，企业很难通过这种方式选聘到高端职业经理人。

2. 招聘公司或网站

企业可以通过专业的人力资源招聘公司或者招聘网站获取职业经理人有关信息，然后，通过筛选选聘职业经理人。这种方式具有覆盖面广、成本低、速度快、联系方便等优点。

这种方式对招聘公司或网站的专业性和实力要求较高，如果招聘公司或招聘网站的专业性和实力不够，就会影响职业经理人的选聘效果，因此，企业在选择这种方式选聘职业经理人时，要特别注意考察招聘公司或网站的专业性和实力。企业可以通过多个招聘公司或者网站进行职业经理人选聘工作，增加选聘职业经理人的成功概率。

另外，企业还要注意把握职业经理人选聘的时机和成本，以增加职业经理人选聘的成功概率，同时减少职业经理人选聘费用。

3. 猎头公司

猎头是一种目前比较流行的高端人才招聘方式。猎头公司是专门为用人单位物色高级人才的经营性公司。一般来说，高端职业经理人很难通过一般传统的招聘渠道来寻找。企业如果通过猎头公司来寻找高端职业经理人，可能会更有效果。

猎头公司和一般的中介公司不同。猎头公司一般是主动寻找人才，而一般的中介公司更多的是在已有资源中进行整合。猎头公司既可以为用人单位寻觅通过一般规范性渠道难以发现的紧缺高级人才，也可以为那些不满现状且有流动意愿的高级人才寻找出路。

> 2001 年，当美国通用电气公司宣布杰弗里·伊梅尔特为杰克·韦尔奇的接班人之后，猎头公司立刻抓住这一时机，分别将美国通用电气公司内部的另外两名候选人：罗伯特·纳德利和维姆斯·麦克纳尼从美国通用电气公司挖走。罗伯特·纳德利被猎头公司挖到家得宝公司担任 CEO，维姆斯·麦克纳尼被猎头公司挖到 3M 公司担任 CEO。

一般中介公司是谁需要对谁收费。例如，个人要找工作就向个人收费，企业找人就向企业收费。但是，猎头公司不对个人进行收费，只向企业收费。一般中介公司收费比较低，而猎头公司收费很高。一般来说，通过猎头公司获取高端职业经理人的方式需要付出非常高的成本。猎头公司收取的费用原则上是按照被猎取的高端职业经理人年薪的百分比来收取的。

然而，猎头公司的运作方式往往具有非公开性和不规范性的特点，例如，猎头公司有时会通过一些不规范的手段来挖到他们想要的高端职业经理人。行业千差万别，猎头公司都有自己熟悉的领域，没有一家猎头公司能够做到对任何行业都非常熟悉。猎头行业在国内的兴起时间比较短，从业人员也良莠不齐。很多企业在用了一段时间猎头公司后，发现并未达到预期。选择猎头公司时，一定要注意猎头公司的历史背景，这样有助于企业找到合适的猎头公司。

（三）熟人推荐

熟人推荐是企业外部选聘职业经理人的一种方法。这种方式是通过知名人士或在职人员等与企业相对熟识的人的推荐，使得企业选聘到职业经理人的方法。

通过熟人推荐来选聘职业经理人的方式具有很多优点。由于有熟人推荐，使得企业或者职业经理人双方对彼此情况都比较了解，而且信息比较可靠，可以减少由于信息不对称造成的选聘职业经理人风险；企业对职业经理人的工作匹配度也把握得比较好，推荐的职业经理人较为符合职位要求；职业经理人一般对企业比较熟悉，入职后也较为稳定，选聘职业经理人的成功概率高，成本也较低。

然而，通过熟人推荐选聘职业经理人有时容易形成裙带关系，可能出现任人唯亲和小团体的现象，不利于企业内部团结，也不利于企业管理措施等的落实。因此，通过熟人推荐来选聘职业经理人时，企业应特别注意避免此类问题的发生。

综上所述，每个职业经理人选聘方式都有优缺点。职业经理人群体分布在不同类别和不同层级的岗位，对企业的重要性也不一样。企业在选聘职业经理人时，企业应根据自身具体情况，针对不同类别和不同层级的职业经理人选择不同的选聘方式。

五、职业经理人选聘过程中需要注意的几个方面

（一）职业经理人选聘决策

职业经理人选聘决策是企业开展职业经理人选聘工作的决定性过程，是做好职业经理人选聘工作的关键环节之一。在职业经理人选聘决策过程中，企业要明确需要选聘什么职位的职业经理人，选聘多少职业经理人，每个职位的具体要求和任务是什么，确定每个职位的职业经理人的素质要求。此外，企业还要确定职业经理人选聘班子、选聘渠道、选聘的流程与选聘测试工具和手段等内容以及确定好选聘预算和选聘截止时间等。

（二）职业经理人评估与考察

为了更加全面地了解职业经理人的信息，企业应该采取多种评估与考察方法和方式，以便企业能够全面了解和掌握职业经理人的有关信息。对于不同类别或者不同层次的职业经理人，企业可以采用不同的评估与考察方法和方式。在高端职业经理人的招聘选拔中，企业需要采取更多、更复杂的评估与考察方法和方式，这样虽然会增加评估的成本，但是可以提高成功的概率，为企业带来更大的收益。

（三）职业经理人与企业文化的融合

企业文化是职业经理人进入企业时遇到的一个重大难题。企业文化是由企业价值观、信念、仪式和符号、处事方式等组成的有机整体，其核心是企业的精神和价值观。职业经理人的价值观如果与企业的精神和价值观有很大冲突，会造成职业经理人工作举步维艰，甚至使得职业经理人不得不离开企业。因此，就要求企业在选聘职业经理

人过程中，注重对职业经理人价值观的考察。例如，可以通过职业经理人应聘获得职位的期望因素，如较高的待遇与福利、便捷的工作地点、优雅的工作环境、优秀的公司声望、行业的良好前景、良好的人际关系和雇用关系、开明的领导、具有挑战性和喜爱的工作、快捷的晋升机会、国内或国外培训和进修机会等，或采用心理测评等方式，来评估职业经理人的价值观与企业的精神和价值观的差异性。同时，职业经理人也要深入了解企业的文化，以便更好地判断自身与企业文化的融合度，并把此作为决定自己是否进入企业的一个重要因素。

（四）企业所有者与职业经理人的关系

企业所有者与职业经理人之间保持关系融洽是一个企业高效运行和持久健康发展的关键环节。许多企业所有者往往把职业经理人最终的衡量标准简化为一个非常实际的指标，如职业经理人可以在多长时间内赚到多少钱等。不确定的市场环境，让很多事情都无法确定下来。即便是最好的企业，也未必能够做好准备。许多企业所有者习惯于通过更换新的职业经理人来改变企业的经营状况和经营业绩，但是，如何改善企业经营状况和经营业绩的问题不可能在短时间内得到答案。寻找一个优秀的职业经理人，不是一件容易的事情。企业所有者不应该把关注的目光全部集中在通过更换职业经理人来提升经营业绩上，还应加强对职业经理人的培养，营造良好的履职环境。

企业所有者与职业经理人之间的关系从某种意义上来讲是金融资本与智力资本的合作关系。企业所有者与职业经理人具有平等地位，只是在企业中的各自责任、分工不同而已。理顺了企业所有者与职业经理人的关系，才能使企业所有者与职业经理人劲儿往一起使，同呼吸共命运，才能使企业良性运行，创造最佳效益。

（五）企业与职业经理人的契约合同

企业与职业经理人契约合同是企业和职业经理人合作的基础。契约合同是对未来承诺的交换。从委托人的角度，要使代理人全心全意为委托人服务，必须建立一系列的约束条件和激励措施，签订一个最优契约，使委托人效用最大化。在美国，职业经理人受聘任，都要签订严谨的聘任合同，而且还附有规定职业经理人在与企业解聘时不能泄露企业秘密和企业专利技术，一定时期内不能加入原聘任企业竞争对手的行列和增加原聘任企业竞争压力的补充协议。

但是，目前许多企业在与职业经理人签订契约合同方面还存在许多问题，以致企业和职业经理人双方的责、权、利还不够清晰明确，在执行过程中出现了许多不该发生的事情。职业经理人进入企业前，企业应进一步完善职业经理人契约合同的有关内容，进一步明确企业所有者和职业经理人双方各自的权利和义务，明确规定职业经理人的工作职责、权力范围、报酬和其他利益以及工作期限、解约条件、违约责任等，尤其是应对职业经理人离开企业时，对企业在商业秘密、技术专利、竞争压力等方面应负的责任，都做出严格规定，从而建立起双方互信合作关系的基础。

第二节　国有企业选聘职业经理人的重要方面

2013 年，党的十八届三中全会通过的《中共中央关于全面深化改革若干重大问题的决定》拉开了新一轮的全面深化改革的历史序幕。2015 年，《中共中央、国务院关于深化国有企业改革的指导意见》的发布，为全面深化国企改革提供了纲领性文件。随后，党和政府有关部门以《中共中央、国务院关于深化国有企业改革的指导意见》为指导，先后出台了一系列国企改革文件体系及相关细则，形成了国企改革“1 + N”文件体系，为国企深化改革提出了具体、全面、可操作的实现路径。

《中共中央、国务院关于深化国有企业改革的指导意见》在有关国有企业市场化选聘职业经理人方面提出“推行职业经理人制度，实行内部培养和外部引进相结合，畅通现有经营管理者与职业经理人身份转换通道，董事会按市场化方式选聘和管理职业经理人，合理增加市场化选聘比例”“坚持党管干部原则与董事会依法产生、董事会依法选择经营管理者、经营管理者依法行使用人权相结合，不断创新有效实现形式”等内容。以下围绕《中共中央、国务院关于深化国有企业改革的指导意见》提出的关于国有企业市场化选聘职业经理人的有关方面，研究讨论国有企业市场化选聘职业经理人的相关问题。

一、董事会按市场化方式选聘职业经理人

党的十八届三中全会通过的《中共中央关于全面深化改革若干重大问题的决定》明确指出：“经济体制改革是全面深化改革的重点，核心问题是处理好政府和市场的关系，使市场在资源配置中起决定性作用和更好发挥政府作用。”所以，必须积极稳妥地从广度和深度上推进市场化改革，大幅度减少政府对资源的直接配置，推动资源配置依据市场规则、市场价格、市场竞争实现效益最大化和效率最优化。国有企业应充分发挥市场机制在职业经理人资源配置上的决定性作用，从而实现职业经理人资源最优配置和企业效益最大化。

董事会是由董事组成的、对内掌管公司事务、对外代表公司的经营决策机构。企

业所有者放权董事会，使董事会有更大的管理权力和管理灵活度，提高董事会的积极性、创造力和活力，旨在通过市场化规则，使企业更好地选聘到企业真正需要的管理者，并按照市场化方式管理职业经理人，从而实现职业经理人的责权利统一。做到谁聘任，谁管理。

2017 年 4 月，国务院办公厅印发了《关于开展落实中央企业董事会职权试点工作的意见》。根据文件规定，国资委将把中长期发展决策权、经理层成员选聘权、经理层成员业绩考核权、经理层成员薪酬管理权、职工工资分配管理权、重大财务事项管理权等权力授予企业董事会。因此，国有企业董事会按市场化方式选聘职业经理人将成为国有企业深化改革的目标和重点。

国有企业董事会如何市场化选聘职业经理人？国有企业董事会应坚持公开原则、竞争原则、平等原则、全面原则、择优原则，按照市场规则，坚持正确选人用人导向，严格规范选聘职业经理人的方式和程序，创造公平公正的选人用人环境；同时，建立有效的监督、约束、防控体系，强化职业经理人选聘过程的监督与管理。

二、国有企业职业经理人选聘人选来源

前文中提到职业经理人选聘的主要途径有两个：一是企业内部培养；二是企业外部引进。国有企业职业经理人选聘人选也主要是由这两个途径而来的，也包含采用选聘流程进行现有经营管理者向职业经理人身份转换以及重新竞聘被并购企业的职业经理人。这些途径选聘的职业经理人各有优势与缺陷。国有企业内部产生的职业经理人一般对企业的忠诚度较高，与企业融合度也高，熟悉企业环境，容易很快进入角色。国有企业外部引进的职业经理人一般视野比较开阔，专业化程度较高，往往能够为企业带来一些新的经营理念，但在与企业融合程度、忠诚度等方面略显不足。因此，要依据《中共中央、国务院关于深化国有企业改革的指导意见》所提出的实行内部培养和外部引进相结合的方式选聘职业经理人。国有企业在选聘职业经理人时，要结合国有企业自身的实际情况和需要，来决定是选聘内部培养的职业经理人，还是外部引进的职业经理人，这样才能根据实际情况，做到扬长避短，为企业选聘到适合企业发展和需要的职业经理人。

国内外的一些优秀企业选聘职业经理人的成功经验值得我们借鉴。

J 集团是一家国企，致力于成为世界一流的综合性建材产业集团。目前，J 集团已经连续多年荣登《财富》世界五百强企业榜单。J 集团在选聘职业经理人方面积累了很好的经验。J 集团的职业经理人选聘有三种途径：一是 J 集团内部培养。二是 J 集团跟民营企业在做联合重组和混合所有制改革过程中，对原有民营企业的

一些管理人员和创业者进行的筛选、培训和转化。三是通过社会招聘。其中，有的职业经理人是直接从市场选聘过来的，有的职业经理人是由知名人士推荐选聘过来的。例如，J集团的总会计师是通过全球招聘，从1000多名报名者中选聘出来的。J集团的职业经理人都为J集团的发展做出了积极的贡献。根据J集团统计，在这三种选聘职业经理人的途径中，J集团通过社会招聘来的职业经理人并不多，大部分职业经理人是J集团内部培养出来的。

美国通用电气公司非常重视从内部人才中培养、提升公司管理人才，并将其作为公司保持核心竞争力的核心要素。雷金纳德·琼斯于1972年出任公司总裁、董事长兼CEO，直到1980年卸任。在此期间，雷金纳德·琼斯为美国通用电气公司带来了活力和新的战略，为美国通用电气公司重塑辉煌。1974年，雷金纳德·琼斯就开始了美国通用电气公司的继任者的选拔工作。

首先，雷金纳德·琼斯建立了继任者的选拔制度文件，即《CEO传承指引》，用以指导继任者的选拔工作。接着，雷金纳德·琼斯和公司高层经理人小组密切合作，花了两年时间把初步筛选的继任者名单上的96个内部的人选减少为12个，随后再减为6个，其中就包括杰克·韦尔奇。然后，为了测验和观察这6个人，琼斯任命这6个人为“部门经理”，直接接受CEO办公室领导。在随后的三年里，琼斯逐渐缩小范围，让这些候选人经历各种严格的挑战、访谈、论文竞赛和评估。其中，程序中的一个关键部分包括“飞机访谈”。最后，杰克·韦尔奇在强敌中脱颖而出，最终成为美国通用电气公司的继任CEO。

三、国有企业经营管理者向职业经理人身份转换

《中共中央、国务院关于深化国有企业改革的指导意见》提出，畅通现有经营管理者与职业经理人身份转换通道。目前，许多国有企业高层经营管理者，尤其是领导班子成员，大都是由政府监管部门或者组织部门等任命产生的。国有企业经营管理者的“行政化”色彩比较浓厚。这种“行政化”的模式，已经不适应市场经济的发展要求。因此，如何将现有经营管理者去“行政化”已经成为国有企业改革的一项重要内容。现有经营管理者去“行政化”，就要遵循市场经济的内在规律，按照职业化和市场化的方式管理现有经营管理者，需要将现有经营管理者转化为能够按照职业化和市场化模式管理的职业经理人。通过现有经营管理者身份转换，实现企业高管管理模式的转变，由企业的董事会采用市场化方式选聘，实行契约化管理，更加充分地实现责权利的对等，通过对企业高级管理者的管理体制机制的转变，有力地促使现有经营管理者更好地发挥作用，积极助力企业发展。

四、合理增加市场化选聘职业经理人比例

国有企业除了要注重从企业内部培养和选拔职业经理人外，还要积极引进外部优秀的职业经理人。由于种种原因，一些国有企业的管理者在工作的积极性、主动性和创造性等方面存在很多问题。国有企业通过外部市场化选聘职业经理人，很可能会起到“鲶鱼效应”的作用。

“鲶鱼效应”源于这样一个故事。以前，挪威人非常喜欢吃沙丁鱼，尤其是活的沙丁鱼。挪威人在海上捕到沙丁鱼后，如果能让沙丁鱼活着抵达港口，价格就比死的沙丁鱼高出好几倍。然而，由于沙丁鱼生性懒惰，不爱运动，渔船返航的时间又很长，因此，渔民捕捞到的沙丁鱼往往回到码头前就死了，即使有些活的沙丁鱼，也是奄奄一息。但当时，有一位渔民的沙丁鱼抵达港口时大多是活的，而且很生猛。所以，这位渔民赚的钱总是比别人多很多。为什么这位渔民的沙丁鱼总是活的呢？人们一直找不到答案，这位渔民也一直严守这个秘密。直到这位渔民死后，人们打开这位渔民渔船上的鱼槽时，发现了鱼槽中的鲶鱼，才解开了这个秘密。原来鲶鱼以沙丁鱼为主要食物，装入渔船的鱼槽后，由于环境陌生，鲶鱼就会四处游动，而沙丁鱼发现鲶鱼后，也会紧张起来，加速游动，如此一来，沙丁鱼便能够活着回到港口。这就是所谓的“鲶鱼效应”。

“鲶鱼效应”给人们带来许多启示。面对国有企业一些管理者积极性不高的情况，国有企业可以通过不断补充外部的职业经理人作为新鲜血液，把那些富有朝气、具有创造力的优秀职业经理人引入国有企业中来，这样会给国有企业原有经理层带来竞争压力和危机感，让外来的职业经理人扮演“鲶鱼”，唤起国有企业原有的类似于“沙丁鱼”的经理层的生存意识和竞争求胜之心，从而破除职业倦怠，增强国有经理层的潜力、活力和创造力，进而实现提高国有企业创新力和管理效率的目的。

五、党管干部原则与市场化选聘职业经理人的有机统一

坚持党管干部原则是实现党对国有企业领导的根本保证，任何时候都不能动摇。因此，要将党管干部原则与董事会市场化选聘职业经理人机制进行有机统一。

首先，要明确国有企业上级党组织及其组织部门、国有资产监管机构党委以及国有企业董事会、国有企业党组织等在市场化选聘职业经理人工作中的职责权力。国有企业上级党组织及其组织部门、国有资产监管机构党委以及国有企业党组织应当在董

事会市场化选聘职业经理人工作中发挥确定标准、规范程序、参与考察、推荐人选等作用。董事会在市场化选聘职业经理人的过程中应发挥出主导者作用，有序推进市场化选聘职业经理人工作，与国有企业党组织充分沟通，广泛听取意见。国有企业党组织要切实支持董事会依法开展市场化选聘职业经理人。国有企业上级党组织及其组织部门、国有资产监管机构党委以及国有企业董事会、国有企业党组织等在市场化选聘职业经理人工作中，要完善权力运行监督机制，加强和改进出资人监管，最终形成各司其职、各负其责、协调运转、有效制衡的市场化选聘职业经理人管理模式。

×集团是一家大型国有企业集团，是由国务院国资委监管的中央企业，也是世界500强企业之一。

2014年，×集团被列为新一轮国有企业“四项改革”试点的中央企业之一，开展董事会行使高级管理人员选聘等试点工作。2015年以来，×集团积极响应党和政府对于市场化选聘职业经理人工作的批示与要求，稳步推进×集团高级管理人员市场化选聘工作。

在市场化选聘职业经理人以及现有经营管理者向职业经理人身份转换工作中，×集团始终坚持党管干部原则与董事会依法选聘职业经理人有机统一的原则开展工作。×集团董事会和党委按照党组织推荐、董事会选择、市场化选聘、契约化管理的步骤，围绕职业经理人人选推荐、封闭命题、组织面谈、差额考察、确定人选、履行聘任6个程序，以两个合同（即《职业经理人劳动合同》和《岗位聘用合同》）、一个责任书（即《职业经理人年度经营业绩考核责任书》）、两个办法（即《职业经理人业绩考核办法》和《薪酬管理办法》）为主要实现形式的契约化管理机制，逐层推动×集团经理层进行职业经理人市场化选聘和契约化身份转换，成为全国首家由董事会市场化选聘总经理并实现经理层团队成员向职业经理人身份市场化转换的中央企业。

×集团党委在市场化选聘职业经理人工作中，既坚持×集团董事会依法选聘职业经理人，又发挥×集团党委在市场化选聘职业经理人工作中的领导核心和政治核心作用。在市场化选聘职业经理人工作中，×集团党委始终能够发挥把方向、管大局、保落实的作用。具体来说，主要有以下几个方面：

一是×集团党委做好市场化选聘职业经理人工作方案的把关。×集团党委在市场化选聘职业经理人工作中定位于“管原则、管标准、管程序、管纪律”，因此，×集团市场化选聘职业经理人工作方案中相关条款由×集团党委亲自起草。×集团市场化选聘职业经理人工作方案是先通过×集团党委会审议，再通过×集团董事会审定，最后报国务院国资委党委批准。

二是×集团党委做好职业经理人人选把关。×集团职业经理人人选来自×集团内部和外部。职业经理人外部人选由国务院国资委党委从各中央企业党委（党组）推荐产生的国资委优秀经营管理“人才池”择优遴选5人作为职业经理人人选；职业经理人内部人选由×集团党委推荐2名作为职业经理人人选，并获得国务院国资委党委认可。在市场化选聘职业经理人过程中，由国务院国资委党委将7人“大名单”推荐给×集团董事会。×集团党委和纪委参与了2名差额人选的考察。最终职业经理人人选是通过×集团党委审议后，再由×集团董事会决定，报国务院国资委备案。

三是×集团党委严格职业经理人选聘程序把关。×集团职业经理人选聘领导小组和考察组由×集团董事会、党委分管组织和分管纪委的负责人、组织人事和纪检监察部门人员等组成，×集团党委和纪委全程参与，保证了职业经理人选聘程序的严谨、合规。×集团党委和纪委确保职业经理人选聘工作按照四个步骤合规合法进行：

（1）职业经理人选聘实行公开招聘，公平竞争，择优选取进入下一轮。

（2）择优选取的7位职业经理人人选通过面谈的方式再进行筛选。

（3）经过研究讨论最终确定2位职业经理人人选进行考察。

（4）最后确定1位职业经理人人选，按照聘任程序进行聘任。

×集团于2015年正式完成总经理聘任工作，成为第一个由董事会市场化选聘总经理的中央企业。随后，×集团按照分类分层的原则，在整个集团内部进行市场化选聘职业经理人以及现有经营管理者向职业经理人身份转换。这一举措有力地促进了×集团的经营管理水平的提高，激发了×集团的经理层的活力和创造力，为×集团的效益提升做出了贡献。

第四章

职业经理人薪酬

职业经理人的薪酬制度是职业经理人制度中降低委托代理风险、体现职业经理人价值的最为引人关注的制度。职业经理人薪酬要综合考虑市场化薪酬水平和企业状况，在设计上要重点考虑合理科学的薪酬结构和激励约束手段。

第一节　职业经理人薪酬影响因素

全球经济一体化的发展趋势使得我国的企业不可避免地进入到全球竞争环境中。面对如此激烈又残酷的市场竞争，中国企业亟须卓越的人力资本提升竞争力。职业经理人是企业的重要人力资本。放眼全球知名企业的发展历程，我们可以看出，职业经理人是推动企业发展，赢得市场竞争的重要因素之一。

掌握优秀职业经理人这一人力资源是企业整个人才战略的第一步，接下来企业必须研究如何去激发职业经理人的积极性，这样才能够真正把职业经理人的效用发挥到最大限度，发挥其应有的价值。但是选择职业经理人管理企业是有风险的。当代理人和委托人利益不完全一致的时候，代理风险就会随时加大。但企业要发展，不能因为存在代理风险的问题就因噎废食，干脆选择不用职业经理人。解决或者降低职业经理人的代理风险问题是有突破口的，其中之一就是企业应着力完善职业经理人的薪酬制度。在实际的企业经营管理活动中，从事代理职责的职业经理人如果没有相应的激励和约束机制，则会以自己的利益最大化为主要参考点来展开经营行为。但是设计良好的职业经理人薪酬制度，会使得职业经理人与企业出资人的利益趋向一致，进而实现企业代理风险的降低。

在实践中，有很多知名企业建立了比较成熟的职业经理人薪酬制度。这些企业依靠制度的设计达成委托人和职业经理人的利益目标趋向一致，从而引导激发职业经理人内在的动力，很好地解决了委托代理的问题。例如目前有很多企业设计了职业经理人乃至全员持股的机制，这种机制就很好地把对职业经理人和员工的激励与目标绑在一起。

合理的薪酬制度有利于职业经理人在企业发挥自己的效用和价值，为企业发展贡献力量。因此，设计完善的职业经理人薪酬体系是职业经理人制度建设中非常重要的内容，也是关键的内容。企业建立职业经理人薪酬体系的影响因素如下：

一、市场化薪酬

我国有很多企业在制订高管薪酬方面也沿袭了国际上薪酬调查的模式，但是实际上大多数企业还是没能把职业经理人的薪酬提升到市场化水平。一方面，企业缺乏相关的绩效标准去衡量职业经理人的贡献，没有标准或依据去把职业经理人的能力和贡献在市场同等水平上去衡量。另一方面，很多企业对市场化薪酬认识不够，或者在操作上有所限制。

二、薪酬激励效果

很多企业薪酬方式非常单一，对职业经理人很少采取股权、非物质福利等激励。没有股权激励计划，很多高管“零持股”的现象非常普遍，这就容易导致这些企业职业经理人更注重追求短期绩效，忽略企业的长期利益。同时，这些职业经理人也不愿投入到耗时较长、风险较大的企业创新活动中，其流动性也较大，职业经理人对企业的忠诚度比较低。

三、薪酬与能力、业绩相匹配

商品的价格要与商品的价值相匹配，而人才的价格也就是薪酬同样要与这个人才的价值相匹配。职业经理人的价值反映在职业经理人的能力和业绩上，尤其对于很多企业来说，长期以来，存在着两种倾向，一种倾向是企业不认同或者无法衡量职业经理人的能力，造成无法给职业经理人定价；另一种倾向就是忽视职业经理人能力。有相当一部分企业的职业经理人能力不是不能衡量和评估，而是评估后，很少根据评估结果给职业经理人定价。

第二节　职业经理人薪酬体系构建

职业经理人是企业高级管理人员，把握着企业发展的命脉，其需求不仅是较低的物质激励层面。因此，要发挥薪酬对职业经理人的激励作用，需要采取多种激励方式相结合的形式，增强职业经理人的企业归属感。

美国企业高管的薪酬由基本工资和年度奖金、长期激励机制、福利计划构成。基本工资和年度奖金主要用于回报高管现期或上期对公司所做的贡献。长期激励机制主要包括股票期权计划、股票持有计划、虚拟股票计划、股票奖励等。福利计划包括退休金计划和“金色降落伞”离职金等。美国高管薪酬除了要充分考虑公司业绩、高管人员所领导的团队业绩、高管人员业绩和职业经理人市场上类似人才的薪酬情况外，还要综合考虑公司所在行业的特征、公司在行业中的地位、公司的发展阶段、公司对各种薪酬形式的采用、公司高管薪酬收入中基本工资的比重等因素。日本高管薪酬由基本年薪、奖金和津贴等构成。年功序列制度将高管的薪酬与他们的贡献挂钩，作为高管的主要激励手段。日本高管的非现金薪酬明显高于美国，但股票期权等长期激励在薪酬结构中所占比例小于美国。日本高管薪酬主要由内部因素决定，薪酬差距较大且不透明。普通员工和中层高管的薪酬主要由年功因素决定。中层管理人员一旦得到晋升，进入高管人员的行列，就可以享受到许多非现金报酬。

借鉴国外高管薪酬实践经验，有助于我们探索建立既适合市场经济发展，又符合国情的职业经理人薪酬体系。职业经理人薪酬可以由基本年薪、效益年薪、长期激励和福利津贴等方面组成。在企业具体实践中，企业可以根据实际情况进行变通和调整。构建职业经理人薪酬体系应该从以下几个方面着手。

一、行业市场化薪酬状况

职业经理人应依据职业经理人自身的专业性和对企业的贡献领取市场化薪酬。那么什么是市场化薪酬呢？市场化薪酬是指企业参照同行业、本地区各种岗位（特别是与公司部分关键岗位相同的岗位）的薪酬水平，并根据公司薪酬管理思路、预算及薪酬支付能力构建的薪酬分配模式。

职业经理人作为市场化人才，薪酬必须由市场决定，其薪酬应与同行业、同规模、同职位的经营管理人相当，尤其是那些能力突出、贡献卓越的职业经理人，更应该获得平均水平以上的薪酬，并应该配备相应的激励。所以企业在制订职业经理人薪酬制度的时候，一定要对同行业职业经理人的薪酬水平有所了解，结合企业发展战略需要和实际情况来确定职业经理人薪酬。这样才能吸引适合企业的职业经理人，并且使得薪酬制度对职业经理人起到足够的激励作用。

（一）不同职位的高管薪酬水平

在考虑市场化薪酬制度的时候，我们先要考虑的是职业经理人的平均薪酬。我们以职业经理研究中心收集整理的沪市和深市主板上市公司、中小企业板上市公司和创业板上市公司已披露的2016年公司年报及年报补充信息为例，可以看出，不同职位的高管的薪酬水平是有一定差距的。在制定职业经理人薪酬的时候，应充分综合考虑现有高管的薪酬水平在市场中的定价。

如表4－1所示，从总经理薪酬水平分布区间来看，总经理平均薪酬水平达到131.8万元，P25分位值在54.92万元，中位值在81.85万元，P75分位值在136.29万元。

从副总经理薪酬水平分布区间来看，副总经理平均薪酬水平达到104.62万元，P25分位值在48.92万元，中位值在70万元，P75分位值在104.55万元。

表 4－1① 不同职位的高管薪酬水平 （单位：万元）

职位	10 分位值	25 分位值	中位值	75 分位值	90 分位值	平均值
总经理	36	54.92	81.85	136.29	288.86	131.8
副总经理	30.01	48.92	70	104.55	213.4	104.62
财务总监	26.15	35	55	80.12	128.93	77.43
董事会秘书	30	42.26	61.4	104.63	186.4	96.73

注：本数据源于职业经理研究中心 2017 年收集整理的沪市和深市主板上市公司、中小企业板上市公司和创业板上市公司已披露的 2016 年公司年报及年报补充信息。

从董事会秘书薪酬水平分布区间来看，董事会秘书平均薪酬水平达到 96.73 万元，P25 分位值在 42.26 万元，中位值在 61.4 万元，P75 分位值在 104.63 万元。

从财务总监薪酬水平分布区间来看，财务总监平均薪酬水平达到 77.43 万元，P25 分位值在 35 万元，中位值在 55 万元，P75 分位值在 80.12 万元。

根据统计数据显示，不同企业的总经理之间、副总经理之间、董事会秘书之间、财务总监之间的薪酬水平是有很大差异的。并且，不同职位的高管的薪酬水平也是有差异的，从高到低分别为总经理、副总经理、董事会秘书、财务总监。

（二）不同地域的高管薪酬水平

不同地域的企业的盈利水平、产品价格、环境条件等是不同的，所以，地域也是影响高管薪酬水平的基本因素。

如表 4－2 所示，从地域分布来看，北京、上海、广东、江苏、浙江的上市公司数量最多，分别有 449 家、310 家、298 家、274 家和 229 家，五地合计有 1560 家上市公司，占 A 股公司大半壁江山。这五个地区，属于中国经济发达地区，上市公司高管薪酬也处于领先水平。

---

① 第四章、第五章涉及的职业经理研究中心调研数据均源于抽样调查结果。样本选取地区：北京、上海、江苏、浙江、广东。样本行业分布：制造业、建筑业、金融业、房地产业、信息技术业。样本职位分布：总经理、副总经理、财务总监、董事会秘书等。上市公司数据中剔除了 ST 公司数据。为保证研究的真实性，对于未披露相关数据的上市公司（如高管年度薪酬未披露），未予统计。从选择的 419 家上市公司及 2907 个上市高管中，最后确定 376 家上市公司及 2014 个上市高管作为研究对象。

分位值与平均值表示被调查群体中有 n% 的数据小于此数值。n 的大小反映市场的不同水平，通常使用 P10、P25、P50、P75、P90 来表示市场的不同水平。10 分位值表示有 10% 的数据小于此数值，反映市场的低端水平。25 分位值表示有 25% 的数据小于此数值，反映市场的较低端水平。50 分位值（中位值）表示有 50% 的数据小于此数值，反映市场的中等水平。75 分位值表示有 75% 的数据小于此数值，反映市场的较高端水平。90 分位值表示有 90% 的数据小于此数值，反映市场的高端水平。平均值即所有数据的平均值，反映市场的平均水平。

表 4 - 2　　不同地域公司高管薪酬水平　　（单位：万元）

区域	25 分位值	中位值	75 分位值	90 分位值	平均值
广东	45.11	70.55	170.03	376.28	144.63
上海	53.38	76.7	119.75	249.93	119.75
北京	52.83	71.98	104.3	163.06	96.48
江苏	42.29	66.3	92.75	137.46	79.22
浙江	29.36	52.2	90.21	160.13	69.94

注：本数据源于职业经理研究中心 2017 年收集整理的沪市和深市主板上市公司、中小企业板上市公司和创业板上市公司已披露的 2016 年公司年报及年报补充信息。

数据研究显示，各地区的经济发展水平不一样，导致地区间职业经理人薪酬存在差距。这五个地区高管薪酬平均值水平，从高到低为：广东、上海、北京、江苏和浙江。

（三）不同规模公司的高管薪酬水平

考虑不同规模公司的高管薪酬水平，以公司总资产来衡量上市公司的规模。公司总资产是指公司所拥有或控制的、能够带来经济利益的全部资产。一般认为，某一会计主体的总资产额等于其资产负债表的“资产总计”。与联合国 SNA（系统网络体系）中的核算口径相同，中国资产负债核算中的“资产”是指经济资产。所谓经济资产，是指资产的所有权已经界定，其所有者由于在一定时期内对它们的有效使用、持有或者处置，可以从中获得经济利益的那部分资产。

如图 4 - 1 所示，从上市公司的总资产规模情况来看，100 亿元以上所占比例为 42.6%，50 亿 ~ 100 亿元所占比例为 13.2%，10 亿 ~ 50 亿元所占比例为 33.6%，10 亿元以下所占比例为 10.6%。

一般来说，公司规模越大，其组织管理活动的复杂程度越高，行政层级的数目也会越高，相应的企业管理者的能力也越强，所以企业支付给高管的薪酬也就越高。

大企业通常更多采用具有较高程度的相互依赖的生产管理技术，而提高薪酬无疑为确保某一环节因高管的缺失而产生公司绩效下滑提供了保障。同时，企业规模越大，激励管理者的方式越多，公司高管获得薪酬的途径也就越多。

然而，一些规模较大的国有企业高管受限薪影响，如国有控股银行企业规模都排在前几位，在《中央管理企业负责人薪酬制度改革方案》的影响下，五大国有银行高管的薪酬首先受到冲击。从统计的各银行高管平均薪酬来看，五大行全部位居下游，且平均薪酬为 65.92 万元。工商银行、建设银行、中国银行、农业银行、交通银行高管平均薪酬分别为 53.03 万元、64.62 万元、71 万元、73.74 万元、68.32 万元。

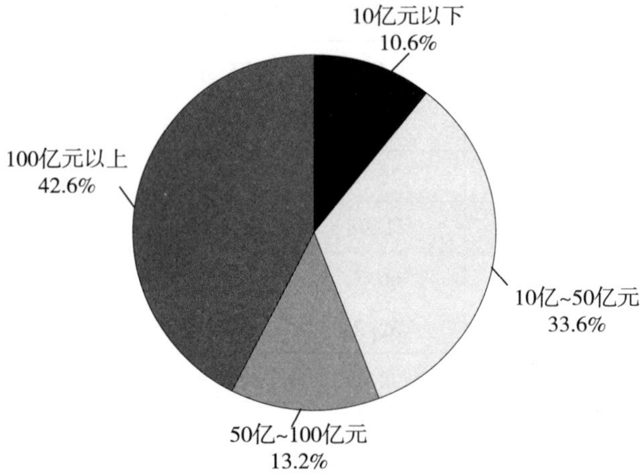

图 4-1　不同规模公司的资产情况

注：本数据源于职业经理研究中心 2017 年收集整理的沪市和深市主板上市公司、中小企业板上市公司和创业板上市公司已披露的 2016 年公司年报及年报补充信息。

据统计，国有控股公司总资产规模在 100 亿元以上的高管平均薪酬为 128.68 万元，资产规模在 50 亿～100 亿元的企业高管平均薪酬为 76.95 万元，资产规模在 10 亿～50 亿元的企业高管平均薪酬为 68.58 万元，资产规模在 10 亿元以下的企业高管平均薪酬为 92.95 万元。

对于非国有控股公司企业资产规模我们也进行了比较，分析发现，资产规模 100 亿元以上企业高管平均薪酬为 197.66 万元，资产规模 50 亿～100 亿元企业高管平均薪酬为 77.28 万元，资产规模 10 亿～50 亿元企业高管平均薪酬为 66.58 万元，资产规模 10 亿元以下企业高管平均薪酬为 54.3 万元。数据表明，在非国有控股上市公司高管薪酬与公司资产规模成正相关。

二、董事会制定职业经理人薪酬

国外企业职业经理人薪酬一般由董事会或下设的薪酬委员会来决定。薪酬委员会具备较高的专业技术水平，其背后还有长期薪酬顾问的支持。以瑞士联合银行集团（UBS）为例，每年职业经理人薪酬设计伊始，都会由独立薪酬咨询顾问从公司规模、产品与业务范围、地域范围、总部位置、人才竞争、人员及薪酬战略 6 个维度严格筛选对标公司，对其薪酬水平与结构进行详尽分析，使之能够为薪酬委员会提供翔实全面的数据来支持其作出合理的决策。除了薪酬数据，薪酬顾问还会随时与薪酬委员会分享高管薪酬的一些新趋势、新做法，使之拓宽视野，提高薪酬方案的有效性。

企业在确定职业经理人的薪酬时，可以充分借鉴这一思路，重点考虑公司经营业绩考核情况及效率水平、所在行业的竞争程度及市场开放程度、同行业市场化职业经理人的薪酬情况和公司支付能力等综合因素，利用董事会决策机制和薪酬与考核委员会的专业性，由薪酬与考核委员会拟定职业经理人薪酬方案，提交董事会决定。

对于董事会采用市场化方式聘用、采用契约化方式管理的职业经理人，应建立并实行市场化的薪酬分配机制，薪酬水平和激励强度应紧密结合公司的功能定位和发展战略，结合所处行业、企业规模和盈利能力等要素分析确定职业经理人的市场化薪酬水平，由董事会与职业经理人双方协商确定薪酬。

三、建立合理的职业经理人薪酬结构

薪酬结构是收入分配制度的核心，没有什么激励机制比薪酬机制更有力，而薪酬制度的有效性并不完全取决于薪酬总量的水平，很大程度上受制于企业薪酬结构的科学性与合理性。有研究表明，职业经理人不仅关注报酬的多少，而且非常关注报酬的构成和支付方式。目前企业对职业经理人的薪酬模式一般包括基本薪酬、绩效薪酬、中长期激励和福利等。

基本薪酬是职业经理人年度基本收入，主要根据企业经营规模、经营管理难度、所承担的战略责任等因素综合确定。

绩效薪酬是与职业经理人年度业绩考核评价结果相联系的收入。绩效薪酬是职业经理人薪酬中的浮动部分。

中长期激励主要是指对为企业中长期发展作出突出贡献的和在企业未来发展中具有关键或核心作用的职业经理人实施的激励。中长期激励方式包括股票期权、股票增值权、限制性股票、虚拟股票、业绩股票激励等。将企业业绩增长与职业经理人利益捆绑在一起，利益共享，风险共担，避免了职业经理人的短期获利行为有损企业长远发展。

福利是薪酬的组成部分，它是指工资、奖金之外的所有货币或非货币经济报酬。根据国家有关政策和国资委相关规定，为职业经理人交纳基本养老保险、基本医疗保险等基本社会保险以及缴存住房公积金，并根据公司经营情况、管理需求和支付能力，建立企业年金、补充医疗保险、国内外进修、培训等福利计划，以便吸引和留住优秀职业经理人人才，提高职业经理人的归属感和忠诚度，增强企业的凝聚力和向心力。

在20世纪90年代的美国，职业经理人的薪酬制度设计已经很全面。以首席执行官为首的高级经理的全部收入由五部分组成：一是底薪，也就是基本工资；二是职工福利，如医疗保险、退休金等；三是津贴，如公司免费提供的高级轿车、飞机、游艇、俱乐部会员卡等；四是短期激励收入，是根据一年期业绩指标的完成情况加以确定的收入；五是长期激励收入，是按更长的时期，如 3 ~ 10 年业绩指标的完成情况确定的收入。在美国，设计高级经理全部收入方案的基本目标就是为实现公司的发展战略而吸引、保持、激励以 CEO 为代表的职业经理人队伍。

如表 4 -3 所示，从我国上市公司年报可以看出，上市公司高管普遍实行年薪制，薪酬结构由基本年薪和绩效年薪构成。基本年薪按月发放，绩效薪酬根据公司的经营状况和个人的经营业绩进行综合考评后发放。

表 4 -3　　高管薪酬结构

编号	公司名称	薪酬结构
1	交通银行	薪酬体系包括基本年薪、绩效年薪和福利性收入，为平衡激励与风险约束，绩效年薪的一定比例实行延期支付，分三年兑现，原则上每年支付比例为 1/3
2	蓝星安迪苏股份有限公司	公司拟实行由工资、年度奖金和长期激励组合而构成的薪酬政策，其使得薪酬中相当一部分的实际支付水平具有不确定性
3	北京金隅股份有限公司	经营管理人员（母公司高管和子公司主要高管等）主要实行年薪制，加大绩效工资占总收入的比重，同时对绩效奖励等实行任期延期兑现，从政策和制度方面促进高管人员履行尽职义务和勤勉责任
4	曲美家具	高级管理人员的薪酬由基本薪酬和绩效薪酬构成。其中基本薪酬参考同行业薪酬水平并结合职位、能力、岗位责任综合确定；绩效薪酬由薪酬委员会根据董监高年度经营目标完成情况而定
5	上海市北高新股份有限公司	由基本薪资、年度绩效奖、年度福利三部分组成
6	江苏康缘药业股份有限公司	公司高管人员按照岗位工资与年终考核相结合的薪酬办法，基本年薪由董事会根据不同岗位制订标准后按月发放，完成指标奖励部分由董事会根据公司经营目标完成情况进行考核后发放
7	航天信息股份有限公司	对于高级管理人员实行年薪制，年薪由基薪和绩效薪金组成，绩效薪金的 80% 当期兑现，其余 20% 将于任期结束后根据任期考核结果发放
8	中国软件与技术服务股份有限公司	目前实行基本薪酬 + 绩效薪金的体制，由董事会依据公司经营情况、公司及所处行业的薪酬水平、地区的物价浮动情况、相关人员的岗位、责任、风险等因素，经工作及业绩考核后核定

续 表

编号	公司名称	薪酬结构
9	东兴证券股份有限公司	公司高级管理人员薪酬由基本年薪和绩效年薪等组成。绩效奖金40%以上采取延期支付的方式，延期支付期限为3年，延期支付薪酬的发放遵循等分原则
10	北京华业资本控股股份有限公司	高级管理人员薪酬实行年薪制，全年薪酬由月度基本工资、月度绩效考核金、年度绩效考核金三部分组成。月度基本工资总额占全年薪酬总额的60%；月度绩效考核金总额占全年薪酬总额的20%，根据绩效考核结果按相应比例月度发放；年度绩效考核金占全年薪酬总额的20%，根据年度考核结果按相应比例年终一次性发放
11	东风电子科技股份有限公司	公司董事会对公司任职高管人员实行基本工资加奖金的薪酬制度。基本工资按月发放，奖金按半年度结合完成工作及任务、效益情况考核后发放
12	北京华业资本控股股份有限公司	高级管理人员薪酬实行年薪制，全年薪酬由月度基本工资、月度绩效考核金、年度绩效考核金三部分组成。月度基本工资总额占全年薪酬总额的60%；月度绩效考核金总额占全年薪酬总额的20%，根据绩效考核结果按相应比例月度发放；年度绩效考核金占全年薪酬总额的20%，根据年度考核结果按相应比例年终一次性发放
13	上海隧道工程股份有限公司	薪酬在结构上根据不同层级分别采用基本薪资和激励薪酬相搭配的策略
14	杭州电魂网络科技股份有限公司	根据公司董监高薪酬管理办法及相关薪酬机制，高级管理人员报酬由基本薪酬、绩效薪酬等组成，与公司业绩挂钩
15	宋都基业投资股份有限公司	采用年薪制。根据职位价值和能力价值原则确定薪酬水平，年薪分为基本薪酬和绩效薪酬；福利主要包括基本五险、住房公积金、休假、通信补贴等；长期激励，主要包括期权激励
16	北京乾景园林股份有限公司	在公司领取报酬高级管理人员报酬分为基本薪酬和绩效薪酬两部分。基本薪酬按月发放，绩效薪酬与公司年度经营成果及个人经营业绩相挂钩，年终由公司考核评定后一次性发放
17	上海新黄浦置业股份有限公司	公司有完整的薪酬管理制度，每年会依据市场和行业的趋势结合本企业的实际情况而作调整和完善，对高级管理人员按其所担任的岗位职责的重要性和工作业绩来确定薪资报酬
18	华润双鹤药业股份有限公司	全面报酬具体包括：基本工资、津贴及补贴、绩效奖金、特殊贡献奖、战略激励、福利及非物质报酬等
19	上海城投控股股份有限公司	在公司领取报酬的公司高级管理人员首先根据人力资源部门制订的薪酬及考核体系依各人担任的职务、岗位职责确定基本薪酬，再根据公司经营情况，参考同行业平均薪酬水平并根据个人业绩确定年度绩效奖金

续 表

编号	公司名称	薪酬结构
20	北京东方新星石化工程股份有限公司	高级管理人员的薪酬由基本薪酬和绩效薪酬两部分组成，基本薪酬按月发放，绩效薪酬根据公司年度的经营状况进行综合考评后发放
21	北京东方园林环境股份有限公司	公司对高级管理人员实施绩效考核，对其年度报酬总额采取“固定年薪＋绩效”的方式，根据公司的经营状况和个人的经营业绩进行年度考评，并按照考核情况确定其年度报酬总额
22	中化岩土集团股份有限公司	高级管理人员的薪酬由基本年薪和绩效薪酬两部分组成，基本年薪按月发放，绩效薪酬根据公司的经营状况和个人的经营业绩进行综合考评后发放
23	北京久其软件股份有限公司	高级管理人员的年度薪酬总额由基本年薪和浮动奖金两部分构成，根据个人工作职务及岗位级别确定其基本年薪；根据公司经营业绩及个人年度绩效考核结果确定其浮动奖金
24	北京荣之联科技股份有限公司	年薪包括固定年薪和浮动年薪
25	江苏江阴农村商业银行股份有限公司	职工总收入由基本薪酬、绩效薪酬、福利性收入等项目下的货币和非现金的各种权益性收入组成。基本薪酬包括基本保障收入、各项津补贴、经营管理补贴，按月支付。绩效薪酬主要由当年经营绩效考核收入和其他综合考核收入组成。对总行高管人员绩效薪酬的支付方式：50%左右绩效薪酬中，一部分根据经营情况和风险成本分期考核情况随基本薪酬一起支付，剩余部分在财务年度结束后，根据年度考核结果支付；另50%左右的绩效薪酬，采取延期支付的方式，延期支付期限为3年，在延期支付时段中遵循等分原则。中长期各种激励：按不同的岗位职务、岗位责任风险和不同岗位的工作年限制定相关激励制度；福利性收入包括商业银行为员工支付的社会保险费、住房公积金等，对于福利性收入的管理，按国家有关规定执行。除国家政策强制的五险一金外，还制定了补充退休福利计划
26	江苏大港股份有限公司	公司高层实施年薪制，包括基本年薪和绩效年薪
27	浙江京新药业股份有限公司	年度报酬（包括基本工资、各项奖金、福利、补贴、住房津贴及其他津贴等）
28	深圳广田集团股份有限公司	高级管理人员的薪酬由基本年薪、绩效薪酬构成，实行年薪制。年薪与公司年度经营业绩及与高级管理人员签订的目标责任挂钩，于年终实行绩效考核并报公司董事会确定
29	深圳市奇信建设集团股份有限公司	包括基本工资、奖金、津贴、补贴、职工福利费和各项保险费、公积金以及以其他形式从公司获得的税前实发报酬总额

续　表

编号	公司名称	薪酬结构
30	深圳市中装建设集团股份有限公司	高级管理人员的薪酬由基本年薪、绩效薪酬构成，年薪与公司年度经营业绩及与高级管理人员签订的目标责任挂钩，于年终实行绩效考核并报公司董事会确定
31	深圳达实智能股份有限公司	高级管理人员实行年薪制，其薪酬由基本工资和绩效奖金两部分构成
32	深圳市新南山控股（集团）股份有限公司	高管人员薪酬由基本年薪 + 超额奖励 + 长期激励组成
33	北京东方国信科技股份有限公司	高管人员实行年薪制，由基本年薪、绩效年薪两部分构成
34	北京恒泰实达科技股份有限公司	由工资、奖金、补助及福利收入等组成
35	上海华虹计通智能系统股份有限公司	管理序列（业务）固定比例为 67%，年终绩效奖金系数为 33%；管理序列（非业务）固定比例为 75%，年终绩效奖金系数为 25%
36	上海维宏电子科技股份有限公司	高级管理人员的薪酬由基本工资、岗位津贴、出差补贴、奖金等组成
37	上海中信信息发展股份有限公司	由基本薪酬、绩效奖励两部分组成
38	南京海辰药业股份有限公司	由工资、奖金和津贴构成
39	深圳天源迪科信息技术股份有限公司	高管薪酬实行年薪制，年薪分为基础年薪和绩效奖金，高管绩效奖金所得基于其年度绩效考核结果、岗位职责确定
40	常州千红生化制药股份有限公司	由基本薪酬、月度绩效薪酬和年终绩效薪酬构成

注：本数据源于职业经理研究中心 2017 年收集整理的沪市和深市主板上市公司、中小企业板上市公司和创业板上市公司已披露的 2016 年公司年报及年报补充信息。

四、企业内部因素对职业经理人薪酬依据的影响

除了市场水平、薪酬结构，企业在制订职业经理人的薪酬的时候，应该考虑多种因素。首先，必须要考虑职业经理人的业绩目标，做到业绩目标与职业经理人薪酬水平相匹配；其次，为调动职业经理人的积极性，围绕具体的薪酬结构，企业可采用灵活的方式，引入职业经理人谈判薪酬，根据职业经理人的资源和能力等，董事会与职业经理人共同议定职业经理人的年薪。但是，在企业制订职业经理人谈判薪酬时，不

是随意制订。企业应该注意人工成本，并保持内部经营管理人员的薪酬梯度合理，否则容易造成内部分配不公，导致不良后果。

五、探索以股权激励为主的职业经理人激励方式

职业经理人的激励计划是留住关键核心管理人才的重要手段。很多企业在设计激励计划时，不仅仅注意调动职业经理人的主动性，更注重使企业和职业经理人成为一个共同体。例如众所周知的万科“事业合伙人”制度，就能够使职业经理人与企业形成利益共同体。还有美的的股票期权激励计划，以及华为从员工持股、虚拟利润分享、股票增值权到目前的华为 TUP（Time - unit Plan，奖励期权计划），等等，这些激励方式的根本目的都是为了留住企业的核心人才，包括优秀的经营管理人才。

股权激励是公司治理机制中极其重要的环节和内容，是一种通过经营者获得公司股权形式给予企业经营者一定的经济权利，使其能够以股东的身份参与企业决策、分享利润、承担风险，从而勤勉尽责地为公司的长期发展服务的激励方法。实施职业经理人股权激励，使职业经理人更关注企业的长期利益，避免短视行为，对企业的健康持续发展具有重要意义。

股权激励作为中长期激励的主要形式，是全面薪酬的一部分，是实现公司价值最大化的手段之一。股权激励的核心目的是为更好地激励职业经理人发挥个人的才智与能力，为企业发展贡献力量，引导职业经理人的个人诉求与企业主的诉求达成一致，解决职业经理人长期激励问题。企业在探索包含股权激励方式的薪酬制度体系的时候，应注意以下问题：

（一）所有者和经营者的价值取向趋于一致

企业通过股权或期权使职业经理人的身份转化为劳动者和所有者的双重身份，使得所有者和职业经理人成为利益的共同体，驱动职业经理人不断努力提高公司业绩，将企业的长远发展、股东价值最大化与职业经理人自身的价值追求高度统一起来，实现“放眼未来，风险共担，利益共享”的局面。

（二）与企业业绩挂钩

股权激励既是动力，又是压力，它可以促使职业经理人对企业更加尽职尽责，使职业经理人个人利益与公司利益休戚与共，自觉提高工作水平和效率，以提高业绩并形成良性循环。

（三）降低企业成本压力

现金流和人才对企业发展来说至关重要，而几乎所有企业在初创期和发展期都面临着现金流和人才的巨大压力，导致企业无法给职业经理人提供有竞争力的报酬，而解决这一问题的有效方法就是股权激励，通过持股经营和股份奖励，可以相应地节省职业经理人的现金报酬，从而降低人工成本。

（四）吸引和留住人才

传统“工资+奖金”的薪酬模式已经越来越不能满足现代企业人才的需求，而股权激励被实践证明是吸引和留住人才最有效的手段，把职业经理人的责任心、事业心和激励机制结合起来，通过股权激励，可以使职业经理人和企业利益共享、风险共担，充分发挥职业经理人的主观能动性。近两年，在“大众创业、万众创新”的社会大潮下，各行业创业公司如雨后春笋，尤其是“互联网+”创业项目层出不穷。初创公司一般能提供的薪酬很难有吸引力，所以只能靠未来发展愿景来吸引人才，靠创始人推销自己的梦想来吸引人才，这时股权激励便成了一方良药。

六、建立完善职业经理人股权激励

（一）股权激励的模式

从2011—2016年的上市公司统计结果来看，已经有越来越多的上市公司采用股权作为长期激励的有效工具。在复杂的经济环境中，企业的长期激励实践日趋理性，在激励模式方面趋向于实股为主、与期权或业绩股票多元化结合的方式；从实施层面强调动态管理，以积极应对内外部管理环境的变化。2016年A股上市公司实施股权激励计划的企业共277家，占A股企业总数的9.1%。相比2015年采用股权激励的226家企业，有一定程度的增长。其中，限制性股票日益成为高管中长期激励的主流方式，实施高管中长期激励的企业有78.4%采用了这一方式。股权激励的模式有很多种，不同的企业适用的激励模式有所不同，同一个企业在不同的发展阶段适用的激励模式也有所不同。常用的股权激励模式有股票期权、业绩股票、限制性股票、延期支付、股票增值权、经营者/员工持股、虚拟股票等。

（二）股权激励模式选择的原则

1. 动态原则

由于企业要素结构、规模以及组织结构等方面都在不断发生变化，在同一个企业中，股权激励模式也应该相应变化，这样才能“量身定做”。

2. 弹性原则

由于企业现状各异，因此同一种股权激励模式在不同的企业中应用时要做出一定的调整。

3. 公开公正原则

实施股权激励可以合理拉开报酬差距，体现分配向价值创造、业绩表现和能力贡献倾斜的激励导向，同时更应关注利益分配中的“不患寡而患不均”现象。一定要坚持公开公平，对事不对人。否则很容易导致团队人员心理失衡，引发效率和公平的矛盾，影响优秀企业文化的形成。

4. 激励期限与力度适中原则

股权激励不是万能的，选择激励模式时必须考虑到激励对象的整体报酬水平和结构；同时，实现激励时间设置的长短也会增强或损耗激励的满意度。不能把企业股权激励的考核目标定得过高或把实现激励时间定得过长，激励适度。

5. 激励与约束相结合原则

将企业利益与激励对象的利益相结合、激励对象的责任与权利相结合、激励对象短期利益与长期利益相结合。

（三）遵循相关制度

2016 年 7 月，证监会根据股权激励的发展趋势、实践总结等完善了股权激励政策，重新发布《上市公司股权激励管理办法》。新的股权激励管理办法在过去的基础上进行了优化，强调以信息披露为中心，放松管制，加强监管，赋予了公司更多的自治和灵活决策空间。经过研究发现，大量的实践和案例证明：股权激励对公司发展的推动非常明显，对调动职业经理人积极性、提升公司业绩作用显著。

2016 年 9 月，财政部、国税总局联合下发《关于完善股权激励和技术入股有关所得税政策的通知》（财税〔2016〕101 号），这一号称“史上最给力的股权激励所得税政策”，进一步加大了税收优惠，降低了企业和相关获得激励者的税负，尤其是对国内非上市公司股权激励做出了明确规定，并给予了极大的税收优惠。新政策对中小企业、创业公司、多元业务企业的股权激励设定带来了深远的影响。

混合所有制改革大环境下，完善公司治理结构、建设长效激励机制、推进职业经理人队伍建设，成为当前国企改革的关键任务之一。而民营企业的长期激励趋势是突破传统的股票期权、限制性股票与现金激励，形成更加丰富多样化、创新型的激励方案，建立物质与非物质相结合、短中长期相结合的完整薪酬和激励结构。

（四）股权激励经验借鉴

上市公司采纳的股权激励工具分布首次呈现均衡分布特点，同时采纳股票期权和限制性股票的复合激励方式的上市公司数量明显增多。“混合所有制”员工持股、长效激励机制建设成为当前国有企业改革的关键词，而民营企业可以实现更加丰富多样且更易满足企业个性化激励需求的创新型激励方式。

如表 4-4 所示，从 2011—2016 年的上市公司统计结果来看，已经有越来越多的上市公司使用股权作为长期激励的有效工具，在复杂的经济环境中，企业的长期激励实践日趋理性，在激励模式方面趋向于实股为主、与期权或业绩股票多元化结合的方式。从实施层面强调动态管理，以积极应对内外部管理环境的变化。2016 年 A 股上市公司实施股权激励计划的企业共 277 家，占 A 股企业总数的 9.1%。相比 2015 年采用股权激励的 226 家企业，有一定程度的增长。其中，限制性股票正在成为高管中长期激励的主流方式，实施高管中长期激励的企业中有 78.4% 采用了这一方式。

表 4-4　A 股上市公司采用不同高管中长期激励方式的企业数量　（单位：家）

激励计划所处阶段	企业数合计	采用不同方式的企业数		
		限制性股票	股票期权	股票增值权
股东大会通过	109	86	28	0
计划实施中	277	232	60	4

注：本数据源于职业经理研究中心 2017 年收集整理的沪市和深市主板上市公司、中小企业板上市公司和创业板上市公司已披露的 2016 年公司年报及年报补充信息。

如图 4-2 所示，从企业性质来看，国有控股公司高管占比 20.4%，非国有控股公司占比 79.6%。可见国有企业在中长期激励方面相对不足。

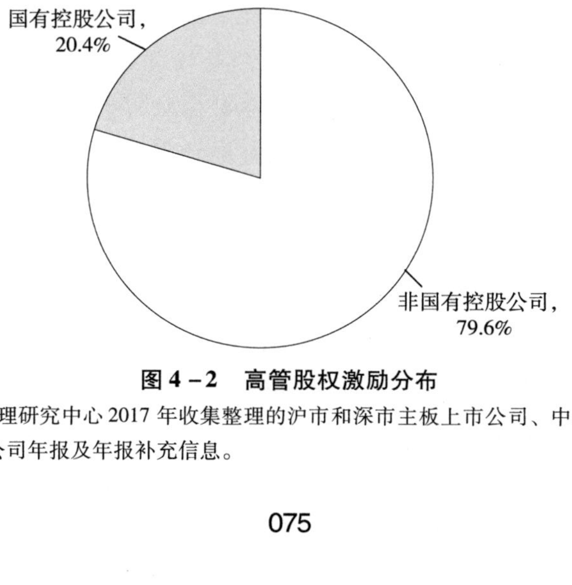

图 4-2　高管股权激励分布

注：本数据源于职业经理研究中心 2017 年收集整理的沪市和深市主板上市公司、中小企业板上市公司和创业板上市公司已披露的 2016 年公司年报及年报补充信息。

从行业来看，信息技术业占比53.2%，制造业占比17.8%，建筑业占比12.7%，房地产业占比16.3%。可见信息技术业更注重人才的激励，尤其是中小企业板和新三板上市公司更多实施股权激励。

1952年美国辉瑞制药公司推出第一个激励性股票期权。股票期权（Executive Stock Option，ESO）应用于激励开始于20世纪50年代，而作为一种薪酬制度则出现于20世纪70年代末的美国，并且在其后的20多年中在全球得到了很大的发展。有统计表明，美国100%的科技公司，90%以上的上市公司都实行这一制度。《财富》杂志评出的全球500强中，89%的公司在高层经理中实行了股票期权制度。有报道说硅谷职业经理人股票期权分配的一般原则如下：外聘CEO 5%～8%；副总0.8%～1.3%。

我国也有很多企业实行了职业经理人激励制度。股票期权是广义的职业经理人薪酬制度的一种引人注目的方式。因为股票期权对于职业经理人有约束和激励的双重作用，一方面可以调动职业经理人的积极性，另一方面也把职业经理人的利益与股东的利益联结起来。因此，股票期权这种激励方式对职业经理人和企业双方都是有利的。

2017年5月，某知名民企的年报出炉，令我们对职业经理人激励方式有了新的认识。方某于2012年接过了某民营企业创始人的权杖，该企业进入了完全由职业经理人操盘的时代。在方某掌舵下，该企业完成整体上市。上市后的股东构成中，公司职业经理人持股超11%。其中，集团董事长方某2016年分红达1.36亿元，以766万元年薪位居家电企业董事长年薪之首。同时，该公司还推出面向中高层及业务骨干的多层次激励方案，包括第三期合伙人计划、限制性股票激励、第四期股票期权。集团相关核心高层收益可观，从集团与职业经理人薪酬对等的业绩来看，2016年该集团的年报显示，公司实现营业总收入约1598亿元，增长了210亿元，公司拟每10股派现10元，分红总额高达65亿元。

H股份公司也十分注重对职业经理人的股权激励。2016年4月18日H公司发布“限制性股票激励计划”，决定授予在公司任职的董事、高级管理人员、中层管理人员、核心技术（业务）骨干计18位激励对象440万份股票，另预留45万股，合计485万股，授予价格为每股9.02元，即满足授予条件者可以每股9.02元价格购买公司向激励对象增发的公司股票。和所有实施股权激励的公司一样，H股份也设定了行权条件：以2015年为基数，第一个解锁期（2016年）净利润增长率不低于25%，营业收入增长率不低于15%；第二个解锁期（2017年）净利润增长率不低于60%，营业收入增长率不低于38%；第三个解锁期（2018年）净利润增长率不低于100%，营业收入增长率不低于65%。换言之，将确保三年后的2018年净利润增长 100%，营收增长 65% 以上。

近些年来，越来越多的企业开始尝试对职业经理人的激励计划，在这些激励计划的作用下，企业与职业经理人实现了共赢的结果，为我国职业经理人激励制度积累了宝贵的经验。

七、建立薪酬体系中的约束机制

企业在管理层建立与业绩考核紧密挂钩的任期激励和中长期激励机制的同时，应健全与激励机制相配套的经济责任审计、信息披露、延期支付、追索扣回等约束机制。

在国外，职业经理人薪酬披露方面存在众多监管要求。除了详细披露支付给高管的底薪、奖金、股权、期权、福利、退休津贴等各项薪酬组成外，还需要解释薪酬发放的具体原因。在这一规则下企业薪酬披露相对透明。从国内企业的高管薪酬披露实践来看，不同上市地的职业经理人薪酬披露质量有所不同。许多赴香港上市的企业如腾讯、阿里巴巴等，由于身处更加成熟的资本市场，加上境外投资者、全球人才吸纳带来的国际化视野，其薪酬披露也基本与国际接轨。A 股市场披露监管则相对保守，企业通过税前税后概念的模糊、披露内容不完整、安排职业经理人在不同公司领薪等手段规避披露监管的情况不在少数，监管机构对披露不力的企业也并无实质性的惩罚措施。

加强追索扣回管理，通过设定职业经理人薪酬追索扣回的相关要求，规范职业经理人经营行为，防范职业经理人利用职权以损害公司利益为代价谋取自身收益，降低市场由人为因素而导致风险的可能性。对职业经理人任期内违反国家有关法律法规，出现重大失误、给企业造成重大损失等情况，根据职业经理人承担的责任，可以视情况采取取消任期激励收入或追回已兑现薪酬等措施。

第三节　完善国有企业职业经理人薪酬制度

一、构建职业经理人薪酬制度的责任主体

由薪酬委员会设定职业经理人的薪酬是国际上的普遍做法。薪酬的设定在薪酬制度中处于核心环节，为了防止自定薪酬的现象，保持薪酬委员会的独立性，切断董事会与经理层直接的利益链条至关重要。因此美国要求薪酬委员会全部由独立董事构成。

依据我国《上市公司治理准则》和《中华人民共和国公司法》，治理结构完整的

公司应由董事会承担职业经理人聘任、评价、确定薪酬及解聘的职责。按照《上市公司治理准则》薪酬与考核委员会的主要职责之一是研究和审查董事、高级管理人员的薪酬政策与方案。

薪酬委员会一般为公司董事会的常设专门委员会，由 4 ~6 名董事会任命的董事委员（大多为独立董事）组成，通过薪酬委员会会议行使职权。

长期以来，我国虽然有很多的国有企业实行了法人治理，但是由于长久以来的机制和体制问题，很多国有企业的董事会并未完全履行其制定职业经理人薪酬的职责。国有企业薪酬制度改革仍处于探索阶段。很多国有企业尚未建立职业经理人制度，也没有真正形成职业经理人队伍，在一些企业还出现了“薪酬倒挂”现象。

《国务院关于激发重点群体活力带动城乡居民增收的实施意见》提出了三项举措：完善对组织任命的国有企业负责人的薪酬激励机制，合理确定基本年薪、绩效年薪和任期激励收入；研究制定在国有企业建立职业经理人制度的指导意见，对市场化选聘的职业经理人实行市场化薪酬分配机制；稳妥有序推进混合所有制企业员工持股试点，探索通过实行员工持股建立激励约束长效机制。

随着国有企业改革的进行，董事会应该履行自己的职责。薪酬委员会要根据董事及高级管理人员管理岗位的主要管理范围、职责、重要性以及其他相关企业相关岗位的薪酬水平，制订薪酬计划或方案。国有企业的董事会应充分发挥自己的职能，注重研究行业人才薪酬标准，积极探索企业职业经理人的长效激励机制，研究市场化薪酬机制，留住关键人才。

除了发挥董事会在职业经理人薪酬制度制订中的作用，还要明确党组织在职业经理人薪酬制度建设中的作用。在董事会审定正式颁布实施前，应该征求所在国有企业党组织意见，明晰党委在职业经理人薪酬制度建设中的工作要求和内容。

二、健全职业经理人薪酬体系

促进国有企业领导干部身份转换和人才选拔机制创新，体现职业经理人价值所在。通过完善现代企业管理制度，遵循现代人力资源管理理念，建立规范化国有企业职业经理人薪酬管理体系，结合有关薪酬制度改革要求，明确职业经理人薪酬策略，严格规范薪酬体制与薪酬结构，建立与行业特性、经营效益和市场特点相匹配的薪酬，构成规范化薪酬分配与调整机制。

三、发挥薪酬的激励导向作用

职业经理人薪酬收入总体水平要与其绩效挂钩，进一步树立“业绩升、薪酬升，业绩降、薪酬降”的薪酬理念，建立完善“重业绩、讲回报、强激励、硬约束”的薪酬管理机制，逐步构建职业经理人薪酬增长与经济效益、业绩考核联系，与职工收入分配关系协调、差距合理的分配格局。职业经理人的薪酬水平要随其绩效水平浮动，激发职业经理人为企业创造业绩的积极性。在现有薪酬结构基础上，增加股权激励等中长期激励内容，激励国有企业职业经理人充分利用大型企业平台进行市场化运作，促进国有资产保值增值。

四、探索建立中长期激励机制

根据《关于国有控股混合所有制企业开展员工持股试点的意见》的规定，国务院国资委和各省级国资委分别从中央企业、地方国有企业中选择少量企业开展试点。参照员工持股试点方案规范操作，对持股条件、持股比例、入股价格、出资方式、持股方式、股权分红、股权管理、股权流转及岗位变动调整股权等操作细节作出具体规定。严格履行有关决策和审批备案程序，扎实细致开展员工持股试点工作，积极探索职业经理人持股有效模式，切实转换企业经营机制，激发企业活力，构建职业经理人股权激励机制的支撑体系。

国有企业开展股权激励，要强化公司的内在约束机制。随着独立董事的作用不断提升，应进一步发挥独立董事以及薪酬委员会的监督职能。要求薪酬委员会对职业经理人激励方案的设计要素，如激励规模、业绩指标的选取等说明理由，定期发表实施情况意见等；在方案设计时，增加一些约束性条件，如违规收益追回、增加业绩门槛、延期支付、薪酬披露等；尝试建立专门的监测程序，在股权激励实施前测试其适应性并控制负面效应。

股权激励作为一种长期激励手段，其激励效应的实现与相关法律法规的配合是分不开的。对此，企业可以借鉴国外税法的经验，并结合我国的具体情况，灵活规定股权激励的不同纳税方法，在降低股权激励税率的同时，避免出现公司非法避税的情形，有利于股权激励制度的发展。

五、健全职业经理人激励约束机制

实行现代企业制度，不仅要继续完善董事会制度，还要大力推进职业经理人制度。这样既解决了现代企业制度建设的决策层问题，又解决了执行层面的问题。国有企业薪酬制度改革，旨在规范收入分配秩序，实现“水平适当、结构合理、管理规范、监督有效”，在薪酬体系变革过程中，必须遵从相关政策、规定要求，消除薪酬分配“盲点”。

在国有企业改革中，特别是在处于充分竞争领域的国有企业的改革中，要深入推行职业经理人制度，一方面要强化职业经理人管理的约束机制，另一方面要建立对等的激励机制和具有市场竞争力的薪酬体系，要强调监管与激励的统一和对称。坚持激励和约束相结合，建立与企业功能性质相适应、与职业经理人经营业绩相挂钩的差异化薪酬分配办法。把职业经理人的责任心、事业心和激励机制结合起来。在企业管理层建立与业绩考核紧密挂钩的任期激励和中长期激励机制，同时健全与激励机制相配套的经济责任审计、信息披露、延期支付、追索扣回等约束机制。

2017 年，某地方国有企业、世界 500 强上市公司职业经理人招聘吸引了很多人关注。据报道，2017 年 3 月 22 日至 4 月 28 日，该公司将以百万元基本年薪，面向海内外市场化招聘金融和高端实业方向的高素质职业经理人各 1 名，担任集团副总经理，为原来 1 名总经理、2 名副总经理的格局做补充。其中，金融方向副总经理基本年薪为 100 万元，高端实业方向副总经理基本年薪为 80 万元，并提供与业绩挂钩的绩效年薪。那么，国有企业的市场化职业经理人的薪酬如何界定呢？该企业招聘的职业经理人分为金融方向和高端实业方向，这两个方向的职业经理人的年薪在市场上的定价是非常高的，如果不实行市场化定价，很难招揽这方面的人才。作为国有企业，该企业体制内高管是受限薪令限制的，但是对于市场化的高管，则要设立不同的制度。该企业本次选聘职业经理人，率先对薪酬作出市场化改革尝试，两名职业经理人的薪酬由基本年薪、绩效年薪、单项奖惩、任期绩效等模块组成，与职业经理人分管业务板块的经营目标完成度以及集团整体业绩挂钩。其中，其基本薪酬参考任职资格要求，对标同行业上市公司同级别人员的薪酬水平。对公司内部人才，集团在 2015 年整体上市过程中同时实施了中高层经营管理骨干的持股计划，并正在探索保持经营管理骨干与企业共创共享的新机制和新方法。待条件成熟时，再推出新的中长期激励机制，包括职业经理人在内的各级经营管理骨干都是重点参与的对象。在选聘职业经理人后，集团不可避免地将呈现一套班子两套薪酬体系。这其实对企业现有的高管管理制度提出了不小的挑战。

同样在 2017 年，某汽车股份公司制订了新一轮《集团股份有限公司激励基金计划》，涉及职业经理人的薪酬方案。该计划实施周期为 2017—2020 年，议案已经获得董事会决议通过。此次公告的《激励基金计划》，明确将激励基金与营业收入增速、归母净利润增速、市场占有率及净资产回报率等公司业绩表现指标相挂钩，激励对象包括高级管理人员中的职业经理人、中层管理人员及其他突出贡献员工，促进中高层及核心骨干人才薪酬水平与市场接轨。

国家人力资源与社会保障部2016年公布了全国25省市关于国有企业的限薪实施方案。据悉，公司高层的最高工资不能超过员工的8倍。限薪令的推出让很多国有企业对职业经理人的薪酬制度改革有了一些疑惑。作为职业经理人制度最重要的一环，薪酬制度改革下一步如何进行？国有企业在限薪令下如何吸引人才都成为争议的话题。

其实，“限薪令”最核心的内容是对行政任命的央企高管人员以及部分垄断性的高收入行业的央企负责人薪酬水平实行限高，以此来抑制央企高管获得畸高薪酬，缩小央企内部分配差距。对于市场化聘任的职业经理人，则应区别对待。

当前，国有企业职业经理人市场化薪酬制度还在探索中，如何吸引职业经理人、如何留住职业经理人、如何用好职业经理人是国有企业改革的一项重要课题。借鉴是一种思路，但是探索适合自己企业实际情况的职业经理人薪酬制度却要企业更深入地去思考和研究。

第五章

职业经理人绩效评价

职业经理人工作成效是通过职业经理人的绩效评价来进行衡量的。职业经理人绩效评价制度的难点在于职业经理人评价维度和指标的确定。职业经理人绩效评价制度流程、与其他制度的关联等也是需要关注的重点方面。

第一节　职业经理人绩效评价的重要方面

现代企业管理理论认为，企业所有者和职业经理人之间的关系是一种委托代理关系。职业经理人接受所有者的委托开展企业经营管理工作。虽然这种委托代理关系是公司治理结构完善的重要特征，但也会带来一定的问题——如果职业经理人与企业所有者之间的利益无法达成一致，职业经理人可能会出于维护个人利益而做出损害企业利益的行为。所以，企业所有者为了公司的利益，需要对职业经理人进行绩效评价，这样可以在一定程度上解决委托代理“时滞”的问题，更好地引导企业发展，解决委托代理关系产生的不确定性。同时，对职业经理人进行绩效评价还可以作为判断职业经理人是否达成契约、是否胜任目前的工作岗位的重要依据，进而对职业经理人的贡献和价值做出判断，企业会以此为根据给予职业经理人合理的薪酬和激励。

职业经理人是对公司经营成果负有重要责任的人。企业的外部环境十分复杂，因此对职业经理人的绩效评价，不应局限于对职业经理人工作成果的静态评价，而是要重点对职业经理人的关键责任、对组织目标的完成度等一系列行为做动态评价，这样才能客观地反映职业经理人的价值和贡献。另外，对职业经理人的绩效评价还涉及相关职业经理人制度能否实现的问题。只有准确评价职业经理人的绩效和价值贡献，把握职业经理人绩效评价的准确性和合理性，才能为职业经理人薪酬激励制度设计、职业经理人培养制度建立、职业经理人晋升和退出等制度提供足够的依据。

从外部聘请职业经理人进行经营管理是相当一部分企业的构想和未来的计划，特别是对于那些业务蒸蒸日上，急需拓展海外业务的企业，对高级人员的需求，尤其是对那些熟悉海外业务的职业经理人的需求是非常迫切的。他们需要职业经理人帮助企业提升业绩，达成企业的战略目标，拓展新的市场空间和发展可能。但是，摆在很多企业面前的问题是，由于不熟悉职业经理人的绩效评价，因此无法给予职业经理人适当的激励。这成为很多企业面临的现实问题。正因为有这样的顾虑存在，很多企业干脆把职业经理人拒之门外，或者因为无法给予职业经理人与价值相匹配的薪酬和激励而与职业经理人不得已“分手”，痛失企业发展的机遇。

职业经理人的绩效评价在整个职业经理人制度建设中的地位和作用是不容忽视的。只有建立了完善的职业经理人绩效评价制度，才能更好地把职业经理人留在企业内，为企业的发展做出贡献。企业建立职业经理人绩效评价体系的关注重点如下。

一、绩效评价主体

很多企业选择把所有人员的绩效评价的职责放在人力资源管理部门。可是，对职业经理人的绩效评价放在人力资源管理部门是不合适的。职业经理人负责企业的重要经营管理活动，尤其是首席执行官或者总经理这个层面的职业经理人更是处在非常重要的位置上。从层级角度来看，一些职业经理人直接管理人力资源管理部门的运作。因此，由人力资源管理部门来对职业经理人进行绩效评价并不恰当。还有很多小企业在实践中会由企业所有者对职业经理人直接进行绩效的判断来代替系统对职业经理人进行绩效评价，这样简单直观。可是随着企业发展壮大，面对日益复杂的国内国际环境，单凭企业所有者对职业经理人进行绩效好坏的判断是不够的，而且很难做到科学和严谨。从另一个角度来说，如果一个企业没有完善的绩效评价体系，只使用主观的绩效评价，很容易引起职业经理人的反感和不满。在很多没有董事会试点改革的国有企业里还存在另一种情况——企业负责人的绩效评价权在上级主管部门。虽然从委托代理关系角度看，上级主管部门是委托代理关系的委托方，但是在实际的运行中，行政色彩浓厚的部门对企业的实际运作情况的了解并不直接和深入，更不能迅速有效地对职业经理人的经营管理活动给予指导和监督。因而通过上级主管部门对职业经理人进行绩效评价并不合适。

二、绩效评价指标

在职业经理人评价的维度上，许多企业还存在着显著问题。反映在对职业经理人进行评价的过程中，很多企业的做法是牢牢盯紧财务数据。因为财务数据是体现企业经营状况的最重要的数据。他们认为企业财务健康了，也就可以判定请来的职业经理人的经营行为是有效的。但是，在实施了一段时间后，有企业发现，财务数据似乎不能反映企业发展的全貌。例如为了实现短期的财务数据的健康，有些职业经理人会采取对企业来说“短视”的措施和发展策略，这些手段会在短期内使得公司的财务数据表现出色，但是却会损害企业未来发展空间。

同时，在对职业经理人进行绩效评价的过程中还会出现另一方面的问题，那就是忽略市场角度评价职业经理人的绩效。很多企业较为关注当期业绩，而忽视企业长远的发展，更很少注重职业经理人个人的价值创造。这种方式会极大地限制职业经理人关注企业的长远发展、组织建设、变革发展等关键问题，就会使绩效评价难以发挥应有的作用，更难对职业经理人的行为形成正确的导向。

三、绩效评价的作用

职业经理人绩效评价仅仅停留在对职业经理人“考”的角度是远远不够的，职业经理人绩效评价与职业经理人培养、职位晋升、薪酬福利等制度相关联，才能更好地发挥作用。

很多企业不是没有可行的职业经理人绩效评价制度，而是在用此项制度来推进其他制度的时候，出现了衔接不畅的问题，导致职业经理人绩效评价制度成了不起作用的“孤立”制度，不能够发挥其应有的作用。我们以职业经理人绩效评价制度与薪酬激励制度的衔接来说明这个问题。制订薪酬结构调整和优化的依据主要就是职业经理人的业绩和能力。但是，在调研一些国有企业时发现，主要依据绩效评价结果来实施奖惩、调整薪酬的情况并不多。在部分企业中，干得好和干得不好，在薪酬中体现不突出、不明显，这会导致职业经理人的价值得不到外在的体现，因而导致一些有能力的人才选择放弃国有企业发展的平台，奔向外企或民企的怀抱。对很多国有企业来说，这种重要的关键人才流失带来的损失是非常严重的。在这些国有企业中，如果真的想改变这种人才流失的状况，就必须打破原有的干部管理模式，把绩效评价与薪酬激励结合起来。这种结合不是一般结合，而是要充分结合，严格依照职业经理人绩效评价来实施奖惩。

第二节　职业经理人绩效评价体系

科斯在《企业的性质》一书中从产权角度研究企业与企业家，认为当经营权与所有权相分离时，就会产生委托代理关系，经理人就是企业资产的代理人。著名管理学家德鲁克认为，不能将经理人简单地定义为“对他人的工作负有责任的人”，而应把经理人看成“对企业的绩效负有责任的人”。可见，职业经理人是与企业绩效密切相关的人，这是职业经理人所负责任的实质。

一、绩效评价的方法

采用什么样的方式来进行职业经理人的绩效评价？各国学者在实践的基础上，深入研究并取得了一系列理论成果，业内对职业经理人的绩效评价方法有以下几种：

杜邦分析法（DuPont Analysis，DA）是分析企业财务状况的方法，因此也用来反映职业经理人，尤其是首席执行官或总经理的经营成果。这种方法是利用几种主要的财务比率之间的关系来综合分析企业的财务状况。具体来说，它是一种用来评价公司盈利能力和股东权益回报水平的方法，其基本思想是将企业净资产收益率逐级分解为多项财务比率的乘积，这样有助于深入分析企业经营业绩。由于这种分析方法最早由美国杜邦公司使用，故名为杜邦分析法。但是，用这种方法来评价职业经理人的经营业绩会有某些缺陷，例如：由于杜邦分析法主要采用的指标是短期财务结果，可能会诱使企业管理层采取一些短期行为，忽视了企业最为重要的中心工作和长期价值创造。这样虽然会使得企业的短期利润增长，但却给企业的长远发展带来不良后果，损害企业的未来发展能力。由于财务指标主要反映过去的情况，因此在进行分析时，对影响企业经营的新因素无能为力。

经济增加值（Economic Value Added，EVA）是一种反映企业价值创造，并能够协调调动股东和管理者利益，使之趋于一致的方法。这一理论的渊源是诺贝尔经济学奖获得者默顿·米勒和弗兰克·莫迪利亚尼关于公司价值的经济模型。EVA 指标属于短期财务指标，虽然采用 EVA 能有效地防止职业经理人的短期行为，但职业经理人在企业都有一定的任期，为了自身的利益，他们可能只关心任期内各年的 EVA，然而股东财富最大化依赖于未来企业创造的经济增加值。若仅仅以实现的经济增加值作为绩效评定指标，职业经理人从自身利益出发，会对保持或扩大市场份额、降低单位产品成本以及进行必要的研发项目投资缺乏积极性，而这些举措正是保证企业未来经济增加值持续增长的关键因素。另外，在采用 EVA 进行业绩评价时，EVA 系统对非财务信息重视不够，不能提供像产品、员工、客户以及创新等方面的非财务信息。

关键绩效指标（Key Performance Indicator，KPI）是从企业工作流程的关键性成功因素中提炼和归纳出若干具有强烈目标导向的、最具代表性的、易量化操作的绩效评价指标体系，并以此为基础构建起的绩效评价模式。KPI 绩效评价方法是以事实为依据、以结果为导向的考评方法。体现了企业管理中的“二八原理”，即在一个企业的价值创造过程中，20% 的骨干人员创造企业 80% 的价值；而且在每一位员工身上“二八原理”同样适用，即 80% 的工作任务是由 20% 的关键行为完成的。因此，必须抓住 20% 的关键行为，对其进行分析和衡量，这样就能抓住绩效评价的重心。KPI 具有很强的战略导向作用。从前文可以看出，KPI 是一种与组织战略管理结合得很密切的方法，建立指标体系的出发点是组织的战略目标，最后落脚点同样在于保障战略目标的实现。但是，关键绩效指标法并不是评价职业经理人绩效的完美方法。在应用中，对 KPI 指标比较难界定，尤其是在职业经理人的绩效评价中，关键绩效指标非常难以确定。而分解的这些定量化的指标是否真正对企业绩效产生关键性的影响，反推起来并不是非常明确的。

平衡计分卡（Balanced Score Card，BSC）是1992年由哈佛大学商学院教授罗伯特·S. 卡普兰和复兴国际方案总裁戴维·P. 诺顿设计的，是一种全方位的、包括财务指标和非财务指标相结合的策略性评价指标体系。平衡计分法最突出的特点是将企业的远景、使命和发展战略与企业的业绩评价系统联系起来，它把企业的使命和战略转变为具体的目标和评测指标，以实现战略和绩效的有机结合。平衡计分法通过对财务面、客户面、内部运营面以及员工学习成长面的一些量化指标来对企业实施全面评价。这个方法对职业经理人评价来说是有框架基础的，但是平衡计分法也不是完美的方法，使用这个方法过程比较复杂，缺少集中性。同时，因为评价指标较多，很容易削弱战略性指标的评价权重。

以上方法各有优缺点，在企业的职业经理人绩效评价的实践中，往往不拘泥于以上几种具体方法，而是根据实际情况，采取几种方法相结合或者变通来确立职业经理人绩效评价方法。

二、评价主体

（一）董事会评价

现代法人治理结构体系中，董事会是法人治理的核心之一。对于股东而言，董事会是受委托者，接受股东的委托实现股东对资产保值增值的要求。董事会授权职业经理人开展公司经营活动并对其实施监督和控制。既然对于职业经理人而言，托付者为董事会，那么董事会应该担负考核和评价职业经理人的责任。所以在企业实践中，对职业经理人的绩效评价执行机构是董事会，具体执行者为董事会薪酬与考核委员会。董事会薪酬与考核委员会可依据与职业经理人订立的契约目标对职业经理人进行绩效评价。对于有些职业经理人兼任董事的，董事部分职能的绩效评价与作为管理团队负责人的绩效评价是分开的。

董事会授权职业经理人对企业进行经营管理。从管理角度来说，关于职业经理人对企业管理目标和责任的问题，职业经理人应该直接与董事会进行沟通，双方达成对任期内目标的高度一致理解，达成充分的共识，这是非常明确和清晰的逻辑。从企业的董事会作为出资人的代表这个角度来说，董事会对职业经理人进行评价也更能反映出资人的意愿和企业的实际情况，从决策角度对职业经理人作出最符合企业发展需要的绩效评价。正因为如此，董事会与职业经理人对绩效目标沟通，以及对职业经理人绩效做评价是董事会非常重要的工作。

（二）利益相关方评价

有研究指出，基于利益相关者理论，经营者的行为不仅会影响股东利益，还关系到债权人、雇员、供应商、顾客、社会和政府等多方利益相关者的利益。所以，职业经理人的绩效评价方还应涉及这些相关利益者。在实践中，很多公司的做法是对职业经理人的领导效能这种“软指标”进行评价，例如进行360度评价，在评价过程中充分调动多种利益相关者，如董事会、执行团队、客户对职业经理人进行综合评价。

三、个体评价和团队评价

职业经理人的个人能力和贡献不是孤立存在的，很大程度上是与所全面负责或分管的团队的表现相关联。这就涉及了一个很重要的问题：如何评价职业经理人的个人贡献和团队贡献？实际上，对首席执行官或总经理这个层面的职业经理人来说，对其绩效的评价往往不是针对个人进行的评价，而是一种针对高层管理团队的整体评价。董事会可能不会直接针对公司所有的高管层进行绩效评价，但是董事会对首席执行官或总经理这个层面的职业经理人进行的绩效评价是会反映整个高管团队的绩效的。实质上，很多公司的做法是把首席执行官、首席财务官或总经理这个层面的职业经理人的绩效评价纳入董事会，而把其他高管的绩效评价权放在首席执行官手上。

以苹果公司为例，苹果公司2017年公布的委托人声明，表明其职业经理人层面的绩效评价是基于绩效制定薪酬体系的，整个绩效评价的过程强调了团队绩效、绩效预期以及长期股权激励。具体来说，苹果公司管理团队的绩效评价是由首席执行官库克进行，评价结果会提交给董事会薪酬与考核委员会。在董事会薪酬与考核委员会的要求下，首席执行官库克还会提供其他高管的绩效评价结果和合适的薪酬标准。之所以让首席执行官库克来对其他的高管进行评价，是因为从目标管理的角度来看，首席执行官是总体目标的负责人，对于管理团队每个人的具体目标要非常清楚。同样，作为公司管理的实际执行人，对于其他高管的绩效和贡献是更有发言权的。从整个苹果公司发布的委托人声明中来看，其具体做法是董事会着重对首席执行官也就是库克进行绩效评价。但是实质上，董事会也是在对由首席执行官为主导的整个管理团队进行绩效评价。

四、绩效评价指标的设定

从某种意义上来说，对职业经理人的绩效评价是要重点评价企业的经营业绩，这是毋庸置疑的。因为对经营业绩的评价最能够直观反映“股东权益最大化”，是符合职业经理人与企业所有者委托代理关系的。在国外上市企业的实践中，一般董事会对职业经理人的评价主要集中在市场导向指标上，如股票价格、股份年增长率等属于市场导向指标以及公司财务指标。根据有关研究，2009 年华尔街日报和 Hay 集团高管薪酬调研报道的 200 家销售额超过 40 亿美元的公司最常用的短期激励计划评价指标是收益（利润）相关指标，评价指标一般使用利润、净利润、税前净利润、营业利润、税息折旧及摊销前利润、每股收益等指标中的一项或几项。

职业经理人的绩效评价不能仅仅停留在财务指标上。财务指标更多反映的是企业的健康状况，这个目标是由很多因素促成的，公司业绩好并不代表首席执行官或总经理及职业经理人团队对于公司的管理是好的、是有效的。例如，一位职业经理人可通过大幅削减研究开发经费而提高当前财务指标，对企业的伤害在三五年内不一定会显现，因为企业仍可依靠原有的技术储备维持这样的结果。但在更远的将来，它对企业竞争力的损害却是致命的。另一位职业经理人在任期内大量增加科研投入，企业获得数项技术专利，发展前景看好，股价趋涨，但高额科研经费致使企业当前盈利微薄，短期的财务指标肯定是不好的，但是这些举措对于企业长远发展却十分必要。因此，从企业的长远发展角度来看，仅仅把对职业经理人团队绩效评价等同于对企业财务指标评价远远不够。设计职业经理人绩效评价维度需考虑多种因素，要综合考虑以下问题：什么样的指标能够反映公司业务短期和长期的成功？什么样的指标能够反映固定价值创造？什么样的指标能够反映战略需求？这些问题不仅董事会要综合考虑，而且董事会必须与职业经理人团队达成一致，这样才能促成更好的结果达成。

对职业经理人的绩效评价采用什么样的指标是最适宜的，目前从研究到实践都没有定论，但是应该从多角度评价职业经理人绩效的原则是确定的。例如，有研究指出针对董事会对首席执行官的评价至少应该包含三点。第一点是效益影响：首席执行官比其他人对公司整体的财务健康负的责任要大。这一点主要通过公司业绩来评价首席执行官的工作。第二点是运营影响：指首席执行官对公司的运营和组织层面的影响，这主要解决的问题是首席执行官在提升组织功能和业绩方面的组织层面输出的结果，是对一个组织健康发展方面的评价。第三点是管理效能：这一点是对首席执行官的个人行为进行评价，主要是看首席执行官个人影响，而不是组织的输出成果。

近几年来随着公司治理的不断完善，越来越多的公司对职业经理人的绩效评价已经开始转化为多角度评价。仅以首席执行官的绩效评价指标为例，根据艾默生电器公司 2011 年的委托人声明，公司对首席执行官的绩效评价指标除考察财务绩效外，还考核日常管理绩效，如并购剥离、科技创新投资、服务能力提升、全球发展管理能力等。美铝公司评价首席执行官的指标除了自由现金流，还考察非财务指标，如事故发生率、职业和管理队伍多元化程度。不过，在斯坦福商学院领导力发展研究中心 2013 年的一项调研表明，职业经理人评价更多集中在“决策制订”领域，而很少集中在管理领域。如首席执行官五大优势之中的“冲突管理”“倾听”等方面，则很少进行评价。另外，在首席执行官绩效评价中对客户服务、工作场所的安全和创新等方面的权重较低，可见对这些方面的评价还不够重视。Hay Group 和 Agenda 的 2015 年调研指出：虽然考察以首席执行官为主的职业经理人团队的最主要的指标还是经济指标、策略发展指标和运营表现指标，但是一些软指标也越来越受到重视。如管理技巧被认为是应该作为职业经理人个人评价的要项。

在我国企业职业经理人绩效评价的实践中，除了要关注上述一些评价指标外，还应兼顾职业经理人的能力评价、企业创新评价、社会评价等方面。职业经理人能力评价、企业创新评价、社会评价等方面构成了企业长远发展的保障。职业经理人能力评价是排除行业发展不确定性因素对职业经理人可持续资源开拓和发展潜能进行的评价。企业创新评价是对职业经理人经营行为中所反映出的创新行为做评估。社会责任评价是对职业经理人是否能够维护企业的形象，提升企业品牌的行为进行评价。这三项评价都可以用来评估职业经理人经营行为对企业的发展是否有可持续性和前瞻性。详见表 5－1。

表 5－1　　职业经理人绩效评价维度和指标（部分参考性指标）

维度	指标
企业绩效指标（盈利指标）	结合企业重点问题，可采用利润、净利润、税前净利润、营业利润、税息折旧及摊销前利润、每股收益等
职业经理人运营指标	结合企业具体行业和企业战略，可具体定制市场保有率、雇员满意度、产品质量、企业收购数量、科技创新投资、服务能力提升、全球发展管理能力、社会责任、事故发生率、职业和管理队伍多元化程度等方面的指标
职业经理人管理指标	结合企业的需求和职业经理人现状可具体定制包括决策能力、团队管理能力、市场开拓能力、危机管理能力、创新能力、市场营销能力、沟通与协调能力等方面的指标

有的公司认为看公司的业绩即可对职业经理人做绩效评价，因此仅需选择公司业绩的关键指标作为职业经理人的绩效评价指标。但是，对职业经理人的绩效评价仅仅是抓公司业绩这么简单吗？这是一个值得思考和研究的问题。

职业经理人的离职与职业经理人的绩效评价关系非常大。有报道指出，最近两年房地产行业职业经理人离职率很高，以某知名企业为例，2016 年 12 月，该房地产集团金融公司副总裁兼投资公司首席执行官离职。2017 年 2 月，该集团信息公司 CEO 正式离职，而他们的离职都与企业经营业绩不达标有关。

很多著名的房地产企业对于空降的职业经理人，开出的薪酬价格非常高，而且也在尽力挖人，但是很多空降的职业经理人，只能做半年或一年多的时间，KPI 达不成，则该职业经理人或主动离职或被动离职。

如果职业经理人的绩效评价体制不完善，单凭公司业绩来评价职业经理人绩效，还可能带来另一个显著的社会问题——职业经理人业绩造假。最近几年，因为追求片面的业绩增量，职业经理人业绩造假现象屡见不鲜。近几年有几个著名的事件，值得我们去思考。

某知名电商集团造假，CEO 引咎辞职事件引发了很大的社会反响。回顾整个事件，我们可以发现这件事情的主要根源在于业绩造假。据报道，该事件的爆发始于 2011 年 2 月，某知名电商集团宣布，承认在 2009 年和 2010 年两年间，分别有 1219 名及 1107 名签约的“中国供应商”涉及诈骗全球买家。这次供应商诈骗事件涉及的“中国供应商”，分别占 2009 年和 2010 年“中国供应商”会员总数约 1.1% 及 0.8%，涉嫌欺诈的会员主要以极具吸引力的价格、较低的供货量提供海外市场高需求的电子产品，且付款方式相对不安全。绝大部分涉案的账户均为特意设立，每宗诈骗个案涉及受骗买家的付款金额平均少于 1200 美元。那么为何会有 2000 多名涉嫌欺诈的“中国供应商”客户进入该知名电商集团平台？原因是 2008 年年底，该知名电商集团推出了入门级会员服务“中国供应商”“出口通版”，降低服务价格，放松了入门标准。这一事件表面上是某些销售人员的行为，实际上是反映出该知名电商集团的职业经理人在业绩压力下，放松了管控。表面上是业务员业绩压力造假，但是实质上是这些业务的管理阶层在业绩压力下默许业绩造假，因此，2011 年某知名电商集团的首席执行官引咎辞职。

同样较为知名的职业经理人业绩造假事件也是发生在 2011 年，沃尔玛中国区总部以 3 封邮件的方式发备忘录内部通告，沃尔玛中国区首席营运官罗世诚、高级营运总监向国荣及首席财务官罗睿澜 3 位高管辞职。据知情人士透露，沃尔玛 3 位高管“被辞职”的真正原因可能是沃尔玛认为这些高管在诚信方面犯了严重的错误。问题指向 2011 年春节沃尔玛 43 亿元购物卡销售数据存在虚报一事。据业内人士分析，近来过高的绩效评价目标可能是导致沃尔玛高管销售数据作假的真正原因。“每个节庆日都有购物卡销售指标，完成任务有奖金。2011 年春节的指标是 43 亿元，这个金额很大，相关部门可能为了达到绩效评价指标、拿到奖金，在销售数据上作假。”当年，沃尔玛中国第一季度的销售业绩欠佳，一直没有完成预算，第二季度美国国际部要求沃尔玛中国必须节省出200多万美元费用。目前，沃尔玛中国已经取消了不必要的差旅及大型活动。

另一个典型的案例是2010年，有媒体报道某电器公司涉嫌在国家实施的“节能产品惠民工程”中虚报销量，骗取节能补贴高达8.4亿元。与此同时，该公司公布的中期业绩报告也被指造假。据《北京商报》报道，该公司为提高微波炉的市场占有率，要求分公司和关联代理商在市场调研机构所监测的若干网点大量回购，并花巨资来补贴因代理商回购价格差异而造成的损失。就在“回购门”事件余波未平之际，“毒紫砂煲”事件又曝光。央视曝光了该公司“毒紫砂煲”骗局，对外宣称的天然紫砂煲竟是用有毒、致癌的化工原料染色而成，经包装粉饰后以高价出售给消费者，这也揭露了该公司低价低质产品的本质。据有关人士透露，造成这次业绩造假的行为与企业内部职业经理人“三年一道槛”的业绩评价制度高度相关。在业绩压力下，企业经理人被逼通过造假欺诈等方式虚增业绩。

由上面的案例可见，企业对职业经理人的评价不可以只关注于短期业绩提升，只考察职业经理人“短平快”的表现。过高的业绩压力，导致一些职业经理人破坏商业规则，采取不择手段的行为达成短期的公司业绩提升，破坏了企业形象，影响长期发展。

五、绩效评价流程

从流程上来讲，董事会对职业经理人开展绩效评价之前，双方要确定一个财年目标或者是未来几年的目标，董事会与职业经理人通过交流对目标达成共识。这个目标沟通的过程不是一蹴而就的，而是董事会和职业经理人面对面通过经营分析和公司未来发展规划充分融合达成的共识，而且有可能需要几次反复的沟通过程。这个过程有利于职业经理人管理团队对未来一年的工作有更加明晰的理解和判断。

在一段时间后（一般来说是一年或半年），董事会与职业经理人应该进行绩效回顾。绩效回顾应以职业经理人的述职为形式之一。职业经理人述职的方式有很多种，如果职业经理人能够与董事会面对面述职，董事会则会获得更多宝贵的管理过程信息。因为职业经理人述职所陈述的不仅仅是经营成果，还有描述达成这种结果的过程。这对公司的战略发展、问题分析来说是十分必要而珍贵的信息，这有利于董事会和职业经理人双方共同关注和分析问题，进而使得职业经理人通过不断沟通和支持来解决问题。

六、绩效评价结果的运用

对职业经理人绩效评价的目的之一是收集过去的绩效表现，以此决定其薪酬和激励金额。董事会薪酬与考核委员会负责对职业经理人尤其是首席执行官或总经理进行绩效评价，并根据公司业绩评价结果、激励办法及个人绩效确定其薪酬和激励金额。通常来说，薪酬与考核委员会将高管薪酬中相当大的比例以风险性薪酬包括年度和长期激励的方式进行支付，以此确保高管薪酬和绩效的关联。这种对职业经理人绩效评价的主要方式是回溯式的，主要考察职业经理人职责的完成情况和绩效表现。

以职业经理研究中心收集整理的沪市和深市主板上市公司、中小企业板上市公司和创业板上市公司已披露高管薪酬政策进行分析，样本企业对高管年薪发放依据大多以绩效评价为主，并综合考虑其他因素。下面是其中一些薪酬政策披露信息较为全面的公司高管绩效和薪酬的结合情况。如表 5－2 所示。

表 5－2　　高管薪酬制订依据

编号	公司名称	高管绩效与薪酬结合情况
1	江河集团	公司在目标责任制的项目部经营管理上效果较为显著，有效促进了公司和员工的双赢。大区经营班子、项目经理、设计经理在工作中获得更大权限，也肩负了更明确更严格的经营管理责任和经营指标考核。指标以财务指标为主，兼顾管理指标，以确保公司短期利益和长期可持续利益均得以保障和发展。公司的经营目标及责任层层分解落地，各层级薪酬与团队责任范围内的经营目标达成情况密切挂钩
2	蓝星安迪苏股份有限公司	为公司的全球化发展，吸引和留住具有专业知识和丰富经验的高素质管理人员，形成有利于激励高级管理人员以兼顾股东长期价值的创造和中、短期里程碑实现的薪酬政策；随着时间的推移，保证实际总薪酬的支付水平能够反映公司自身目标的实现水平并同时尽可能兼顾到与参照组的对比水平 薪酬参照组——参照组的组成主要考虑规模上的可比较性（主要基于公司收入、市值和资产）、所在行业的可比性、全球地理位置（包括资产所在地）的可比性和所从事业务的复杂性。高级管理人员的目标总薪酬可能因其与市场一般标准相比而言的职责范围、在位经验、持续的业绩贡献或晋升潜力不同而超出该范围。超出该范围的部分意在能够为出色的业绩表现提供支付超出市场一般水平的实际报酬，而对于低水平业绩仅支付低于市场一般水平的实际报酬提供机会

续 表

编号	公司名称	高管绩效与薪酬结合情况
2	蓝星安迪苏股份有限公司	薪酬组合——公司拟实行由工资、年度奖金和长期激励组合而构成的薪酬政策，这使得薪酬中相当一部分的实际支付水平具有不确定性 业绩参照组——为减少外源性风险因素对公司或业务部门业绩的影响，公司将与那些受类似风险因素影响的参照公司形成的对比组进行对比评估 业绩评估和目标设定——长期业绩评估标准基于可持续的股东价值的创造，因此可能包括股东总回报、现有资产的回报、盈利性增长以及公司盈利质量。长期业绩目标将与股东对公司业绩的预期保持一致。年度业绩评估的着重行动与目标一致，并与能够提升公司价值，且高级管理人员自身能够对其施加重大影响的因素建立紧密联系。年度业绩目标基于已批准的公司经营计划。在所有的激励计划中，当目标超额完成，实际支付的激励应当高于目标报酬，而当目标未完成时，实际激励收益应当低于目标报酬 薪酬组合各部分在结构上的联系——高级管理人员长期激励报酬首要决定因素是公司层面的业绩表现，而高级管理人员年度激励报酬强调业绩和目标的一致性，由详细的业绩衡量标准和个人业绩目标来衡量。整体个人业绩则体现在基本工资的增加和年度激励收入的支付水平
3	京投发展股份有限公司	为了满足公司业务发展需要，公司根据管理层级和职能不同设置了三种不同薪酬模式（年薪制、绩效工资制、绩效佣金制），以实现按需激励和激励效用的最大化。在现有薪酬机制下，重点突出以绩效为导向，将公司业绩与员工绩效贡献相结合，使员工绩效薪酬与绩效成绩相关联，使有能力、有贡献的员工得到有激励性的薪酬奖励与调整。对管理及技术岗位骨干人员采取市场协调的薪酬策略，使之能够具有一定市场竞争性，以实现对人才的吸引、保留和激励
4	用友网络科技股份有限公司	公司按年度对高级管理人员的业绩和履行职责情况进行考评并进行企业高级管理人员报酬调查。公司根据绩效考评结果和报酬调查结果，确定有竞争力的年薪报酬和薪酬结构。高级管理人员奖金报酬与公司经营业绩结果直接挂钩。公司每年年初审定批准公司年度经营计划和业绩目标，年度结束后根据实际业绩结果完成情况，核定批准公司高级管理人员的奖金数。公司高级管理人员的薪酬方案及薪酬情况，需提交公司董事会审议批准。高级管理人员报酬确定依据主要是年度绩效考评结果、公司年度业绩完成率和可比企业高级管理人员报酬行情

续　表

编号	公司名称	高管绩效与薪酬结合情况
5	宋都基业投资股份有限公司	薪酬分配的依据是：贡献、责任、能力和绩效 现金薪酬包含三种不同类型：年薪制、福利和长期激励 其中，年薪制根据职位价值和能力价值原则确定薪酬水平，年薪分为基本薪酬和绩效薪酬。根据岗位及层级，高层管理者、中层管理者及员工基本薪酬和绩效薪酬占年薪比重各不相同，其中高层管理者绩效薪酬与平衡计分卡考核结果挂钩，中层管理者及员工绩效薪酬与月度及年度绩效考核结果挂钩
6	东兴证券股份有限公司	公司高级管理人员薪酬由基本年薪和绩效年薪组成。基本年薪由董事会根据岗位职责、行业薪酬水平、公司的经营状况和人才竞争策略定位等确定，并适时调整；绩效年薪以基本年薪为基数，与绩效评价结果挂钩，根据公司整体绩效评价和个人年度绩效考评两个因素综合确定；目前公司未实施长期激励计划。公司高级管理人员绩效奖金40%以上采取延期支付的方式，延期支付期限为3年，延期支付薪酬的发放遵循等分原则
7	中国铝业股份有限公司	公司根据发展战略、企业文化及薪酬策略，参考市场可比企业（规模、行业、性质等）同等岗位的薪酬水平，结合公司年度经营业绩及高管人员的业绩考核结果，确定公司高管人员薪酬
8	北方国际合作股份有限公司	薪酬与考核委员会对高级管理人员根据所提供的资料考评，程序如下：①公司高级管理人员向董事会作述职和自我评价；②薪酬与考核委员会按绩效评价标准和程序，对高级管理人员进行绩效评价；③根据岗位绩效评价结果及薪酬分配政策提出高级管理人员的报酬数额和奖励方式，表决通过后，报公司董事会审议 制定依据为公司董事会薪酬与考核委员会根据五届十二次董事会通过的《北方国际合作股份有限责任公司经营班子考核与薪酬管理办法》，高级管理人员管理岗位的主要范围、职责、重要性以及其他相关企业相关岗位的薪酬水平制订薪酬计划或方案，审查公司高级管理人员的履行职责情况，对其进行年度绩效考评并负责对公司薪酬制度执行情况进行监督
9	金陵药业股份有限公司	公司董事、监事的薪酬由股东大会决定，公司高级管理人员的薪酬由董事会决定。公司董事会、董事会薪酬与考核委员会依据公司薪酬管理制度对公司高级管理人员进行考核，在其各自分管的工作任务完成情况进行考核的基础上，采用个人述职、高级管理人员互评、董事会评议相结合的方式，对上述人员报告期内履行职务的情况进行考核、奖惩。薪酬和奖励方案经薪酬与考核委员会审议通过后，报公司董事会审议通过 公司高级管理人员的报酬，依据公司薪酬管理制度按月发放。年度奖励基金根据公司经营者及高级管理人员的工作业绩、职责、能力及公司的经营业绩确定

续 表

编号	公司名称	高管绩效与薪酬结合情况
10	东易日盛家居装饰集团股份有限公司	在公司任职的高级管理人员按照其职务根据公司现行的薪酬制度领取报酬。年初，董事会根据公司的经营计划和个人的岗位职责，确定年度工资额；年终董事会根据高级管理人员本年度的工作业绩进行考核后确定对高管人员的奖金总额 集团高管岗位员工采用年薪制，季度与年度相结合的绩效与薪酬管理机制，依据集团战略“平衡计分卡”体系明确考核指标与目标，对考核指标进行季度与年度考核，应用于责任工资与年度奖金
11	浙江亚太药业股份有限公司	公司建立了较为完善的绩效考核体系和薪酬制度，制定了《高级管理人员薪酬制度》，公司高级管理人员的绩效考核指标与公司经营管理目标挂钩、收入与其工作绩效直接挂钩。公司董事会薪酬与考核委员会负责对公司高级管理人员的工作能力、履职情况、责任目标完成情况进行考核，考评以年度目标完成指标为主要依据，并以经营管理工作及相关任务完成情况相结合的形式进行考评 高级管理人员报酬参照行业平均薪酬水平，依据公司的薪酬制度、经营业绩和个人绩效考核指标等因素确定

注：本数据源于职业经理研究中心 2017 年收集整理的沪市和深市主板上市公司、中小企业板上市公司和创业板上市公司已披露的 2016 年公司年报及年报补充信息。

如果我们对职业经理人的绩效考评目的进行分析，就会发现对职业经理人的绩效评价目的不能仅限于薪酬和激励奖金的支付。职业经理人团队，尤其是首席执行官或总经理的表现，是董事会对企业未来发展制订目标的重要依据。同时董事会还需要据此对职业经理人的视野、策略及个人能力是否能够实现目标进行评估，以判断其能否很好地适应公司未来发展需要，而这种评价是面向未来式的。

对职业经理人的绩效评价与一般意义上的高管绩效评价并不完全一致，其既要面对过去，梳理职业经理人的贡献，又要面向未来，为企业发展和职业经理人职位的变化提供依据。

七、绩效评价周期

职业经理人是实行任期制管理的，职业经理人的任期绩效评价与职业经理人年度绩效评价从内容到目的都是不同的。年度绩效评价的目的是对一年的经营状况进行总结，对相关责任人进行年度奖励和激励，同时还要对下一年度的经营目标进行分析。但是，对职业经理人的绩效评价不能仅考察年度经营目标的实现。企业要发展，要在不断变化的竞争环境中脱颖而出，还要看相当一段时期的经营状况、企业战略的达成。

例如，有些重大事项和重要变革不是一年就能达到期望效果的，这时，就需要对职业经理人任期绩效进行绩效评价，评价他们是否能够贯彻公司几年的发展战略，所负责的重要事项和变革是否能达成，对这些内容的评价对公司的长远发展是十分必要的。

以上市公司为例，高管能够利用手中资源通过变通办法，如在短时间内通过非法操作拉抬股价、制造特别业绩等方式制造公司业绩高的假象，进而获得过高的年薪。如果只考察年度目标，极有可能会造成职业经理人为获得短期利益的短视行为。很多公司针对职业经理人设计任期绩效评价，然后根据任期绩效评价的结果发放长期激励，进而降低职业经理人短视行为的风险。

第三节　科学构建国有企业职业经理人绩效评价制度

一、完善公司治理结构是重要条件

哈佛商学院副院长查尔·凯斯特认为，世界上没有最佳的单一公司治理模式。法人治理结构不健全的企业可能会限制企业的人才战略的发展，进而影响整个企业的发展。

按照《上市公司治理准则》的规定，薪酬与考核委员会的主要职责是：①研究董事与经理人员考核的标准，进行考核并提出建议；②研究和审查董事、高级管理人员的薪酬政策与方案。上市公司应建立公正透明的董事、监事和经理人员的绩效评价标准和程序。董事和经理人员的绩效评价由董事会或其下设的薪酬与考核委员会负责组织。

按照《中华人民共和国公司法》，董事会对股东会负责，行使下列职权：决定公司的经营计划和投资方案；有限责任公司可以设经理，由董事会决定聘任或者解聘。

完善和贯彻执行职业经理人相关制度是落实董事会权责的关键一环。总结多年的国有企业改革经验，在选人用人等方面的实际突破才是突出企业市场化改革的关键。因此，国有企业对经营管理人员选择、考核、激励权的获得，是完善整个职业经理人制度的基础。2014 年开始，国资委在中国节能、中国建材、国药集团、新兴际华 4 家企业启动落实董事会职权试点，近些年来，随着董事会试点的不断推进，积累了很多宝贵的经验。

一个企业，尤其是国有企业能否像其他市场主体一样参与市场竞争、提高核心竞争力，董事会对管理层的选和用关系的理顺是非常重要的。

落实国有企业董事会职权改革试点，旨在使部分股东权利下放至董事会。改革后的董事会能更好地行使六项权利，包括选择经营者、考核权、奖惩权、投资权、决议并购重组和决定人员的进入退出权。近几年在落实董事会职权试点的过程中，国资委将向试点企业董事会授予中长期发展战略规划、高级管理人员选聘、业绩考核、薪酬管理、工资总额备案制管理和重大财务管理六项职权。对高级经营管理者的评价逐步由国资委转移到企业董事会。董事会对企业经营管理者进行绩效评价是企业经营管理人员市场化薪酬的基础，同时，落实董事会对企业经营管理者绩效评价职能，可以有效调动经营者的积极性，激发企业活力。

二、注重战略指引和弥补短板

在世界越来越复杂的经济形势下，很多公司的衰落都与战略上的失误有关。国有企业的发展要取得成功，离不开清晰的企业发展战略。职业经理人作为企业战略的贯彻者和实施者，对其绩效评价不应该脱离企业战略要求。因此在设计国有企业职业经理人绩效评价的过程中，关键环节是对企业的战略进行分析和分解，把每个职业经理人的职责与要达成的战略目标充分结合，把每个战略任务和重点工作落实到每个职业经理人的评价中去。

同时，应该注意的是国有企业在设计职业经理人的绩效评价指标的时候，应该注重企业的短板，注重专项分类考核，注重“缺什么就重点考核什么”，提高考核的针对性，进而提高企业的竞争力。

三、市场化角度评价

相对民营企业经理人绩效评价指标，国有企业职业经理人绩效指标体系需更加全面，要考虑国有企业的特点和一直以来的延续效应，也要考虑企业的基本情况和发展状况。但无论如何，要充分考虑到职业经理人来自市场，需从市场化角度去评价职业经理人的绩效。另外，对职业经理人绩效评价应充分结合市场状况和企业情况进行，这是以市场角度去评价的，也是有利于企业未来战略发展需要的。

四、组织和流程去行政化

在民营企业中，职业经理人绩效评价的主体是出资人或者是董事会。但基于国有企业的特殊性质，职业经理人的绩效评价行政化气息非常浓厚，很多企业的负责人一方面是企业经营者，另一方面是国家干部，还要受到上级主管部门泛行政化的考核。

有时，这种上级主管部门的考核直接取代企业董事会评价。这种越级的绩效评价其实会带来很多不利影响。破解这个难题，是在有条件的国有企业推动董事会成为职业经理人绩效评价的执行主体和评价主体，充分发挥董事会在业绩目标制订、职业经理人绩效评价等方面的作用，确保绩效评价内容为企业所需。同时，要重视董事会对职业经理人目标制订和绩效反馈，以使职业经理人能够更好地认知自己的职责和未来奋斗的方向。实现董事会和职业经理人的良性互动，充分调动董事会执行相关职能，有利于企业破解职业经理人绩效评价的行政化倾向。

五、绩效评价结果的合理运用

企业应该明确，对职业经理人的绩效评价的目的绝不是单纯为了评价而评价，而是为了能够有效地对职业经理人形成激励和约束，能够促进职业经理人更好地发挥自身的价值，为企业创造价值。所以，职业经理人绩效评价制度应该做好与职业经理人薪酬福利、职业发展和任用选拔各项分制度的衔接，促使职业经理人绩效的改进和提升，实现企业对职业经理人的闭环管理。

六、分类考核及行业对标

国有企业应加强国有企业行业对标，促使职业经理人与国内外行业优秀企业对标来评价其贡献，进而获得合理化年薪和激励。国有企业情况比较复杂，有些企业与充分参与竞争的企业不同。2016 年 12 月，国务院国资委印发了《中央企业负责人经营业绩考核办法》（国资委令第 33 号），提出针对不同功能的企业，应有不同考核要求。对主业处于充分竞争行业和领域的商业类企业，重点考核企业经济效益、资本回报水平和市场竞争能力，鼓励企业承担社会责任；对主业处于国家安全、国民经济命脉的重要行业和关键领域、主要承担国家重大专项任务的商业类企业，在保证合理回报和国有资本保值增值的基础上，加强对服务国家战略、保障国家安全和国民经济运行、发展前瞻性战略性产业以及完成重大专项任务情况的考核；对公益类企业，坚持经济效益和社会效益相结合，把社会效益放在首位，重点评价产品服务质量、成本控制、营运效率和保障能力，相关评价指标引入第三方评价。但是，无论什么类型的企业，无论评价的内容是什么，在制订职业经理人评价标准的时候都可以与行业标杆相比较，国有企业应该把对职业经理人的绩效评价也纳入到对标体系中来。在评价中以国资委发布的同行业指标为标杆，综合企业的经营战略、行业数据、公司历史数据，设定对标标杆值，并把这种对标比较与职业经理人的绩效评价结果相结合。

第六章

职业经理人契约化与任期制

推行职业经理人制度必须实现职业经理人的契约化与任期制。职业经理人契约化管理的重点是明确职业经理人目标和职责，着重解决职业经理人在经营活动中责、权、利的确定问题；任期制的重点是明确任期长短和任期中考核、激励、约束的方法，着重解决在企业经营过程中短期目标和长期目标兼顾的问题。

第一节　职业经理人契约化与任期制概述

一、契约化管理的作用和意义

职业经理人的契约化管理就是企业与职业经理人要通过签订契约来明确各自的权利、责任和义务。

企业的所有者和职业经理人是委托代理关系，委托方和代理方基于自由意愿、协商一致的前提下，约定委托事项。为使这种行为具有保障，需要用合约的方式来明确委托目的、对象、范围、时限、责任、权限、利益等诸多内容，要建立契约才能有效规范双方的行为。

另外，由于委托代理关系还存在着代理成本和代理风险问题。为了避免这些代理问题，企业的所有者也就是委托人，必须用一种手段来规避这种代理风险，防止代理人损害所有者的利益。通过契约关系，并依此来严格监督限制代理人的行为，就是一种有效的解决代理风险的手段。因此，从企业角度来说，对职业经理人应该用契约化的管理手段。

企业应该与职业经理人签订什么样的契约呢？企业的最佳实践肯定是委托人和代理人也就是职业经理人之间建立一个完备的契约。完备的契约指的是这样一种情况：这种契约准确而详尽地描述了未来所有可能出现的各种状态，以及当某种状态出现时契约各方的权利和责任。但由于在现实经营活动中公司各利益相关者的行为具有一定的不可预测性和随机性，因此这些契约不可能涵盖各利益相关者的所有行为，而只能是一种关系契约。这里关系契约是指契约只对总目标、总原则、遇到问题时的决策规则、决策权的配置以及争议解决方式等方面作出约定，一般不规定具体的细节性内容。

二、实行任期制的必要性

任期制既是保持组织活力的一种新陈代谢机制，也是规避代理风险的一种举措。任期制是终身制的相对词汇。在任期制下，各种职务的任期都有一定的规定，当某种职务在任期届满以后，其职权、职责就应自然取消。任期制的出现就是为了打破终身制。在一定程度上，终身制是无成效人员的庇护伞。

任期制是对契约规定的任期内的职责和应达成的目标进行评价，如果不能完成任期的职责和目标，且没有不可抗力或偶然因素，职业经理人应该退出岗位，交还职权。任期制还是一种公司有效内控的方式。在20世纪80年代，国际上几家引人注目的大型公司相继倒闭。事后发现，这些大型公司倒闭的原因就是这些公司的内控环节出现了问题。这引发了全球对公司内控的关注，卡德伯利委员会1992年发表的《卡德伯利报告》指出，有效的内部控制是公司有效管理的一个重要方面。其中，他就提及高级管理人员的服务契约应该被限制在三年期限，以防止终身服务契约带来的种种弊端。

职业经理人任期是否以三年为宜？关于这个话题，业内一直有所争论。不可否认的是职业经理人实行任期制管理是有很多益处的。企业在引进职业经理人制度时，应该把职业经理人任期制管理的思想纳入到体系中来。

契约化管理和任期制管理是职业经理人制度设计中非常重要的两个方面。如果能运用好这两个方面，对企业委托者来说，委托代理风险会降低。对职业经理人来说也有很多益处，契约化和任期制设定了职业经理人的边界要求，会使其更加明确目标和时限，明确自身的权责和利益，在一定程度上对职业经理人起到督促和激励的作用。

三、实行契约化管理和任期制需要解决的问题

（一）契约化思维的转变

实施职业经理人契约化管理，并不是设定一纸契约书那么简单。契约的贯彻执行，应该从契约思维的转变做起。契约精神本质上就是一种诚信精神，只有交易的双方遵守契约，切实履行合同，才能确保交易安全，市场经济才能发展起来。在中国，长期以来对契约的保护和支持力度不够，因而很多企业对契约的认识不足。有很多企业根本不重视契约，也有很多企业有契约却形同虚设，没有让这些契约发挥应有的作用。目前，我国很多企业在尝试推行职业经理人制度，可是如果这些企业对契约化认识不足，那么在这些企业建立的职业经理人制度是毫无意义的。

在实际运营的过程中，企业中非常有可能出现所有者与职业经理人方遇到分歧时各执一词的情况。职业经理人和企业所有者互相不信任，将直接影响企业的经营和未来的发展。所以，职业经理人契约化管理，既是企业激励约束职业经理人的一种方式，也是企业践行契约、良性发展的保证。

（二）综合考量任期长短的利弊

关于职业经理人任期的设置，一直以来都有颇多争议。有不少研究表明，任期的长短直接影响职业经理人的行为选择和心态。任期太短，管理者会倾向于一些短视的行为，例如美化短期财务数据，而对于研发投资等事关企业长远发展的行为，因为具有明显的滞后性和风险不确定性，职业经理人受其任期限制会规避这些投资行为。但是职业经理人的任期太长也会带来一定的问题。例如某些国有企业，如果无重大过错，很多干部的任职期几乎到退休为止，这就不可避免地使得“干好干坏一个样”的思维蔓延。这种思维不利于“能上能下”的干部任用机制的革新。个人在企业中的地位过于稳固容易引发“职业倦怠症”，还可能导致人际关系复杂化。职业经理人的任期太长，不利于对经营成果和业绩进行评价，不利于董事会对经营中出现的情况进行及时反应，也不利于企业调整经营方向和战略。所以企业在设计职业经理人任期的时候，应该充分考虑职业经理人任期的长短问题，结合自身的实际和相关管理办法综合判断和设计职业经理人的任期制度。

第二节　职业经理人契约化和任期制重点内容

实行契约化管理和任期制是职业经理人制度建设中非常重要的一环。其核心内容的设定对职业经理人的绩效评价、薪酬激励以及监督管理、退出等制度都有非常显著的影响。契约化管理和任期制管理中有一些重点问题要在实践中予以关注。

一、任期制和契约化管理的责任主体

董事会对于职业经理人来说是委托者，应该对职业经理人任期制设计和契约化管理制度负主要责任。董事会应该积极建立并完善适用于职业经理人的各项管理制度，包括对职业经理人契约化管理的具体方式、内容、程序等提出要求并制订规范。董事会与职业经理人建立委托代理关系的过程中，应就契约中的目标等做充分沟通，使得职业经理人明确任职的职责、义务、目标以及权限和报酬等，董事会和职业经理人两方在平等自愿协商的基础上达成契约。同时，董事会应该根据企业战略发展情况和目标，科学制订职业经理人的任期，并且承担职业经理人任期业绩评价工作和对任期结束后是否续聘进行的决策工作。

二、职业经理人契约化管理的重点内容

（一）明确发展目标

企业实行契约化管理职业经理人，首先要明确发展战略和发展目标。目标的制订具体可参考同行业企业发展目标和企业近几年的经营业绩，进而对企业发展目标进行测算。确立企业发展目标的目的就在于企业应该想清楚一件事情，那就是在引进职业经理人后，企业所要达成的目标是什么，职业经理人在经营中达成的目标是什么。在明确企业目标和职业经理人的目标之后，企业要根据职业经理人负责的具体工作，把企业目标落实到职业经理人的契约书中，即企业应依据企业发展目标来确定职业经理人的年度和任期的绩效考核指标，并把这些目标在契约中进行明确。

（二）确立契约形式和内容

契约化管理的最重要的内容是董事会与职业经理人应就经营目标任务、业绩合同、薪酬激励计划、履职待遇、考核管理等内容进行协商，并依据我国的国情和法律体系设计，在目标测算和确定的基础上，拟订职业经理人相关契约。职业经理人的契约是企业与经理人双方针对诉求谈判的结果，其表现形式反映在契约协议制订上。职业经理人应该签订的基本契约如下：

1. 劳动合同

企业应依据《中华人民共和国劳动合同法》与职业经理人签订《劳动合同》，建立劳动关系。职业经理人签署的《劳动合同》和一般员工的劳动合同基本无太大区别，在合同中都要明确劳动合同期限、工作时间和休息休假、劳动报酬、社会保险、劳动保护及培训、补充保险、福利待遇、保守秘密及有关竞业避止责任追究等事项，同时也会明确解约的触发条件和解约的补偿条款等。《劳动合同》是建立劳动关系的必备合同，它不但是明确企业与职业经理人雇用关系的基础，也作为职业经理人退出企业、重新进入市场的法律依据。

2. 职业经理人聘用合同

企业董事会应按照《中华人民共和国公司法》和公司章程与职业经理人协商签订《职业经理人聘用合同》，董事会与职业经理人签订《职业经理人聘用合同》，应明确岗位拟聘责任、聘任期限、双方的责任、权利和义务及绩效目标，按照公司发展战略与规划，约定薪酬构成与计发方式、奖惩依据、离职或者解聘条件、责任追究等条款。按照公司制定的职业经理人绩效考核制度和职业经理人薪酬制度执行考核和激励。职

业经理人聘用协议（合同）的基本构架如下。

一、聘用职务

二、聘用期限

三、聘用方式

四、甲方授予乙方的权限

五、甲方为乙方提供的工作报酬、薪酬约定

六、甲方考核乙方之后的权利调整

七、乙方任期内应完成的主要目标

八、乙方的主要职责

九、乙方禁止性行为

十、乙方议事规则

十一、乙方违反公司法、章程、规章制度和合同的处理

十二、合同解除

十三、违约责任

职业经理人的薪酬约定（工作报酬）一般在聘任合同中予以体现，在聘期结束后，如需续签延长聘任合同，则薪酬约定相关条款会重新制定。薪酬约定是企业和职业经理人双方最重视的契约，是委托代理关系中的重要环节。

职业经理人薪酬约定是企业与职业经理人签订的包含职业经理人报酬的组合构成及兑现方式的条约，职业经理人的报酬可包含工资、现金奖励、股票期权、递延现金和股票奖励、金色降落伞计划、股票升值权益计划和远期股票等。

职业经理人薪酬约定的制订其实要考量的因素非常多。每一种约定的内容设置都会有正面影响和负面影响，企业设置职业经理人的薪酬约定时，应该尽量把这些内容对企业发展的正面影响和负面影响同时考虑到。例如，就职业经理人薪酬约定中股票期权的约定来说，它并不是一定会为企业带来益处。期权契约如果设置不当，也会为企业带来负面影响。例如带来更多的投资冲动、美化报表以及增加税务支出等不良影响。有关研究表明，当企业代理问题严重时，股票期权契约这种形式会起到很好的解决问题的作用。所以，是否选择股票期权这种激励职业经理人的形式要充分考虑企业的需要和实际情况。

很多企业对如何与职业经理人订立薪酬约定感到困扰。薪酬约定的订立对企业和职业经理人来说是一个相对较为复杂的博弈过程。复杂性在于职业经理人的薪酬约定是对职业经理人能力的评估和对业绩的达成进行定价的约定。职业经理人薪酬约定中设定的职业经理人薪酬和激励既要结合市场的行情、个人的能力水平，同时也要考虑

企业的承受能力以及企业的规模、效益等实际情况。但是，这样的定价职业经理人能不能接受企业完全无法预测。

企业职业经理人薪酬约定一直都是职业经理人制度建设中的难点问题。尤其对于国有企业来说，如果给职业经理人定的价格较高，会引起社会的普遍争议，还会产生企业内部分配公平性的问题。但是如果定价较低，则难以吸引优秀的职业经理人才进入企业。

以某集团为例，作为大型基础设施国际化综合服务商，其对应的标杆公司，如法国万喜公司，与该集团在规模、效益等指标上差距不大，但是职业经理人的薪酬却与其存在相当大的差距。作为参与世界竞争的企业，职业经理人的薪酬约定一定要有足够的吸引力，要充分关注国际上对应行业的标杆公司的职业经理人薪酬约定，否则，作为一个国际化企业很难吸引到足够的优秀国际化人才。

职业经理人的薪酬约定还包含对职业经理人约束的问题。从职业经理人的薪酬约定来分析，其必须是一个激励和约束并存的设计。

以某股份公司的高级管理人员股份期权模式设计为例。据报道，某股份公司的股份期权模式是出资者同经营者商定的在任期内由经营者按既定价格获取适当比例的本企业股份，收益延期兑现，并享有相应权利和义务。该模式规定：经公司出资人或董事会同意，公司高级管理人员可以以群体形式获得公司5%～20%股权，其中董事长和总经理的持股比例应占群体持股总量的10%以上。经营者欲持股就必须先出资，金额一般不得少于10万元，而经营者所持股份额以其出资金额的1～4倍确定。三年任期届满，完成协议指标，再过两年，可按届满时的每股净资产变现。企业经营者在三年任期届满后，若不再续聘，须针对其经营方式对企业的长期影响再做两年考察，如评估合格，才可兑现其收入。作为薪酬约定的限制性的条款，该项目既明确了激励要目，又在契约中规定了约束条件，是比较成功的期权模式。

3. 年度和任期经营业绩责任书

董事会与职业经理人在任期开始要约定任期的经营责任，一般任期可以在职业经理人聘用合同中对任期的经营责任和目标予以明确，也可单独设立和签订《任期经营业绩责任书》，明确职业经理人任期考核的核心指标、任期激励、责任追究等条款。在明确任期经营责任和目标之后，企业应该在每年年初与职业经理人协商签订《年度经营业绩责任书》。

在《年度经营业绩责任书》中应明确职业经理人岗位职责、年度重点工作和工作目标、个人重点工作评价指标等。经营业绩责任书基本构架如下。

一、考核依据

二、考核期

三、考核内容

四、年度薪酬激励

五、各方权责

六、责任书的变更、解除和终止

七、责任书生效条件

总裁或总经理的责任书应该与董事会直接签订，而其他职位的责任书，董事会可委托总裁或总经理签订。董事会按照公司职业经理人绩效考核制度和职业经理人薪酬制度执行考核和激励。根据责权对等原则，公司董事会负责考核总经理，董事会和总经理共同考核其他职位的职业经理人。

（三）平等协商

从企业角度来说，企业可以用契约化方式来给职业经理人限定种种约束，例如通过解约违约金、竞业避止等协议来减少职业经理人离职给企业带来的损失。同时也可以依照契约对职业经理人进行激励，促使职业经理人为企业带来理想业绩，以此达成出资人利益最大化。从职业经理人角度来衡量，职业经理人契约化管理同样是对职业经理人利益的保护，可以保障职业经理人获得合法的权利和应得的利益。关于职业经理人契约的制订应该秉承一个原则，那就是任何一个契约的订立必须以不委屈任何一方为代价，必须基于各方的自由意愿，经过平等协商达成多方利益的平衡，只有这样才利于达成双方的共赢结果。对于那些职业经理人根本无法达成的约定或职业经理人极力否定的约定，应该在契约书中尽量避免。否则，契约的订立不但不能对职业经理人起到激励和约束作用，反而会成为职业经理人与企业之间的嫌隙。职业经理人契约化的本质是双方对于约定日标的明确和保护条目的设定。

因此，在制订和实施职业经理人契约时，应充分考量双方意见，可以多次协商达成一致。例如，可通过薪酬谈判的方式，双方商定薪酬契约的具体条目。目标责任书之类的契约，也要在双方沟通和企业经营状况客观分析的基础上科学起草和确定，要考虑实际情况。

三、职业经理人任期制的主要内容

（一）任期设定原则

关于职业经理人的任期设定，董事会应与职业经理人约定聘用的具体起止日期，由董事会在对职业经理人的聘用通知文件中加以明确。董事会如果想更改职业经理人聘期，双方应预先达成一致意见。职业经理人的任期最好与董事会任期一致，这样可以使董事会对职业经理人关于企业战略的执行进行同步监督和评价。

（二）任期绩效评价

董事会根据与职业经理人签订的经营业绩责任书来确认职业经理人的业绩目标。应明确职业经理人签订的任期经营业绩目标和重要任务不是年度经营业绩目标和重要任务的总和。一般来说，职业经理人任期目标与年度目标在目标设置和要求上不完全一致。例如，2016 年 12 月发布的国务院国有资产监督管理委员会令第 33 号《中央企业负责人经营业绩考核办法》中明确指出："构建年度考核与任期考核相结合，立足当前、着眼长远的考核体系。"其中规定，对国有企业任期经营业绩考核指标包括资本保值增值率和总资产周转率。还有一些符合企业中长期发展战略、反映可持续发展能力的指标。而年度经营业绩考核指标则是利润总额、经济增加值等。年度责任目标和任期责任目标是有区别的。分别设置职业经理人年度目标和任期目标对于民营企业也是十分必要的。民营企业更应该把职业经理人任期目标纳入到企业战略发展的任务中去。

在确立任期目标责任后，董事会可依此对职业经理人进行考核。如无重大的偶然因素和不可抗力，依据目标责任书，职业经理人未能完成任期责任目标应该有降职、解职的处理。而对于那些目标责任书完成情况较好的职业经理人，董事会接下来要做的事情除了兑现薪酬契约外，还有一项重要的任务，就是要留用职业经理人，延长聘期。知名公司留用职业经理人，延长聘期的实践是非常多的。

伊格尔 2005 年出任迪士尼 CEO，在他的领导下，该公司收购了皮克斯（Pixar）、漫威（Marvel）与卢卡斯影业公司（Lucas Film）。2016 年 8 月该公司宣布第三财季盈利创下历史新高。2011 年 10 月，迪士尼宣布将伊格尔的任期延长至 2016 年。2016 年，该公司董事会又要求将他的任期再延长两年，聘期延长至 2018 年 6 月。

职业经理人的任期设置应科学合理。企业所有者希望优秀的职业经理人任期长一点，而如果职业经理人在一段时间内没有良好的表现，那么任期就应该短一些。但是任期的设定是早在聘任职业经理人之前的，关于什么是表现优秀的职业经理人，只有经过实际经营的检验才能确定，这就给职业经理人任期的设置增加了不确定性。我们以首席执行官这类职业经理人的任期作为对象来讨论这个问题。有研究指出，首席执行官任职时间过长的危险性显而易见，过失的战略，固化的圈子……这一切局限可以表述为首席执行官的任期太长，带给公司的活力减少，与客户的距离增加等问题。但是也有研究指出，首席执行官的任期过短，带来的问题并不亚于任期过长。一个公司如果过于频繁地更换首席执行官，那么首席执行官很容易去选择那些华而不实的项目，而忽视那些有利于企业长远发展的项目。他们的逻辑很简单："既然我在这个位置上坐的时间不长，那么企业未来的发展跟我又有什么关系呢？"

关于任期的话题，国外有很多专项研究，但企业的实际情况是怎么样的呢？通用电气的董事会就曾辩论过一个问题：该公司首席执行官的任期是否应该设为20年？我们都知道著名的职业经理人杰克·韦尔奇，这位传奇的职业经理人执掌GE长达20年，在2001年企业开始走下坡路的时候，功成身退。而他的继任者、"好战士"杰夫·伊梅尔特推动公司走向了全球化，他也只执掌了GE不超过10年。

有知名咨询公司年度调查显示，世界500强企业首席执行官的平均任期大约是6.5年。也有一项学术研究表明，4.8年是首席执行官最理想的任期。该研究追踪了股东回报与首席执行官任期之间的关系，发现那些任期超过10年的首席执行官总体表现最差。

其实，要解决职业经理人任期设置的问题并不难。在国外的实践中，任期往往可以根据职业经理人的表现而延长，而是否延长的依据则是职业经理人任期内的业绩表现。根据任期内的业绩表现而不断延长任期的现象在国内外的企业中屡见不鲜。

蔡澈在2000—2005年曾担任克莱斯勒的负责人。戴姆勒与克莱斯勒公司于1998年合并成为世界上第二大汽车制造商，并于2007年分拆。从2005年9月起，蔡澈开始担任奔驰轿车部门的负责人，并于3个月后接任朱尔金·施伦普（Juergen Schrempp）成为戴姆勒首席执行官。关于蔡澈的任期延长，不光董事会和监事会赞同，连同戴姆勒的劳工部门也非常赞同。在戴姆勒，劳工代表占到一半席位，他们拥有高级管理人员的任命否决权。他们同意延长蔡澈任期的原因非常简单，就是因为"公司业绩越来越好"。奔驰的销量在2014年增长了13%，增长率超过了宝马和奥迪。基于以上原因，在2015年的时候，戴姆勒监事会曾计划将戴姆勒首席执行官蔡澈的任期延长至2019年。

（三）任期激励

职业经理人的任期制订中，另一项重要内容就是任期激励。任期激励与年度激励不同，任期激励作为长期激励的一种，可包含很多形式，如股票兑现等。这能够在一定的程度上弥补短期激励的不足。一般来说，董事会应根据与职业经理人签订的契约兑现职业经理人的薪酬、福利和激励。职业经理人任期激励是市场化定价，可以通过与董事会进行谈判达成，并在任期业绩责任书中予以明确，董事会和职业经理人双方签字即生效，其中对于职业经理人的收益应予以保障，相应的，在任期内对违约的追索等也应加以明确。

（四）目标责任制和追责机制

建立职业经理人任期制还应注意实现目标责任制和追责制。企业经营目标是职业经理人目标考核的基础。在确立任期经营目标，并在任期期满后，对于符合考核结果的职业经理人可重新任命，对不胜任的职业经理人进行相应的后续处理，例如降职、解职等。同时，企业应该在任期制相关制度中明确规定相应的追责机制，在任期后，一旦查出职业经理人在任期内的过失要进行追责，这将有利于职业经理人约束自己的履职行为。

（五）职业经理人继任者选择

对于企业来说，实行职业经理人任期制还必须做好另一件事情，那就是职业经理人的继任计划。在国外，很多公司董事会都十分重视职业经理人的继任计划，因为这是关系到企业发展的重大决策问题。继任计划是为首席执行官、副总裁、职能部门和业务部门的高层经理等职位寻找并确认具有胜任能力的人员，是为企业储备核心人力资本的过程。一般来说，成熟的企业，更应该注重继任者的培养，以应对重要职业经理人离职带来的不能挽回的损失。继任计划一般来说有两种模式，一是内部继任，二是外部继任。内部继任者和外部继任者各有优势，例如内部继任者一般会对公司情况较为熟悉，也比较容易接手，但是内部继任者往往会出现视野狭窄、安于现状、信息处理总量和质量下降等问题。在这一点上，外部继任者更容易尝试结构和流程上的创新，并且在执行战略变革时顾虑更少。而且优秀的外部继任者，可以为企业带来大于现有范围的资源。所以，企业在制订职业经理人任期制管理时，应该把职业经理人继任计划充分考虑在内。

第三节　完善国有企业职业经理人的契约化管理与任期制

一、经营管理者走向职业化和市场化

国有企业是否实行职业经理人制度，从是否对职业经理人实施契约化管理就可知一二。目前，许多国有企业的高管人员是由上级组织部门任命、主管单位进行档案管理的干部，没有在本企业签订劳动合同的实际需要。从基本的劳动关系层面就没有真

正实现契约化管理，这就表明这些人员并不是通常意义上的职业经理人，也不能成为职业经理人。

对国有企业来说，签订劳动合同、聘用合同和年度目标责任书等的意义绝不仅仅是一纸契约书那么简单，契约化管理意味着职业经理人身份的转变，由行政任命制改为市场化管理。也就是说职业经理人只有胜任工作，达到约定的业绩才能继续留在企业里，如果不能胜任工作，无特殊缘故未能达成业绩，应按照契约书的规定，由董事会决议退出经理层或者企业，进入人才市场自主择业。而具有干部身份的经营管理者，则没有自然的人才市场途径，对其是否胜任工作，能否达成业绩，都未与退出机制产生足够的关联。正因如此，在国有企业"铁饭碗"思维的影响下，很多国有企业的管理者很难成为职业经理人。他们不容易适应能上能下，按业绩和能力取酬的方式，对契约化管理的重要性也没有足够的认识。尤其是那些任命制的国有企业干部，对市场化按业绩取酬的认识不足，更容易缺乏契约精神。

在国有企业推行职业经理人制度，第一步就是要扭转企业经营管理者对契约化认识不足的问题。契约化管理的职业经理人并非任命，而是要依靠董事会对职业经理人进行选聘，选聘的职业经理人要与董事会协商议定相关契约，明确自身责任、业绩目标和相应的激励等措施，并严格按照契约的约定来执行。

二、约束和激励兼顾

企业与职业经理人签订契约后，在严格考核的同时，还要动态监督职业经理人的履约状况，在职业经理人履约后，要按照契约的约定实施奖惩，对于那些不履约的，并造成重大经济损失和责任的，不仅要解除聘用约定，还要依契约约定的情况追责。

对职业经理人的契约化管理，不仅要明确对职业经理人进行约束，同时也应该注重对完成业绩目标的职业经理人进行激励。国有企业应该建立和完善职业经理人薪酬制度，在职业经理人完成相应的契约职责和目标后，给予职业经理人契约规定的薪酬和激励。只有这样才能对职业经理人约束和激励并举，更好地促进职业经理人的履职行为。国有企业可以在充分研究相关政策的基础上，制订职业经理人考核制度和薪酬制度，探索政策框架下的多种激励制度。在这个过程中，国有企业也要有完善的监督追责制度，为整个制度保驾护航。没有这些制度的支撑和保障，职业经理人契约管理很可能流于形式，无法执行，也不具有约束力。

三、严格执行任期制

对于职业经理人任期的设置，企业应结合自身情况充分考虑。但绝不能流于形式，搞成无条件续约或自动续约。对于任期届满而没有达成任期目标者，必须启动退出机制，不能留在原有职位上。

国有企业既要推动任期制改革，又不能设计过短、职位更迭过于频繁的任期制度。因此，国有企业职业经理人任期设置应充分考虑战略目标和重大任务的执行周期，并把任务目标和任期考核直接对应起来，严格按照任期目标执行相应的考核。同时，国有企业要注重对职业经理人任期经济责任审计和评价，以及对职业经理人的任期履职行为进行评价，防止重大经营风险。作为国有企业，还应该积极完善相应的继任计划，实现职业经理人任期制的闭环。

第七章

职业经理人监督

职业经理人的监督是职业经理人制度建设中风险管控的重要环节。职业经理人监督的重点内容是要明确各监督方的责任和分工。在职业经理人监督体系的设计过程中，既要注重违法违规行为的监督和追责，也应该注重职业经理人履职行为的过程监控。

第一节 职业经理人监督制度的作用及重点

在企业委托代理关系中，代理人和股东之间的利益并不总是趋向一致，所以聘请职业经理人代理经营管理企业是有一定的风险性的。要解决这个问题，除了在合约中明确界定职业经理人的职责，更应该着重对实施代理职责的职业经理人进行有效监督和约束。所以，企业应该在设计职业经理人相关制度过程中，把监督追责机制设计在其中，并有效执行。这样做能较好地解决委托代理关系中信息不对称所带来的监督约束贫乏的问题。

在我国职业经理人社会信用体系不健全的情况下，设立职业经理人监督追责制度就显得尤为重要。目前，我国很多企业的职业经理人监督约束机制没有建立或有效运行，因此出现了很多职业经理人的经营诚信问题。这个问题不能单纯地归结为职业经理人的道德问题、诚信问题，更应该从职业经理人制度体系中监督约束环节是否健全这个角度去看待。

职业经理人监督追责机制的目的不仅仅是要对职业经理人进行监督，也是帮助职业经理人明晰职责的途径。能让职业经理人在履职之前就明确什么样的经营活动是合规的，什么样的经营活动是应该禁止的。如果企业仅凭对职业经理人的职业素养和一般的诚信认识去判断，不足以对职业经理人的可靠的经营行为形成监督。

发达国家对于防范经营风险和监督追责职业经理人的规则是很重视的。2002 年，连续发生的“安然”“世界通讯”等财务欺诈事件对国际投资市场造成了重大冲击，美国国会出台了《2002 年公众公司会计改革和投资者保护法案》，又称《萨班斯—奥克斯利法案》，加强了上市公司内部约束体系和经营控制者（首席执行官和首席财务官）自我约束机制的建设。该法案明确要求上市公司的首席执行官和首席财务官在公司季度和年度财务报表上签字确认。一旦财务报表被证实存在违规不实之处，首席执行官将面临 10～20 年的刑期和 100 万～500 万美元的罚款。这些巨大的压力迫使公司高层必须花费大量精力在公司内控机制和财务控制方面建立起基础性和长期性的可监控体系。

我国企业也需要加强内控，目前企业面临的竞争环境日益复杂。企业在这个时候比以往任何时候都更容易遭受到经济危机、安全威胁、供应链中断、消费者反对等不利因素的冲击。职业经理人是公司委托代理关系执行的一方，如果针对其管理行为没有约束和监督，则可能给企业运行带来非常不利的影响。尤其对那些想走向世界，拓展海外业务的企业，更应该按照国际上的要求，严格规范企业内控管理，严格对职业经理人的监督约束机制，防控企业内部的风险。其实，不仅仅是这些走向海外的企业需要建立内控制度，我国所有企业自身的内控建设也不应该被忽视，因为这是企业健康良性发展的保障，同时也是对职业经理人的经营行为进行一定监督和约束的保障。

企业在职业经理人监督约束制度建设和使用实践中应该关注的方面如下。

一、关注履职行为

很多企业在管理制度中会涉及职业经理人违法行为的监督追责举措，这些监督规则多针对那些明确违法违规的行为，这些行为在相应的法律或者行业规则中都有明确的定义。但是，在企业管理实际中，没有违法问题并不意味着监督就是有效的。职业经理人的监督既应该包含对违法行为的监督，也应该包含对履职行为的监督。职业经理人能否胜任工作，能否按照董事会的决议去执行等都应该成为监督的内容。对职业经理人履职行为的监督在很多企业的职业经理人监督追责制度中没有涉及，这会为具体实施监督、完善职业经理人制度带来很多隐患。

二、注重过程控制

很多企业在实践中建立了职业经理人问责条例，即对重大事故责任和违法行为进行监督和约束，但对于履职行为和决策过程却缺乏必要的监督。事实上，对职业经理人的监督追责如果从企业内控手段入手，重视过程控制，企业要承担的风险远远小于事后追责。

在一个法人治理结构不完善的公司，很多职业经理人参与重大决策和经营的过程如果没有制衡和监督参与进来，就会为企业带来风险隐患。这是因为这些职业经理人在经营中既可能扮演重大决策的制订者，也可能是实际的控制者，甚至监督责任也集中在他们身上，这必然会导致职业经理人经营时随意性增加、缺乏有效监督监管和必要的评估，由此带来的企业风险也会相应提升。当这种过程导致的不良结果需要问责时，如果只集中在如何界定究竟是谁的错误，怎样追究职业经理人个人的过错上显然是无力的——既不利于问题的解决，也不利于公司未来的发展。所以，一个企业设立职业经理人问责条例是必要的，但是职业经理人的监督制度更应该予以重视，要做到对职业经理人经营行为的过程进行监督，才能更有效地解决职业经理人监督和追责问题。

第二节　职业经理人监督体系构建

一、规范履职行为

履职行为是职业经理人经营行为的重要组成部分，企业应该在设计监督追责制度的时候着重考虑。企业应参照岗位职责和胜任力模型明确职业经理人的履职行为，并依据行为标准对职业经理人的履职行为进行监管。

例如，劳动合同中会涉及有关竞业避止、责任追究等事项。职业经理人聘用合同中会约定职业经理人岗位聘任期限、双方的责任、权利和义务及绩效目标，按照公司发展战略与规划，约定薪酬构成与计发方式、奖惩依据、离职或者解聘条件、责任追究等条款。在《任期经营业绩责任书》中会明确任期考核的核心指标和目标、任期激励、责任追究等条款。这些都可作为职业经理人履职行为的依据，明确其中的定义，会在一定程度上对职业经理人监督提供依据。总而言之，企业可根据契约内容对职业经理人履职行为进行监督和约束。

二、发挥内外部监督主体的职责和作用

对职业经理人的监督管理，应明确不同主体的监督重点，明确不同监督主体的责任，这样有利于发挥内外部各监督主体的合力，对职业经理人进行全方位监督。职业经理人监督的主体一般包含董事会、监事会、审计、纪检监察、法律、财务等部门，也可探索利用社会舆论监督等方式，进行公众监督。

董事会履行聘任职业经理人的主体职责，全面负责职业经理人在履职过程中的监督管理。监事会依照法律法规及公司章程对职业经理人进行监督。审计、纪检监察、法律、财务等部门的监督职责，是加强内部流程控制，防止职业经理人权力滥用。公司所在行业的相关监督管理机构也可对职业经理人的行为，尤其是违规行为进行监督和管理。

三、明确不同监督主体的责任

（一）董事会监督追责

董事会对职业经理人的监督作用主要体现在以下两个方面。

一方面是业绩监控。高效的董事会应该对职业经理人的业绩进行监控，防止职业经理人与股东价值背道而驰的行为，保证公司未来的发展和潜在业绩。董事会如果只根据管理层数字化的业绩报告来评估职业经理人的经营是远远不够的，数字化的业绩报告并不能反映企业未来发展的潜在方向。目前，已有一些董事会考虑结合对外服务来提高顾客满意度，并通过实际调查、对标行业优秀公司等形式，来收集财务状况所不能够反映的信息。

另一方面是对职业经理人工作计划的监控。有研究表明，那些未持股的经理层不愿意冒险增加研发等项目的投入，是因为研发的投入与回报通常需要相当长的时间，而且具有很大的不确定性，而经理层对这类项目不积极，源于与个人的利益不匹配。董事会的监督作用体现在应根据股东的权益来审视和监督职业经理层的这些决策行为，对职业经理人履职行为进行监督和管理。有研究指出，董事会不应该只是去制订计划和战略，也不应该单纯地听取职业经理人的计划汇报，而是需要对管理层的计划和战略提出质询。董事会应该对职业经理人的经营风险等进行识别，并提供监督和监控。

董事会应定期听取职业经理人工作汇报，检查公司经营管理工作；就公司重大事项向总裁提出质询；督促检查公司落实股东会、董事会经营工作计划及目标的实施情况。董事会下设的审计委员会，应负责公司内部控制的监督、审查和审计工作，对公司经营管理和业务运作的合法合规性进行监督检查。

我们熟知的公司治理模式中，英美治理模式是董事会治理的典型代表。这种治理方式主要以产权理论和经营委托代理为基础，以股东价值最大化为目的，强调规则管理，使股东、董事会和经理层能够相互制衡。欧美企业董事会对职业经理人的监督职能体现在对其业绩监督和对具体的计划监督方面。董事会在职责方面有具体的分工规则，主要负责决策、投资等，首席执行官主要负责运营和日常管理等工作。这种分工形式使董事会对职业经理人的监督体现在了更深的层面。

2017 年 5 月 11 日，福特年度股东大会召开。在正式召开股东大会之前，福特董事先召开了小会，向首席执行官提出有关企业战略方面的质询。质询的主要对象是首席执行官马克·菲尔兹，福特的董事会将责令其解释公司财政收入下降的原因，并商谈其战略计划的可行性。质询的依据是自 2014 年 7 月 1 日菲尔兹担任福特首席执行官后，福特的股价持续下跌，跌幅已高达 35%。然而，菲尔兹还计划斥资数十亿美元，投资无人驾驶车辆或无人出租车等新技术。菲尔兹辩称其战略旨在使福特实现转型，可是董事会并不看好这一计划，因此对菲尔兹经营方向提出质询，并要求菲尔兹按照董事会决议来执行。

同样的事件，在雅虎也发生过。

2011 年，雅虎董事会以业绩不符合期望，对首席执行官卡罗尔·巴茨进行质询。巴茨认为她整顿雅虎的举措，在 2013 年才能看到效果，但是董事会却已经没有耐心。在质询无果的情况下，董事会解聘了首席执行官巴茨。巴茨是雅虎的第四任首席执行官，也是第四位被“业绩”衰退赶走的，但这四位在此前职业生涯都算成功的首席执行官接手雅虎后，都未能扭转雅虎衰退的局面。

很多企业的董事会责权并不十分明确，这使得董事会和职业经理人的关系和权责都处于一种不明确的状态，也因此造成了董事会对职业经理人的监督落实不到位，达不到应有的效果。

（二）监事会依法监督

《中华人民共和国公司法》规定，监事会、不设监事会的公司的监事行使下列职权：检查公司财务；对董事、高级管理人员执行公司职务的行为进行监督，对违反法律、行政法规、公司章程或者股东会决议的董事、高级管理人员提出罢免的建议；当董事、高级管理人员的行为损害公司利益时，要求董事、高级管理人员予以纠正；提议召开临时股东会会议，在董事会不履行本法规定的召集和主持股东会会议职责时召集和主持股东会会议；向股东会会议提出提案；对董事、高级管理人员提起诉讼；公司章程规定的其他职权。《中华人民共和国公司法》明确公司的监事会对公司的财务安全、高级管理人的职务行为等进行监督。所以，企业在制订公司职业经理人监督追责制度中，应充分考虑监事会的作用，参照公司法，并结合公司的实际情况对职业经理人监督追责制度进行设计。

监事会对职业经理人监督追责职能可体现在以下方面：定期检查公司财务；对职业经理人执行公司职务行为进行监督；对违反法律、行政法规、公司章程或者股东会决议的职业经理人提出罢免的建议；当职业经理人的行为损害公司的利益时，要求职业经理人予以纠正；对职业经理人违反法律、行政法规或者公司章程的规定，损害股东利益的，可以提起诉讼等。

一般治理结构完善的企业都设立监事会。如何利用监事会形成对职业经理人有效监督呢?

前几年，奥迪的排放丑闻爆出，全球范围内约有 210 万辆奥迪品牌柴油车安装了特殊软件，在尾气检测时蓄意降低排放量以蒙混过关。这一事件导致奥迪办公区域遭德国检方突袭检查事件，约 100 名慕尼黑检察官员突袭调查了奥迪因戈尔施塔特总部、内卡苏尔姆工厂以及其他办公地点。奥迪母公司大众集团、CEO 办公室也遭到调查。除此之外，奥迪与大众雇用的负责排放丑闻内部调查的美国众达律师事务所也遭到了独立调查。在处理这一事件中，奥迪公司的监事会虽然启动会议，向高管们了解调查的情况以及可能导致的后果，不过，因为监督不到位，随着事件的发展，奥迪的文德恩辞去了奥迪监事会主席职务。

奥迪的案例表明，企业的监事会没有很好地起到监督作用。有评论说虽然该事件最终的责任认定在技术负责人身上，但是回顾整个事件，监事会所起到的监督作用和追责作用是十分有限的。

监事会如何正确起到监督作用？我们通过某银行监事会在职业经理人监督中起到的作用来探讨这一问题。

据报道，在中国上市公司协会、上海证券交易所、深圳证券交易所共同主办的“上市公司监事会最佳实践评选活动”中，某银行获得上市公司监事会最佳实践20强奖项。那么，该银行的监事会就履行监督职责有什么经验呢？据了解，该银行监事会共有监事9人，其中股东监事3人，职工监事3人，外部监事3人。监事会下设监督委员会、提名委员会和办公室。该银行监事会除完成了对财务管理、风险管理、内控合规、消费者权益保护等专项检查工作外，也根据企业和行业的实际情况，加强了对经理层高管人员的监督举措。主要体现在：听取外审机构报告并共同研究对全行的检查计划、检查重点、检查方式，以及董事、监事、高管人员都较为关注的专项业务的风险；丰富并充分发挥提名委员会和监督委员会两个专门委员会功能。在监事会年度会议、监事会换届、履职访谈制度的建立、高管人员履职情况评价办法的建立等方面，两个专门委员会充分发挥研究论证、审阅审议等作用，有效地支持了监事会工作的开展；修订董事、监事履职评价办法，优化考核评价。结合监管部门最新法规，系统修订履职评价办法，使其能够充分反映监管要求，满足履职需要。在对董事、监事、高管履职访谈实践的基础上，形成履职访谈制度规范化、程序化、标准化；建立高管层履职评价办法，健全履职评价体系。在这样的体制下，有效对经理层的违规和履职行为进行了全面监督，达到了良好的效果。

（三）企业职能部门监督

在企业设计职业经理人监督追责制度的过程中，应明确企业内部审计、纪检监察、法律、财务等部门的监督职责，加强内部流程控制，建立审计部门向董事会负责的工作机制，防止职业经理人权力滥用。企业在设计职业经理人监督追责制度时，应注重内部控制。职业经理人应按照企业有关规定和要求，向有关部门如实申报个人有关事项；在任期内，应依据规定进行常规审计，离任时应进行离任审计；应按照有关回避制度规定和要求，实行任职回避和公务回避。

（四）企业外部监督

企业还可通过信息公开网络平台，依法依规、及时准确披露有关信息，充分发挥媒体舆论监督作用，接受政府和社会公众对企业职业经理人制度建设工作的监督。

另外，部分行业的监督管理机构会对从业人员的行为进行监督。例如：对银行业的职业经理人进行监管，目前可集中于《金融违法行为处罚办法》《中国证券监督管理委员会行政许可实施程序规定》《中资商业银行行政许可事项实施办法》《金融机构高级管理人员任职资格管理办法》等法律法规，主要体现在对职业经理人的任职资格、准入、取消和对其违法违规经营成果的处罚等方面的规定。企业可在这些规定的基础上完善内部监督追责制度，防范与之相关的风险出现。同样，公司可利用外部纪检监察监督和巡视的机会，加强职业经理人廉洁从业、行使权力等的监督，并把这些监督的规范写入职业经理人监督追责的制度当中。

四、责任追究

（一）任期内追责

职业经理人违反国家法律法规和公司管理规定应当追究责任。以萨班斯·奥克斯利法案为例，其针对上市公司 CEO 和 CFO（首席财务官）有两条严格规定：一是要求上市公司 CEO 和 CFO 保证向 SEC（美国证监会）提交的财务报告真实可靠；二是要求上市公司 CEO 做出与财务相关的内控有效的声明。如果违反这样的要求，将会对其进行诉讼。

我国对于职业经理人的违法违规行为除了依据法律规定外，也有对职业经理人进行监督追责的行业行规。但是行业监督追责并没有普及到所有的行业，所以，职业经理人出现追责的问题，企业还是会走民事诉讼流程。当职业经理人的不当行为对企业造成了经济损失、名誉损失和其他不良影响后，公司有权对职业经理人提出诉讼，追究职业经理人的法律责任和刑事责任。

2008 年，某传媒公司首席执行官在未得到公司董事会同意的情况下，将其在中国国内银行开户的全资子公司 1.069 亿元的定期存款设定为对第三者企业债务的担保。经调查，这 1.069 亿元定期存款作为担保的来由是，CEO 本人用其在 14 年前创立的一家公司，向银行贷款 1.03 亿元，并全部用来偿还该 CEO 的个人债务，该 CEO 使用分公司的定期存款作为担保进行归还。在召开董事会后，该 CEO

立即辞去公司及关联子公司的代表职务。该传媒公司表示，将对当事人追究民事及刑事两方面的责任。随后，事态还可能发展成股东诉讼。

除了从法律方面对职业经理人监督追责，企业缺乏内部的监督制度，这会为董事会管理职业经理人带来很多的隐患，也会为企业未来发展埋下隐患。其实，职业经理人的追责问题应该区分对待，不仅要从违法违规方面去追责，更要依据企业的内控要求和治理要求建立防微杜渐的追责体系。这些企业内部的监督追责体系的构建重点不在于事后弥补，而是能够使得重大问题在出现之前得到遏制。

（二）离任追责

一般来说，企业对职业经理人的追责不应仅限于任期内，还应扩展为职业经理人离任追责。企业在职业经理人离任的时候，应该明确相关追责内容和协议，对竞业避止、信息泄露，以及任期的经营行为带来的后续不良影响予以明确。某知名职业经理人陈某离职就是职业经理人离任追责的典型案例。

2011 年的春节，知名职业经理人陈某要从某电器营销企业离职，2012 年该企业与这位职业经理人就离职后的一件事打起了官司。事件主要围绕陈某私下向某媒体透露“该集团财务漏洞”等信息。该企业起诉陈某，要求陈某返还 1000 万元税后“协议对价”。在这个事件中，该企业对于整个争议是有备而来的，主要依据就是陈某在离职时签署的契约。据了解，在这份《协议》中有条款明确约定：陈某“不会以口头或者书面的方式向任何人发表或公开其他股东董事及高管没有公开的资料，不发表任何不利于公司、董事及公司高管以及公司股东的不利言论”。但是，随后，证据显示陈某违背了契约，在一次闲聊中透露了相关信息。所以，该企业起诉陈某，要求陈某返还 1000 万元税后“协议对价”。

由此可见，企业在处理离任追责的相关问题时，重点要明确离任契约所规定的具体内容，只有这样才能对职业经理人离职后的具体行为和要求进行约束，减少职业经理人离任对企业带来的负面影响和风险。

第三节　建立完善国有企业职业经理人监督制度

一、加强党组织对职业经理人的监督

国有企业应注重建立完善以国有企业党组织为领导核心和政治核心的职业经理人

工作监督体系，充分发挥国有企业党组织、董事会、监事会、纪检监察、财务、审计、工会等部门的监督力量，通过制度与流程，健全完善多部门联动监督体系，加强沟通、信息共享、优势互补，有效监督职业经理人各项工作的开展。

国有企业党组织要在党内监督强化对职业经理人履职行权的监督，规范职业经理人的从业行为。从重点监督关键岗位、关键人和关键环节入手，梳理权力集中、资金密集、资源富集、资产聚集的重点部门、岗位和从业人员，对分管重点部门工作以及在重点岗位从业的职业经理人进行重点监管。加强纪检监察监督和巡视工作，强化对职业经理人廉洁从业、行使权力的监督约束。党内监督与出资人监督、审计等专业职能部门监督、职工民主监督相结合，增强企业监督工作合力，完善反腐倡廉制度体系和工作体系，严格落实个人有关事项报告制度，建立和完善职业经理人述职述廉、任职回避等制度，切实发挥党组织的监督保障功能。

二、实行重大决策终身责任追究制度

职业经理人制度能够给企业带来活力是不容置疑的，所以国有企业推行职业经理人制度是国有企业深化改革的必然趋势。在操作层面上，国有企业在具体的职业经理人相关制度设计中，除了应该注重职业经理人的激励，还应该关注职业经理人的监督和约束。我们知道，国有企业的委托者是国家，这与一般私营企业不同。国有企业应重视国有资产流失的风险，这些风险处理不好可能会为国家带来重大损失。因此，在国有企业实施职业经理人制度的过程中，应充分关注国有资产流失的监督追责方面的制度。国务院办公厅发布的《关于建立国有企业违规经营投资责任追究制度的意见》，在国有企业发展历程中第一次提出“实行重大决策终身责任追究制度”。这意味着，国有企业负责人无论是否离开企业，都要对所做的重大投资决策承担责任。《关于建立国有企业违规经营投资责任追究制度的意见》明确了 9 个方面 54 种需要追责的情形。9 个方面包括集团管控、购销管理、工程承包建设、转让产权及上市公司股权和资产、固定资产投资、投资并购、改组改制、资金管理、风险管理。国有企业高管因违规、未履行或未正确履行职责而造成国有资产损失的，有可能面临终身不得担任高管的追责，还有可能被扣减和追索绩效年薪或任期激励收入。

国家相关政策针对国有企业强调企业负责人“终身追责”机制并注重对企业长远发展的关键决策的考核，这是因为国有企业负责人是企业重大决策事项的主要责任人。目前一般国有企业负责人任期经营业绩考核以 3 年为一个考核期，因为国有企业负责人任期不是很长，也经常发生职位变动，导致有些国有企业的负责人在任期内为了达到任期的业绩辉煌而不注重企业长期的发展，这是对企业十分不利的经营行为。而

《关于建立国有企业违规经营投资责任追究制度的意见》正是考虑到这样的情况，以防止国有企业负责人的现有经营行为为企业长远发展带来危害。

实施《关于建立国有企业违规经营投资责任追究制度的意见》对职业经理人制度在国有企业的建立和发展具有重要的意义，这是对职业经理人发挥有力监督的一项重要举措。企业在具体的实践中应在政策的框架下，在职业经理人制度中把相关的监督约束制度设计在内，明确职业经理人履职行为标准，并强调终身追责。

关于如何依据国家政策对职业经理人进行监督追责，一些地方的做法能带给我们一些启示。如某省政府办公厅 2017 年印发了《关于加强和改进企业国有资产监督防止国有资产流失的实施意见》，以此为依据，加强对国有企业高管、职业经理人等进行终身追责制度的落地。某省的做法有几个亮点，除了探索实施首席财务官制度、严格落实企业内部审计制度来防范企业风险外，还着重在推进相应的职业经理人制度上下功夫。例如，全面推行高级管理人员契约化管理，实行国有企业重大决策失误和失职、渎职责任倒查机制，对因不履行或不正确履行职责而造成损失以及其他严重不良后果的董事、高级管理人员等，实行重大决策终身责任追究的方式。

关于企业如何界定具体的责任，还需根据企业的实际情况去明确规则，细化程序，这样可以对职业经理人和经营管理人员形成更明确的监督标准和更明确的履职要求。在国有企业，要实行“终身追责”的政策已经很明确，所以，企业应该着力去研究企业职业经理人任职期间违反规定的情况，同时应把未履行或未正确履行职责造成国有资产损失以及其他严重不良后果的部分作为重点，追究其相应责任，即使针对那些已调任其他岗位或退休的，也应当纳入责任追究范围，实行重大决策终身责任追究制度。

三、注重履职行为监管

国有企业与民营企业的不同之处在于，民营企业由出资人，也就是企业主对职业经理人的履职行为进行评价，并根据评价对职业经理人进行监督管理。但是在国有企业，企业业绩评价的主体多是国资委，很多企业虽然也常设董事会、监事会，但因为主体责任的问题，国有企业董事会职权的落实并不十分完善，这在一定程度上造成了对职业经理人的评价不直接、不透明。监管机构评价一般只注重财务和违法行为的判断，但是对职业经理人履职行为的监管较少。这种评价方式很容易导致另一种极端情况出现，那就是“不做便是无过”。这种情况难免为国有企业的某些人“懒政”提供了借口和温床。所以，在国有企业的实践中，应该对这种现象高度重视，在对职业经理人的监督追责制度进行设计时，不应该脱离对职业经理人的经营行为进行日常监督和考察，也不应该脱离对履职行为的判断和监督。

四、加强对职业经理人违规违法责任追究

责任追究是职业经理人在履行职责过程中发生失职、渎职、失误、违法或其他个人原因，对企业发展或工作造成不良影响或损失时，对当事人的追究与处理。职业经理人责任追究工作应该由董事会全面负责。根据违规违法给企业造成的损失和影响程度、问题性质、责任认定等，对相关责任人采取组织处理、扣减薪酬、禁入限制、纪律处分、移送司法机关等方式处理。

国有企业对现有和引进的职业经理人的追责应包括但不限于以下几个方面：对于因决策失误，造成重大经济损失或恶劣影响的，因用人失察、失误造成恶劣影响的，对安全、质量、环保等重大及以上责任事故和重大群体性事件负有领导责任的，接受不正当利益或利用职权谋取私利的，违反财务制度等有关规定的，泄露企业商业秘密、损害企业合法权益的，违反企业规章制度、工作程序或办事规则给企业造成重大损失的，未能有效执行董事会决议、未完成年度或任期考核指标和经营计划以及给企业造成损失的。

关于对职业经理人违规责任的划分，也应该清晰界定，根据责任的不同，追责程度也不一样。例如，应区分职业经理人的直接责任、间接责任、领导责任。在职业经理人的违规认定上，应该有充分的依据。例如监管部门、审计机关或其他政府管理部门等外部机构审计检查和公司内部审计下发的书面报告、批评或处罚决定等文件，以及发生实质经济损失或严重违法违规事件的事实证据为违规责任行为认定的直接依据；公司董事会、监事会、党委或董事、监事提出问责建议，以及内外部投诉、举报、控告等书面材料为违规责任行为认定的间接依据。

责任追究处理行为应该根据违规的性质和严重程度，实行不同的追责处罚。追责和处罚的依据应该区分为以下几种情况：对职业经理人在经营管理过程中出现的非主观故意，且未对公司造成实质性风险、损失、恶劣影响的一般性违规责任行为；而对在经营管理过程中因出现重大工作疏漏、或受到外部监管机构的通报批评或处罚、或严重违法违规事件，已对公司正常经营和业务发展产生实质性风险，或造成损失、或产生恶劣影响的实质性违规责任行为，或主观故意的一般性违规责任行为。

涉及经营投资责任的，在调查期间，对相关责任人未支付或兑现的绩效年薪、任期激励收入、中长期激励收益等均应暂停支付或兑现；对有可能影响调查工作顺利开展的相关责任人，可视情况采取停职、转任工作岗位、解聘或解除劳动合同等措施。

第八章

职业经理人退出

职业经理人退出是企业对职业经理人的管理中不可或缺的重要环节。职业经理人退出要关注的重点问题是处理好退出的复杂情况。在职业经理人退出过程中，既要充分考虑企业的各项权益，也要充分保障职业经理人的合法权益。

第一节　职业经理人退出的重点内容

职业经理人和企业之间是一个双向选择的过程，双方都可以按照自己的意愿选择对方，因此企业可以依据聘用合同聘用和解聘职业经理人，职业经理人也可以按照自己的职业选择和意愿选择一家企业或在企业间进行自由流动。企业和职业经理人的双向选择过程是职业经理人市场成熟的标志。

在整个职业经理人制度中，职业经理人退出制度代表了职业经理人与企业的契约关系的结束，是职业经理人制度中最末端的环节。什么是职业经理人退出？所谓的职业经理人退出是指在任期制和契约化管理的基础上，企业根据业务发展需要，通过解除聘用合同实现职业经理人退出现任岗位的一种人力资源管理方式。其中，解雇只是职业经理人退出形式之一而非全部，职业经理人退出还包括主动离职、降职、调岗等多种形式。

职业经理人合理化流动有利于人才发展，但是目前我国的职业经理人人才市场并未得到充分发展，这就使得职业经理人人才流动有很多困难。企业引进职业经理人并不容易，留住职业经理人就更难，职业经理人主动离职跳槽后带来的信息和商业计划的泄露以及人才的流失等，将会给企业带来不可估量的损失。建立科学的职业经理人退出制度，首先要明确退出情况的复杂性，其次要利用职业经理人退出机制激活企业人才流动。

职业经理人退出制度的建立，不仅要重视企业科学规划职业经理人的管理问题，也要关注职业经理人在这个过程中自身权益的维护。尤其是在国有企业建立职业经理人退出制度时，首先要明确退出的形式，理顺职业经理人退出的主要流程，这样才能分别明确解决问题的办法和流程。其次需要理顺不同形式的职业经理人退出的流程，实现平稳而有效的职业经理人退出。

一、职业经理人退出的主要形式

职业经理人退出的原因很多，总的来看，退出形式可以概括为主动退出和被动退出两种。

（一）主动退出

职业经理人主动退出可以分为聘用合同期未满主动辞职和聘用合同期满自愿离职

两种情况。如果职业经理人不满现状想要追求更大利益或更好的职业发展，而企业不能提供足够的资源或机会时，就有可能导致职业经理人主动退出，选择跳槽到新的企业。这种情况下的退出应当遵循协商自愿的原则，解除与企业的劳动关系，企业可视退出的具体情况要求职业经理人履行工作契约中的解约责任及竞业避止承诺。

职业经理人在任期间为企业的发展起到了促进作用，企业应该制订较为可行的生活保障计划，帮助职业经理人减少后顾之忧。退出机制的设计应与丰富职业经理人的收入结构相结合，完善离任后的收入结构。此外，针对老年人医疗费用相对较高的实际情况，企业可为职业经理人办理一份期限较长的补充医疗保险，帮助其减少医疗费用支出，减轻生活压力。

此外，职业经理人主动退出还有可能是因为其他一些意外事件，例如，突如其来的疾病、事故、死亡等因素使其不能在企业中继续扮演职业经理人的角色。这种意外退出常常会使企业所有者陷入被动局面。面对意外情况的出现，企业所有者在平时就应该未雨绸缪，建立企业内部职业经理人的梯次选拔机制，降低因职业经理人意外退出带来的损失。

（二）被动退出

1. 绩效不佳或考评不称职解聘

哥伦比亚大学的汉布瑞克和福克托玛提出了职业经理人生命周期理论：职业经理人的生命周期因其任职期间领导能力的变化规律可以划分为五个阶段，即受命上任、探索改革、形成风格、全面强化和僵化阻碍，其领导经验与经营业绩之间呈现一种抛物线形关系，职业经理人的经营业绩上升到一定幅度会呈现下降的趋势。

职业经理人的职位不是固定的，若出现未达成年度绩效目标或考核不称职的情况，企业可按事前约定采取调整职位、提前解聘或不再聘任等方式使职业经理人优胜劣汰。这种情形下的退出应由董事会或专门的绩效考核委员会根据聘任合同以及年度目标责任书对职业经理人的年度绩效或者是任期内绩效进行考核，由选聘考评委员会根据其绩效考核结果决定续聘、改聘或解聘。对经营不善、未能达到聘期绩效目标的职业经理人，在综合考虑客观因素以及未来难以改善的情况下，要坚决淘汰。

在绩效考核结果和职业经理人真正退出之间应设计一个缓冲机制，例如通过岗位调整使职业经理人能力得到更恰当的发挥或者是提供相应培训提升其能力等。

2. 违法违规解聘

如果因职业经理人产生重大过错或引发重大责任事故，造成企业重大损失，企业有权解除职业经理人的聘用合同，并追究其责任。而对于出现严重违法违规和诚信等问题的，企业也可按事前约定调整职位或提前解聘。相应的机构可在信用体系中予以披露，对于有劣迹或违规的职业经理人可采取媒体通报、追究民事或刑事责任等措施。

3. **企业调整解聘**

企业在与其他企业合并或引入其他战略合作伙伴时可能会进行重大的人员调整，此时的职业经理人可能会由于企业的战略或职能调整而面临被解聘或者是被调离的情况，这也是职业经理人退出的一种可能。面对这种情况，国外很多企业实施了“金色降落伞”计划，将职业经理人的工资和福利延长 1 ~ 5 年，从而保留了熟悉公司环境、拥有丰富经验的高级职业经理人。

“金色降落伞”计划是西方国家中高级管理人员雇佣合同中的一项保证条款。20 世纪 80 年代，企业收购兼并兴起，导致很多企业的职业经理人面临着退出企业的境遇。而“金色降落伞”计划，则保障了由于企业兼并而导致离职的职业经理人的权益。“金色降落伞”计划是指由于公司被接管或所有权改变等突发事件而使公司的主要经理人员被毫无理由地解雇或被新班子降职或免职，公司则要根据该项条款保证他们得到一笔相当于数年工资的解雇费。根据美国国内税收法案的解释，上面所指的突发事件主要指以下两种情形：一是公司的控制权或有效控制权的改变；二是公司主要资产所有权的改变。

在我国，也有部分企业尝试了“金色降落伞”计划。

2016 年 6 月 29 日，某股份有限公司股东大会以 86.35% 的赞成票通过公司章程修改：“当公司被并购接管，在公司董事、监事、总裁和其他高级管理人员任期未届满前如需终止或解除职务，必须得到本人的认可，且公司须一次性支付相当于其年薪及福利待遇总和十倍以上的经济补偿。上述董事、监事、总裁和其他高级管理人员已与公司签订劳动合同的，在被解除劳动合同时，公司还应按照《中华人民共和国劳动合同法》另外支付经济补偿金或赔偿金。”其实，尝试进行“金色降落伞”计划的公司不止该股份有限公司一家，还有几家上市公司均规定：当公司被并购接管，在公司董事、监事、总裁和其他高级管理人员任期未届满前如需终止或解除职务，必须得到本人的认可，且公司须一次性支付相当于其年薪及福利待遇总和十倍以上的经济补偿。

“金色降落伞”计划的实施，无疑是有其优势的。有研究认为“金色降落伞”计划可以吸引并留住高层管理人才，尤其是对公司来说非常重要的核心人才，以提高公司的稳定性。另外，“金色降落伞”计划的实施可以防止盲目的反收购战略，并通过形成一种控制权的义务，提高收购成本防止恶意收购。

在实施“金色降落伞”计划的企业中，杰克·韦尔奇成为有史以来领到最大“金色降落伞”的职业经理人。有报道指出，他在通用电气公司工作了20年，在退休以后最终取得了超过4.17亿美元的退休金，包括每年900万美元的生活费。李·雷蒙德是世界闻名的埃克森美孚公司成功的关键人物之一，在他的管理下，该公司从每年收入50亿美元提高到每年收入超过250亿美元。为奖励他的努力，公司给他发放了超过3.21亿美元的巨额遣散费。

“金色降落伞”计划其实是对那些具有杰出贡献的职业经理人的贡献的肯定，但是当今美国有不少声音，斥责“金色降落伞”早已背离其初衷，成为管理层满足自我需求的牟利工具。有研究认为，吸引人才可以通过高薪水、股权激励的方式，如果“金色降落伞”设置的条件过于优厚，甚至会矫枉过正而引发道德风险——管理层倾向于公司被收购以获取“金色降落伞”的补偿，乃至故意使公司业绩下降以便公司成为被收购目标。

对“金色降落伞”计划的争议不仅仅停留在以上两个方面，还有很多反对的声音认为“金色降落伞”计划其实是把风险转嫁到了股东身上。

2012年，梅耶尔临危受命接管雅虎以挽救公司颓势，她担任雅虎公司总裁兼CEO，并进入公司董事会。梅耶尔在雅虎4年期间，几乎所有重整计划都以失败告终。在2016年，随着雅虎更名，梅耶尔也从雅虎董事会出局。在雅虎内部，大多数高管认为，梅耶尔接手后，公司战略混乱、管理不善、破坏了大量扭亏为盈的项目，对公司业绩下降负有最大的责任。尽管她最初给雅虎带来了希望，却依然没能拯救大厦将倾的雅虎帝国。短短4年的任期，梅耶尔一共完成了53笔收购，这几乎相当于之前雅虎收购公司数的总和。频繁的收购，给雅虎产品管理带来了巨大的混乱，雅虎的核心业务鲜有转变，转型也难见成效。梅耶尔没有为雅虎带来新的希望，可是有报道指出，根据“金色降落伞”计划，梅耶尔4年当中却从雅虎拿走了1.62亿美元的薪资和股票奖励，而且在下一任领导者接管雅虎后，她还将获得5700万美元的“降落伞”。虽然最新报道指出，这笔昂贵的“金色降落伞”可能会降至2300万美元，但是相对梅耶尔的贡献来说，还是太高了。

“金色降落伞”计划是一项保障职业经理人权益的举措，有利于那些对企业有杰出贡献的职业经理人平稳地退出企业。但是在我国的企业中实施这一计划却不可盲目照搬和跟风，更不应该借用这样的计划来解决国有企业一些元老的遗留问题。一方面，动辄超过十倍薪金的“金色降落伞”计划保护了职业经理人，但如何来保障股东和企业所有者的权益是我们应该关注和研究的问题。另一方面，“金色降落伞”计划的本质和核心应该是给有杰出贡献的职业经理人提供保障，但对于因为能力不足、业绩不良而退出企业的职业经理人则不应该享有这样的保护伞。但是在实践中，如何去判断职业经理人的贡献显然不是一件很容易的事情。

二、职业经理人退出的程序

关于具体的退出流程，应针对前文提到的几种不同退出形式进行不同的设计，包括申请提出、审核、复审、审批、办理工作交接和财务清算等各个操作环节以及各环节之间的衔接过渡工作等内容。

通常来讲，职业经理人退出应包括以下流程：对于主动退出的职业经理人，由其本人提出书面申请，其直接上级签署意见后交人力资源部办理具体流程。对于其他情形退出的职业经理人，则由其直接上级按照管理权限和相应的制度提出退出人员名单，交人力资源部进行合规性审查。然后由董事会召开会议，研究审议职业经理人退出事宜，对审议通过事项（可根据具体情况设计规则，例如需有过半数以上或超过 2/3 的与会人员同意，则视为通过），董事会审批签字确认（特殊情况须报董事长审批）。若审议未通过，则继续留任。对于审核通过的，由相关部门协助办理离任审计、进行相应的责任追究，人力资源部协助办理相关的离职或调任手续等。对于离职解聘的职业经理人还应办理财务清算、社保、补贴等手续。

职业经理人退出机制建立和落地是一个复杂的过程，而且职业经理人退出机制并不处在一个真空的环境中，还需要有其他配套制度的建立，例如营造有助于退出机制实施的“职业经理人能上能下、能进能退”的企业文化氛围，建立规范完善的“聘任制”和“任期制”、科学有效的绩效考核和激励约束机制、责任追究机制、职业经理人退出补偿机制、召回制度和顾问制度等。只有建立这些科学管理体系并有效运转，职业经理人退出管理机制才能真正建立起来。

三、职业经理人退出的风险规避

职业经理人的离职对企业来说是存在一定的风险的，所以企业在制订职业经理人退出制度时，应重点考虑规避职业经理人离职风险的问题。目前，企业在这个问题上的具体做法是通过建立职业经理人退出制度，在保护职业经理人离职权益的基础上，对职业经理人离职所应该履行的相关责任和义务以契约的形式明确。

如何利用契约对职业经理人的离职风险进行规避呢？国外一些企业的做法是与职

业经理人签署离职协议，对职业经理人离职后应该履行的具体责任和义务作出明确规定。同时，为了避免职业经理人离职给企业带来的风险问题，国外这些企业会把市场上最丰厚的“分手费计划”视为与现有职业经理人离职谈判的底线。某些职业经理人离职待遇非常丰厚，像惠普前CEO卡莉的离职金就高达2110万美元，但是相应的，这些职业经理人离职后所要履行的责任和义务也很多。

2017年，某著名门户网站视频版权影视中心的总经理马某离职，而他与该企业签署的《劳动合同》中包含了《不竞争协议》，约定了其任职期间和离职后的竞业限制义务。据北京市劳动仲裁委员会最新消息，马某违反了竞业限制义务履行的约定，应承担违约责任，向离职企业双倍返还违约期间已收到的竞业限制补偿金，并继续履行对该企业的竞业限制义务。

劳动合同的规定在一定程度上维护了职业经理人离职对企业带来的风险。但是单单依靠劳动合同的竞业避止是不够的。我国企业在聘用职业经理人的时候，往往会忽略对解聘相应的后续措施的制订。这导致我国部分企业的职业经理人的退出制度的设定不是根据聘任协议，而是根据职业经理人退出制度对职业经理人来执行退出。正是由于这样的情况存在，我国企业应该把职业经理人的退出协议作为重点关注的事项，并在职业经理人离职风险管控方面给予足够重视。如何将风险控制到最低，非常值得企业去深入研究思考。

2010年，惠普宣布其CEO马克·赫德因卷入与女承包商的性骚扰丑闻而辞职。在马克·赫德离开惠普后不久，他转投甲骨文公司。随后惠普在加州起诉前CEO马克·赫德，以违反离职协议为由试图阻止他加盟甲骨文。惠普和甲骨文曾是合作伙伴，甲骨文的数据库和企业管理软件一直与惠普的服务器有销售合作，但两家公司在服务器、存储系统和企业软件上的竞争正不断加剧。惠普对赫德的起诉的依据就是其离职协议包含了保密条款，要求赫德在24个月内不得泄露惠普的敏感信息。

第二节　健全国有企业职业经理人退出制度

《中共中央、国务院关于深化国有企业改革的指导意见》提出“推行职业经理人制度”和“加快建立退出机制”。这是深化国有企业改革、建立健全企业治理结构的重要途径和方式之一。

国有企业在建立职业经理人退出制度时，有几个原则问题需要特别关注。明确这几个原则性的问题，在国有企业的职业经理人退出时就能做到有序推进。

一、坚持党管人才的原则

《关于在深化国有企业改革中坚持党的领导加强党的建设的若干意见》提出"有序推进董事会选聘经理层成员工作，上级党组织及其组织部门、国有资产监管机构党组织应当在董事会选聘经理层成员工作中发挥确定标准、规范程序、参与考察、推荐人选等作用"。因此，在职业经理人退出机制设计中应充分发挥国有企业党组织的作用，坚持党管人才的原则，国有企业党组织应以适当的方式参与职业经理人退出机制的设计和具体操作。

二、以契约和绩效评价为主要依据

职业经理人退出机制设计过程中，必须以健全有效的契约化管理和绩效管理为基础。在与职业经理人签订契约之初，国有企业就应与职业经理人通过自主协商在聘用合同中详细约定聘期，双方的权利、责任、义务及绩效目标，奖惩依据，解聘情形及责任追究等。以双方约定的退出情形和绩效考核结果作为职业经理人退出的主要依据。

三、规范退出程序

人员退出企业，尤其是职业经理人的退出，不论对企业还是职业经理人来讲都是很敏感的问题，部分国有企业为了避免这种尴尬的出现，将职业经理人的退出机制封闭在一定范围内。但是这种不公开的职业经理人退出机制设计，可能会导致负面消息的私下传播，从而对企业产生不良影响。

为了避免此类问题的出现，职业经理人退出机制的设计在程序上应该秉持公开、公平和公正的原则。首先，职业经理人的退出条件、相关政策和补偿措施都应该事先在企业内部公开，至少是让所有的职业经理人都知晓相关政策；其次，国有企业在解聘相关职业经理人时应该秉持公平的原则，对所有的职业经理人一视同仁，不能区别对待；最后，在职业经理人退出事宜的办理流程上，应该做到公开、透明，杜绝暗箱操作。

四、人性化管理

设计和具体操作职业经理人退出时应坚持以人为本的原则，在退出前与职业经理人进行充分有效的沟通，尤其是因为绩效考核不合格或企业因素等原因被动退出的职业经理人，要保证职业经理人从心理上接受，采取合理的补偿措施，尽可能减少职业经理人的退出对国有企业的生产经营和声誉产生的负面影响。

国有企业实行职业经理人退出制度是一件很复杂的事情，涉及的不仅仅是刚性的制度约束和执行的问题，还涉及很多国有企业改革的问题，例如档案和身份的问题、人才流动的问题等。

G股份有限公司是以电力生产为主的能源企业。2016年8月，G公司举行职业经理人聘用合同签订仪式。这是G公司董事会自主决策选聘的新一届经理层成员。G公司职业经理人制度的一个重要特点就是明确与退出相关的问题，例如所有的职业经理人的人事关系已经从G公司转出到外部人才市场，职位聘期三年，期间若是做得不好，随时解聘离开。具体来说，G公司董事会与首批选聘的6位职业经理人签订《职业经理人劳动合同》《职业经理人聘用合同》《年度绩效合约》《任期绩效合约》，明确双方责权利、聘期、业绩目标、合同解除或终止条件和责任追究等内容。对于年度考核在80分以下的人，如无董事会认可的正当理由，一律解聘。这些职业经理人实行任期制，3年为一个任期，聘期届满可以续聘，也可以自然解除聘任关系。

相比较某些国有企业，G公司下狠心解决了人事关系这个问题。新的职业经理人的人事档案已经转出该股份有限公司，解除了原劳动合同，新劳动合同期限与聘期一致，退休后实行社会化养老，个人人事档案转到人才中心保管。不再续聘或解聘的职业经理人，一并解除劳动合同。

第九章

职业经理人才市场

企业之间的竞争本质上是人才的竞争。职业经理人是企业的核心人才，对于增强企业活力和市场竞争力具有举足轻重的作用。优秀的职业经理人已经成为企业在人才市场中激烈争夺的宝贵财富。本章分析了中国职业经理人市场的特点、类型和功能，研究职业经理人才市场建设的参与主体、运行机制，为建立健全职业经理人才市场提供支持。

第一节　中国职业经理人才市场现状

目前职业经理人才市场融于整个大的人才市场之中，尚未形成独立的人才市场，但已经在人才供需等方面显现出一些显著特征。

一、职业经理人才需求现状

随着我国社会主义市场经济体制的不断完善，现代企业制度逐渐形成，企业对职业经理人的需求量越来越大。

（一）国有企业职业经理人需求面临突破

国有企业聘用职业经理人在过去有许多体制机制上的限制。随着公司制、股份制、混合所有制改革的不断深入，国有企业在产权制度、法人治理结构等方面均取得突破，逐步建立起较为完善的现代企业制度，克服了国有企业经理人市场化的体制障碍。国有企业由于其所有权为全民所有，国有企业经营者不是国有资产所有者，只是凭借其经营才能取得企业的经营控制权。从这个角度来分析，国有企业经营者都有可能被纳入职业经理人范畴。因此，随着国有企业市场化选聘职业经理人在体制方面障碍的破除，国有企业对职业经理人的需求将有望迎来一次“井喷”。

（二）民营企业需要职业经理人

改革开放以来，中国涌现出大批民营企业。随着企业规模的不断扩大，经营管理势必日益复杂，许多经营者越来越感到力不从心，而单纯依靠家族人力资源已很难满足企业发展的需要。引入职业经理人成为民营企业发展的客观选择。激烈的市场竞争环境，要求企业不断进行转型升级。许多民营企业经营者由于自身素质的局限，很难满足企业规范化、专业化、国际化的要求。民营企业的转型升级愿望加大了企业对职业经理人的需求。民营企业在跨越发展、转型升级、代际传承等因素的综合作用下，对职业经理人的需求将进一步加大。

（三）外资企业注重职业经理人本土化

目前，我国已成为世界吸引外资最多的国家，跨国公司竞相进入中国市场，在我国设立分公司，参与并购活动，外资企业数量不断增加，规模也不断扩大，对职业经理人的需求也在不断增长，而且外资企业聘用本土化职业经理人的趋势越来越明显。因此，随着外商在华投资企业数量和规模的不断扩大，外资企业聘用的中国职业经理人将会越来越多。

二、职业经理人的供给情况

目前人才市场上的职业经理人供给来源主要有以下几种：

（一）国有企业

一部分国有企业经营管理者，随着我国经济体制改革和企业公司制股份制改革的不断深入，主动转换身份成为职业经理人。

（二）民营企业

我国民营经济的快速发展，使其经营管理者队伍规模越来越大，素养越来越高。随着民营企业管理水平的提高和现代企业制度的建立，民营企业经理人数量持续增长且不断职业化，成为我国职业经理人才队伍中的重要力量。

（三）外资企业

外资企业是我国市场经济的重要组成部分。因其企业制度规范、管理水平高，且不断加大本土化职业经理人的比重，为我国培养了一批优秀的职业经理人才。

（四）政府机关

我国一部分政府官员，随着国家经济体制改革和政府体制改革的不断深入，凭借自身在政府部门积累的管理工作经验和培养的经营管理能力，主动转换身份，成为一名职业经理人。

（五）高校 MBA 教育

我国的 MBA 教育正在以前所未有的速度发展，把一大批具有一定工作经验、专业技能，同时渴望从事经营管理工作的人员，培养成为掌握现代经营管理技能、具有国际化视野和社会责任的管理者，成为职业经理人才队伍中的重要后备力量。

（六）双创人才

自从国务院发出“大众创业、万众创新”的号召以来，许多高校大学生或有一定专长的人积极投入到创业创新的队伍中去。在创业实践中，也会有一些创业者将企业发展成为公众公司，团队中的一些成员会成为职业经理人。

三、职业经理人才市场的供需不匹配

社会上从事经营管理工作的人员很多，愿意担当职业经理人的也很多，但能够进入职业经理人才市场流动的人才比较少。

国有企业的经营管理者大多倾向于通过本企业建立的身份转换通道，直接在本企业内部转变为职业经理人，愿意投身人才市场的人不多。

民营企业的经营管理者通常会受到血缘、地缘等纽带的限制，不愿离开熟悉的环境。一些民营企业经营管理者知识结构单一、文化素养偏低，也限制了其在人才市场上的流动空间。

外资企业经营管理者由于其人才交流常常自成体系，造成了与其他类型企业的流动性障碍。外资企业与国内企业的文化差异，也会造成国内企业雇主和外企经理人共同的“适应性”担忧。

转换身份的前政府官员和高校培养的 MBA，虽然都有自己的长处，但缺乏企业管理实战经验的短板是显而易见的。因此，他们大多可以构成职业经理人才队伍的后备力量，尚难以成为职业经理人才市场上的主力军。

根据国家工信部中小企业发展项目的调查显示，58. 75% 的企业雇主和 51. 6% 的经理人均认为目前经理人市场供不应求。从行业分布来看，制造业、批发零售业、交通运输业、房地产业、住宿和餐饮业，认为职业经理人市场供不应求的比例均超过 50% 。对于企业雇主来说，很难找到适合企业、素质能力达到企业要求、对企业忠诚度高的经理人。通过对目前兼任经理人的企业主调查显示，44. 5% 的企业主有聘用职业经理人的倾向，29. 3% 的企业主表示一定会聘用职业经理人。

目前，职业经理人市场呈现出供不应求的局面，优秀的职业经理人才尚属人才市场上的稀缺资源。若要形成足够的有效供给来匹配市场需求，需要加大职业经理人的培养力度，优化职业经理人的成长环境，才能不断输出更多合格的职业经理人。

第二节　职业经理人才市场的类型和功能

一、职业经理人才市场的含义

职业经理人才市场是职业经理人交换关系和交换场所的总和。建立职业经理人才

市场，其目的在于在遵循人才市场交易原则、组织原则和行为规则的前提下，根据市场机制，调节职业经理人供需关系，促进职业经理人的合理流动，实现职业经理人才资源的合理配置。

二、职业经理人才市场的类型

（一）有形市场

所谓“有形市场”，是指有关的社会组织和人才中介机构联合建立的职业经理人才市场，这种市场具有相应的场所、设备和服务功能。根据国家相关政策法规，相关社会组织和人才中介机构能够为职业经理人市场提供的服务主要包括以下内容：收集、整理、储存和发布职业经理人供求信息；开展职业介绍；组织职业经理人培训指导；开展职业经理人才测评；组织职业经理人才交流；开展职业经理人才推荐等。

（二）无形市场

随着国际互联网的迅猛发展，许多单位在积极探索建立职业经理人的“无形市场”。职业经理人的“无形市场”通过建立网络职业经理人服务体系，线上服务企业和职业经理人。有关机构可建立职业经理人网上服务平台，一方面公布企业用人需求，另一方面猎选职业经理人对象，为企业提供服务。

三、职业经理人才市场的主要功能

建立职业经理人才市场，有利于发挥市场在人才配置中的基础性作用，主要体现在以下几个方面。

（一）职业经理人的市场选择功能

企业通过职业经理人才市场，公开、公平、公正地选择职业经理人，相对于行政任命或家族继承是一个巨大的进步。发挥职业经理人才市场的选择功能是我国建立职业经理人制度的关键，也是建立职业经理人才市场的重要动力。

（二）促进职业经理人合理流动的功能

流动是职业经理人人力资本实现增值的客观要求。通过职业经理人才市场，企业能够引入合适的经营管理者，职业经理人能够找到发挥自己才能的舞台。职业经理人市场的规范，首先表现在职业经理人才流动的合理和规范上。

（三）职业经理人才市场激励约束功能

市场的竞争是激烈的、残酷的，它可以强制不胜任的人员退出职业经理人才市场，也可以使成功的职业经理人在名誉和经济收入等方面体现自身的价值。职业经理人才市场的隐性激励在于刺激经营者把上一期的经营绩效当作决定下一期经营收入的一个有效变量，从而超脱短期利益偏好。只要职业经理人才市场是充分竞争的，职业经理人目标与企业目标可以达到相对均衡。

第三节　加强职业经理人才市场建设

职业经理人才市场作为职业经理人交换关系和交换场所的总和，是由市场参与主体和市场运行机制等内容组成的。加强职业经理人才市场建设要从市场参与主体和市场运行机制等方面展开。

一、发挥人才市场参与主体的作用

职业经理人才市场的参与主体主要由以下四个方面组成：职业经理人、企业、中介组织、监管者。

（一）职业经理人

职业经理人是职业经理人才市场的供给者。职业经理人能力素质的高低直接影响职业经理人才市场的生存与发展。因此，职业经理人才市场必须通过市场机制，引导职业经理人努力提高自身的职业道德、职业素养、职业知识和职业能力，不断追求更好的职业业绩。职业经理人才市场通过提供一大批高素质高能力的职业经理人，满足中国企业对职业经理人的需求，才能有效地促进职业经理人才市场的良性发展。

（二）企业

企业是职业经理人才市场的需求方，是职业经理人展示能力的舞台。企业环境的好坏，直接影响职业经理人能力的发挥。因此，企业在经营管理中应逐步建立完善的现代企业制度，营造良好的经营管理环境，以便为职业经理人的引入和更好地发挥作用搭建起良好的平台。同时，在企业的培养下成长起来的职业经理人，也将成为职业经理人才市场的重要供给来源。

（三）中介组织

中介组织是职业经理人才市场提供服务和保障的机构。中介组织包括猎头公司，人才服务中心，网络招聘、人事代理、人才派遣、人才评价等方面的职业经理人人才中介服务机构。中介组织是为职业经理人才市场提供服务和保障的机构，应根据市场需求，建立各项标准体系，加强培训师队伍建设，组织好各类职业经理人培训，组织开展好考试评价工作，做好职业经理人的咨询、推荐、交流等服务保障工作，积极推进职业经理人市场化、职业化、专业化和国际化，让职业经理人在公开、公平、公正的竞争土壤和选拔环境中脱颖而出，使职业经理人做到人尽其才，才尽其用。

（四）监管者

职业经理人才市场的监管者主要是指政府。政府作为社会的管理者，担负着公共服务和监督管理职能，要充分发挥政府在职业经理人才市场指导、扶持、监督、管理等方面的作用，统筹协调好各种资源，宏观指导职业经理人才市场各项工作的开展，监督管理职业经理人才市场各项工作，为中国职业经理人才市场的良性发展保驾护航。

二、建立和完善职业经理人才市场运行机制

职业经理人才市场运行机制主要包括市场选择机制、市场流动机制、市场考评机制、激励与约束机制等。建立职业经理人才市场运行机制的目的在于为中国职业经理人才市场正常运转提供可靠的保障，促进职业经理人才资源的有效配置。

（一）职业经理人市场选择机制

职业经理人市场选择机制是指职业经理人由企业采用市场竞争的方式进行选择，而不是过去国有企业的行政任命式或民营企业的家族传承式。按照现代法人治理结构，公司董事由股东会选举产生，经理层由董事会聘任。对于竞争领域的国有独资企业而言，经理层成员应该纳入职业经理人范畴。国资部门或国有资产经营中心应该在职业经理人市场通过公开、公平竞争的方式选择职业经理人，也可通过“猎头公司”选择职业经理人。民营企业的经营者也应通过产权改革，建立现代企业制度，健全董事会，由董事会运用市场方式来选择。职业经理人也可自主选择企业，通过经理人市场找到能够发挥自己才能、实现自己抱负的平台。

（二）职业经理人市场流动机制

职业经理人市场流动机制是指通过职业经理人市场供求双向选择，形成职业经理人才合理流动。要实现职业经理人才合理流动，首先要使企业和职业经理人双方的权益得到合理保障。职业经理人自由流动不仅会造成原企业的人力资本投资损失，更重要的是可能会影响到原就职企业的市场竞争力。要实现职业经理人自由流动，一方面必须在法律上规定职业经理人人力资本归职业经理人个人所有，在满足企业人力资本投资流动补偿制度的前提下，职业经理人有自由流动的权力；另一方面要建立竞业避止制度，即采用契约方式明确职业经理人在规定时间内不准流向原企业竞争对手企业，以保护企业免受经营损失，同时在条款中也给予职业经理人一定的竞业避止补偿。

（三）职业经理人市场评价机制

职业经理人市场评价机制主要是借助市场中介机构，通过商品市场、资本市场等市场对职业经理人的经营业绩、经营能力、职业素养等进行评价，从而科学评价职业经理人的人力资本量，为有效激励和约束职业经理人提供依据。

（四）职业经理人市场价格机制

职业经理人市场价格机制指职业经理人的薪酬由市场供求决定，通过市场公平竞争来实现。通过价格信号来科学高效地配置职业经理人这一重要资源。

三、营造职业经理人才市场良好的成长环境

（一）政策法律环境

1. 明确政府职能定位

鉴于我国职业经理人才市场尚处于萌芽状态，政府部门不仅要发挥政策制订、法律监督、市场监管的作用，还应通过发布相关政策文件，充分发挥组织部门、人事部门和国有资产监督管理部门的作用，有效整合资源，推动职业经理人才市场的建立，鼓励全国、省、市各级职业经理人才市场建设，打破人才区域分割和行业、部门所有，引导职业经理人合理流动和合理配置。

2. 加快建立职业经理人才市场的相关政策法规

随着社会主义市场经济体制改革和国有企业股份制混合所有制改革的深入，中国人才市场环境已经发生了巨大的变化。然而人才市场中的立法环节一直处于滞后状态。

我国目前关于人才市场的立法较少，对人才市场的监管手段也比较单一，主要是审批和定期或不定期的检查。在新的形势下应该加强有关职业经理人才管理的法制建设，重点研究制订有关促进职业经理人流动、人事档案管理、人才争议仲裁等政策法规，积极探索符合职业经理人才市场特点的多样化监管手段，保障职业经理人才市场的规范有序运转。

3. 开展职业经理人信息库建设

我国人才市场拥有的人才信息层次普遍不高，不能满足企业对高层次人才信息的需求。推进建立职业经理人才信息库的核心是要逐步建立比较规范的、适合企业需要的职业经理人才个人职业经历、职业业绩和职业信用等方面的信息档案，掌握全面、可靠的人员情况信息，满足企业对高端经营管理人才，特别是高水平职业经理人才的需求。目前兴起的以“大数据，云计算”为代表的网络信息新技术，将有力地对职业经理人才信息库给予支撑。国务院国资委批准并由职业经理研究中心承建的“职业经理人才大数据中心”，就是在这一客观需求下产生的。

4. 充分利用国家相关扶植政策

近年来，国务院下发了业务外包有关文件，财政部和民政部也下发了政府购买服务的有关文件，积极推动有关业务外包和政府购买服务。据此，各级相关社会组织和人才中介机构，应积极申请政府购买服务项目，推进职业经理人才市场建成公共服务平台，在政策、资金等方面积极争取有关部门的支持，不断完善职业经理人才市场的服务内容，丰富服务手段。

（二）社会环境

我国的职业经理人阶层尚有待形成和发展壮大，在人才市场中也没有公开的成规模的专门的职业经理人市场。无论是企业雇主通过猎头机构选聘职业经理人，还是职业经理人选择企业，都普遍存在较大的盲目性和随意性。尽管企业需要职业经理人，职业经理人也渴望挑战新岗位，但是由于信息不对称，使得供需双方无缘见面。目前职业经理人资质评价体系和社会信用体系建设相对滞后，使得企业雇主和职业经理人在相互选择过程中都存在较大的顾虑，从而使职业经理人才流动缓慢，资源配置的效率较低。

职业化和市场化从某种意义上讲，就是要让职业经理人的经营管理才能以“人力资本”的形式，通过市场配置流动，在流动中实现价值，达到保值和增值的目的。因此，应整合全国各地人才市场资源，不断挖掘职业经理人才的新资源，开展职业经理人大数据建设，逐步形成规范化、专业化、有活力的职业经理人市场，解决供需双方信息不对称的问题，促进职业经理人才能够优化配置合理、有序地流动。使职业经理人才流动成为有进有出、能升能降的“活水”，这样才有利于中国职业经理人队伍发展壮大并充分发挥作用。

（三）市场环境

在日臻成熟的职业经理人才市场上，职业经理人的经营业绩将直接决定其薪酬水平、社会声誉及去留。建立市场选择、优胜劣汰的机制，促使优秀的职业经理人充分发挥作用，进而提高经理人员总体水平。良性的竞争压力将促使企业经理人不断努力工作，以求得更加优良的业绩。因此，创建职业经理人公平竞争的市场环境，确立参与竞争者的平等地位，将有利于促进职业经理人队伍的健康成长。

第十章

职业经理人信用体系

社会信用体系是市场经济体制中的重要制度安排。职业经理人信用体系是社会信用体系的重要组成部分。通过澄清有关职业经理人信用体系的基本认识，研究和论述建立职业经理人信用体系、开展职业经理人信用评价活动等方面内容，为职业经理人信用平台的建设和良好信用环境的营造奠定基础。

第一节　职业经理人信用体系概述

职业经理人与企业所有者之间是委托代理关系。职业经理人负责企业的日常经营管理工作，往往可能出现逆向选择和道德风险。企业要想完善法人治理结构，加强职业经理人制度建设，职业经理人信用体系建设是其中的重要内容。

一、职业经理人信用体系建设的背景和意义

（一）背景

我国从20世纪90年代开始建立社会主义市场经济，目前仍处于市场经济发展的初级阶段。聘请职业经理人是处理好所有权与经营权关系、做大做强企业的客观需要。许多企业热情呼唤职业经理人，但在短暂的“蜜月期”后，不少企业的职业经理人与企业所有者之间出现了不同程度的信用危机。解决不好“放权与放心”的问题，企业所有者与职业经理人之间的矛盾似乎难以避免。信用危机使双方面临“双输”的窘境。如何从“双输”走向“双赢”已成为摆在企业面前的一道难题。

党中央、国务院高度重视社会诚信体系建设，发布了一系列政策文件。例如《中共中央、国务院关于加强和创新社会管理的意见》提出“建立健全社会诚信制度”，《国务院关于印发社会信用体系建设规划纲要（2014—2020年）的通知》提出加强重点人群职业信用建设，推广使用职业信用报告，引导职业道德建设与行为规范，为解决职业经理人信用危机指明了方向。

（二）意义

企业是社会市场经济活动的主要参与者。企业能不能形成信誉和品牌，很大限度上取决于职业经理人的信用水平。如果职业经理人缺乏足够的信用意识，不仅对企业发展没有好处，对国家经济秩序也会有很大危害。

职业经理人信用体系，是社会信用体系建设的重要组成部分。加快职业经理人信用体系建设，建立与我国市场经济发展水平相适应的职业经理人信用体系基本框架和运行机制，是完善社会主义市场经济体制的客观需要，是整顿和规范市场经济秩序的治本之策，对增强企业雇主和职业经理人的诚信意识，营造优良信用环境，促进社会发展与文明进步具有重要意义。

二、职业经理人信用体系的基本认识

（一）职业经理人信用体系的内涵

职业经理人信用是指职业经理人在学习、生活和工作中遵守诺言，履行约定而取得他人的信任所形成的一种口碑效应。它由职业经理人个人信用行为信息构成，彰显职业经理人的可信任程度。

职业经理人信用体系是社会信用体系的一个重要组成部分，与银行信用体系具有近似或同等地位，是将职业经理人的个人信用行为记录建立成为一个可以为社会、企业和个人带来巨大方便、收益和效率，同时也能适时有效惩戒不诚信行为的系统，主要内容含有个人基本信息、教育经历、培训经历、工作经历和其他社会活动。

职业经理人信用体系建设，是以国家政策文件、法律法规、标准和契约等为依据，以广泛覆盖的职业经理人征信网络和翔实可靠的职业经理人信用记录为基础，以信用服务体系高效运营和信用信息合规使用为支撑，开展多元化的信用信息服务，营造“守信光荣、失信可耻”的舆论环境，最终的目的是提高全社会职业经理人的诚信意识和信用水平。

（二）职业经理人信用体系的主要相关者

与职业经理人信用体系相关的群体，除职业经理人自身外，还包括职业经理人所服务的企业和中介机构等。

1. 职业经理人所服务的企业

企业通过契约形式聘用职业经理人，将相关的权力、资金和部分资源，通过特定的程序和契约委托给可信赖、具有经营管理能力的职业经理人统筹使用。职业经理人是否信守契约、履行承诺，是企业最为关注的。同时，企业有不可推托的义务按照契约的实际履行情况，对所聘用的职业经理人的表现做出客观的记载与评价。这是企业信用的重要表现之一。

2. 职业经理人

职业经理人有着自己的价值追求，他们发挥自己的聪明才智、专业知识和创新精神为企业创造价值，履行雇主委托的职责，完成合同约定的任务，实现企业价值最大化的目标。这是职业经理人信用的表现。同时，企业要为职业经理人行使其约定的权力创造良好氛围，这样有利于双方突破“双输”困境，实现双赢。

3. **中介机构**

中介机构根据国家信用体系建设工作的有关方针政策，负责组织制订职业经理人信用评价指标体系和信用信息管理办法等文件，负责起草职业经理人信用评价工作计划和实施方案，组织开展职业经理人信用评价工作，负责职业经理人信用评价工作的宣传推广以及信用评价结果的推广和应用；按照职业经理人信用评价标准，向参评的职业经理人统一颁发信用等级评价报告。

第二节　职业经理人信用体系构建

一、职业经理人信用体系的基本构成

（一）职业经理人信用标准

职业经理人信用标准是指在一定范围内，由信用专业组织或专业人员研究制订，在适用范围内共同使用和共同遵守的，关于一名职业经理人信用要素和信用管理的规范性文件。

职业经理人信用标准包括职业经理人信用要素、征信途径、评价标准及方法流程、信用信息管理和应用等方面。其中，信用要素是基本内容。职业经理人的信用要素通常包括个人基本情况、职业素养、职业能力、行为规范等内容。

职业经理人信用是社会信用的重要组成部分。职业经理人信用标准应注意与社会信用体系的衔接，使职业经理人信用信息更加完善，从而提高信用信息使用的效率和效果。职业经理人信用标准的制订要科学严谨，在广泛调研的基础上，经业内专家反复论证，并通过试行逐步完善后，于全社会或某一行业领域内推广使用。

（二）职业经理人信用征集系统

职业经理人信用征集系统，由中介机构开展征信业务，以国家机关及事业单位、企业雇主、社会组织、职业经理人作为征信系统的主要信息来源，依法采集、整理、保存、加工职业经理人的信用信息，并采取合理措施保障信用信息的准确性。

根据信用信息征集对象不同，职业经理人信用信息征集系统主要包括社会信用记录、企业信用记录和职业经理人自愿申报信息 3 个渠道。

1. **社会信用记录**

社会信用记录是指职业经理人在参与社会活动中，由公检法机关、银行、学校、

行业协会等单位对职业经理人信用情况的客观记录。这部分信息通常是最为客观、真实的，但涉及个人隐私，获取信息有一定难度。信用统筹机构在组织有关单位开展征信活动或提供信用服务时，需注意要在不违反相关法律法规的前提下进行。

2. 企业信用记录

用人企业要求职业经理人承诺，接受企业对其进行信用审查和鉴定。基于用人企业和职业经理人的约定，无论在职期间或者离职时，职业经理人同意按照相应标准提供个人信用信息，配合用人企业完善个人信用记录，配合用人企业委托的第三方专业机构对其进行信用评定，并将有关信用信息提交至相关的信用统筹机构或人事档案管理机构。

3. 职业经理人申报的信用信息

职业经理人自愿申请参加职业经理人信用评价，类似参加职业技能鉴定，由其自行向信用中介机构提出个人信用评价申请，并提供有关信用记录及证明文件。信用中介机构对其信用信息进行审查核实，评定相应的信用等级，并把相关信用信息存档。

（三）信用记录系统

信用中介机构要以职业经理人信用表现为重点，建立连续的、可查询的职业经理人信用档案。

职业经理人信用档案是对职业经理人申报的以往经历（含基础信息）和服务企业履约状况进行记载，可直接反映出职业经理人的信用表现。

建立职业经理人信用档案数据库时，可运用互联网技术由所在服务企业完成职业经理人信用档案内容及相关数据的录入。借助于总库、分库、终端的有效链接，以有限查询方式实现信息共享。随着信息技术的更新与升级、职业经理人信用数据库不断完善，将逐步展现出便于记载、顺畅归类、多方位整合的功效。

（四）信用评价系统

职业经理人的信用等级高低对其职业形象和职场生命至关重要。职业经理人信用评价系统必须保证评价指标准确实用，评价方法科学合理，评价人员专业性强，经验丰富。

一般由职业经理人信用中介机构根据职业经理人信用标准，研究开发职业经理人信用评价指标体系，保证评价指标的针对性和有效性。

信用中介机构要为信用评价指标体系匹配科学的评价技术和评价方法，制订严谨规范的评价流程，提高信用评价工作的可操作性，保证信用评价工作的科学性和合理性。可采取多元指标、综合评分的技术手段，也可以采取在综合评定总分的情况下进行分项评定。例如有的职业经理人业绩信用比较差，但是有关入职、劳动合同、离职等合同履行行为的信用较好，就可以在总的等级评定基础上细分各项的信用评分。这样，对于信用信息使用者来说，不仅可以看到被评价人的整体信用状况，而且对分项的信用评分也能有所了解，有利于选择职业经理人时对比取舍。

（五）信用服务系统

建立职业经理人信用状况查询系统。现代信息技术为实现职业经理人信用状况的查询提供了便捷的条件。将咨询需求要素与信息技术结合在一起，实现多样化服务，达到信息共享，为企业了解职业经理人的信用表现提供便捷的资讯平台。

在信用服务系统中，应建立健全防范内部风险、避免利益冲突和保障信息安全的规章制度。可根据市场需求依法向客户提供方便、快捷、高效、专业化的信用服务，进一步扩展职业经理人信用报告在职业经理人选拔、培养、任用等工作中的应用。

二、建立完善职业经理人信用体系的运行机制和管理制度

运行机制和管理制度是保障职业经理人信用体系协调运转的基础，主要包括守信激励机制、失信惩戒机制、信用修复机制、信用信息分类管理制度等内容。其中，守信激励和失信惩戒机制直接作用于职业经理人的信用行为，是职业经理人信用体系运行的核心机制。

（一）运行机制

1. 守信激励机制

对于信用记录良好的职业经理人，用人企业可以在选聘、任用、培养等方面给予优先考虑；对于已聘用的职业经理人，企业可在一个考核周期内建立奖励机制，对在信用方面有良好表现的职业经理人给予表彰或奖励。信用中介机构应通过新闻媒体对信用表现优秀的职业经理人进行广泛宣传，营造守信光荣的舆论氛围。

2. 失信惩戒机制

由信用中介机构建立黑名单制度，推动企业、社会组织对职业经理人的信用进行分类监管，结合失信职业经理人的失信类别和程度，对失信者展开举报、公开谴责等惩戒措施。完善社会舆论监督机制，加强对职业经理人失信行为的披露和曝光，通过社会的道德谴责，形成震慑力，约束职业经理人的失信行为。建立跨行业、跨地区信用联合奖惩机制，通过信用信息交换共享，实现跨行业、跨地区信用奖惩联动，使失信职业经理人面临“一处失信、处处被动”的局面。

3. 信用修复机制

对于信用记录出现瑕疵的职业经理人，允许其在信用中介机构的帮助下，通过采取主动纠正失信行为的措施，恢复个人信用，通过规定的审核和评价后，获准提前解除失信行为公示，脱离职业经理人失信黑名单。

（二）管理制度

1. 信用信息分类管理制度

建立职业经理人信用信息分类管理和信用权益保护制度。制订职业经理人信用信息目录，明确信用信息分类，按照信用信息的属性，结合保护个人隐私和商业秘密，依法依规推进职业经理人信用信息在采集、共享、使用、公开等环节的分类管理。

2. 信用主体权益保护制度

信用中介机构应充分发挥市场监管、行业自律和社会监督的作用，对信用征集、评价、咨询等服务机构加以规范，加大对贩卖个人隐私和商业秘密行为的核查、惩处力度，切实保护职业经理人有关信用信息方面的权益。

3. 信用信息侵权追责制度

建立信用信息侵权追责制度，制订个人信用信息投诉的管理办法和操作细则。对职业经理人在个人信用信息方面提出的异议或投诉事宜，要按照有关规定认真积极地给予办理。对确实侵犯职业经理人信用信息权益的行为，要严肃处理；对侵犯职业经理人信用信息权益且造成实质损害的机构或个人，要依法追究相应责任。同时，通过各类媒体披露各种侵害信息主体权益的行为，强化社会的监督作用。

4. 信用信息安全管理制度

依法制订信用信息采集、整理、加工、保存、使用等方面的安全管理制度。加强信用服务机构内部信用信息安全管理。要求信用服务机构加大信用信息安全保障方面的投入，强化信息安全防护能力，形成高起点、高标准的信用信息安全保障系统。

三、营造良好的职业经理人信用环境

（一）加强教育宣传

诚信教育与诚信文化建设是引领职业经理人诚信自律、提升道德素养的重要途径之一，是职业经理人信用体系建设的重要内容。

1. 弘扬诚信文化

企业应以职业经理人为对象，以诚信宣传为手段，以诚信教育为载体，大力倡导职业经理人诚信道德规范，结合中华民族诚实守信的传统文化和现代市场经济的契约精神，逐渐形成崇尚诚信、践行诚信的风尚。深入开展诚信主题活动，突出诚信主题，营造诚信和谐的社会氛围。

2. 树立诚信典型

充分发挥媒体的宣传引导作用，结合评选职业经理人诚信模范、树立诚信典范，使职业经理人学习有榜样、追赶有目标，使诚实守信成为所有职业经理人的自觉追求。

3. 开展信用教育

以形式多样、贴近实际的宣传开展信用教育活动，普及现代市场经济的信用文化和信用意识，大力宣传职业经理人信用建设的重要意义，引导全社会关注职业经理人的信用价值。

（二）鼓励企业与职业经理人建立互信机制

1. 互信是企业和职业经理人共赢的基础

企业通过合理授权，为职业经理人施展才智创造空间；职业经理人以良好的职业道德和经营管理能力，实现承诺的阶段性目标。双方通过不断磨合，逐渐形成相互理解、相互信任的环境氛围。

2. 建立常态的沟通平台

企业所有者或董事会借助常态且相对固定的方式，将企业对职业经理人工作方式及作风的看法、职业经理人融入企业的程度、员工对职业经理人的意见建议等及时予以通报。职业经理人应自觉提高诚实守信的意识，在服务企业过程中，坚守诚实守信的理念，依照规章制度和契约为企业提供高质量的服务，工作中遇到困惑和问题，应及时反馈给企业。

3. 形成信用文化

以牢固树立诚信经营意识为重点，宣传以诚实守信为行为准则的经营理念和道德情操，建立科学完善的企业内部信用管理体系，倡导守信用的文化理念，为企业的健康发展营造和谐信任的环境，逐渐形成“守信为荣、失信为耻、无信为忧”的企业信用文化。

（三）完善职业经理人信用立法

职业经理人一旦违规或失信于企业，法律是让企业出资人讨回公道的保障。2001年发生在美国的安然事件，被认为是精心策划乃至制度化、系统化的财务造假丑闻，为了改变这一局面，美国国会和政府迅速通过了《萨班斯—奥克斯利法案》对在美国上市的公司提供了合规性要求，从而完善了有关企业内控和职业经理人信用方面的法律。

我国关于信用管理的立法制度仍然滞后，关于职业经理人的相关法律也尚不健全。各方应该加快推进立法进程，如修订完善有关公司治理的法律法规、加快完善职业经理人制度，制订落实针对职业经理人的激励与约束政策等。法律要对职业经理人的应得利益坚决给予支持，保护其合法权益；还要对职业经理人信用行为进行约束。

（四）加快职业经理人信用平台建设

职业经理人信用平台建设对于职业经理人市场的健康发展来说尤为重要。依托“互联网＋大数据”模式增加数据来源，弥补传统信用数据来源有限的缺陷，使信息来源更全面，有利于提升职业经理人信用评价的准确性。具体讲，可利用行业合作共同扩展包括信用消费记录、行业黑名单、信用出行记录等；利用社交行为数据获得包括购物支付、转账理财、人脉关系、评价信息、社交行为习惯等信息记录。建立职业经理人信用档案系统，如实记录职业经理人服务企业的信用行为，将职业经理人失信行为列入失信负面清单中，这样将有利于更好地监督、激励职业经理人，防止其做出失信行为。

职业经理人的信用关乎其职业生涯，关乎企业的品牌，关乎经济社会的发展。因此，建设职业经理人信用体系，有利于职业经理人通过牢固的信用意识、自觉的信用行为、稳定的信用预期，赢得更为广阔的才华施展空间。同时，有利于企业形成诚实守信的良好经营环境，为全社会信用体系的建设提供有力支撑。

第三节　开展职业经理人信用评价

一、职业经理人信用评价的组织管理

（一）明确职业经理人信用评价的主体

从理论上讲，职业经理人信用体系的 3 个主要参与群体即职业经理人所服务的企业、职业经理人、信用中介机构，都可以成为信用评价的主体。职业经理人所服务的企业可根据职业经理人在本企业工作期间的表现进行评价，职业经理人可以进行信用自评，但比较能够获得社会认可并被评价信息使用者广泛使用的，通常是信用中介机构组织的第三方信用评价。

（二）明确职业经理人信用评价程序和应遵循的原则

职业经理人信用中介机构应按一定程序规范开展职业经理人信用评价工作，对职业经理人各个履职阶段的信用表现做出客观评价，形成信用报告，真实反映被评价职业经理人的信用状况，并由此得出其职业生涯的信用预期。

1. 评价程序

职业经理人信用评价过程可分为以下几个阶段：

（1）准备阶段。信用评价机构要掌握职业经理人的信用标准，并为之匹配评价指标体系、评价工具和方法、评价工作团队等。

（2）实施阶段。信用中介机构接受企业所有者或职业经理人的申请，开始通过多种渠道对目标职业经理人的信用信息开展征集工作，征信过程中须遵循合法、有序的原则。征集到的信用信息须按规定记录存档。专业的信用评价工作团队会对被评价职业经理人的信用信息进行综合考量，依据职业经理人信用评价标准，对职业经理人信用状况进行评价和鉴定，并出具职业经理人信用报告。

（3）后续工作。职业经理人信用报告纳入职业经理人信用信息数据库统一存档。信用中介机构和申请方应签署保密约定。职业经理人信用报告只能在约定的范围内，向满足约定条件的信用信息使用者公开。

2. 评价原则

（1）公平公正。职业经理人信用评价须公平公正，信用中介机构根据标准，运用特定工具和方法，对职业经理人一视同仁。被评价人对征信报告有申诉权。

（2）客观真实。职业经理人信用评价必须做到客观真实，评价结果依据的信息资料要反复核实，相关资料的真实性要认真甄别，运用职业经理人信用评价指标体系，进行可量化的系统评价，避免片面性，保障客观性。

（3）持续更新。职业经理人保持良好的职业信用，是获得企业所有者认可、赢取更多就业履职机会的重要保证。但职业经理人信用评价不是一劳永逸的事情。信用中介机构应与企业、职业经理人紧密配合，坚持职业经理人信用信息实时更新，保证职业经理人信用信息的时效性，有利于促进职业经理人自觉养成不断提升自身信用水平的习惯。

（三）建立职业经理人信用评价人才队伍

专业的职业经理人信用评价人才，对于保障职业经理人信用评价的科学性和准确性来讲至关重要。因此，建设一支高水平的信用评价人才队伍是做好职业经理人信用评价工作的重要保障。

1. 组建信用评价专家队伍

职业经理人信用评价专家队伍主要由以下人员构成：社会信用专家、人力资源专家、企业文化专家、心理学专家、伦理学专家及其他相关专家；行业知名的优秀企业家或职业经理人；从事职业经理人专门研究的专家或学者等。由以上人员组成的职业经理人信用评价专家委员会，能够为职业经理人信用评价工作提供技术和智力支持。

2. 加强对信用评价工作人员的培训

信用评价工作人员应进行职业经理人信用评价工作专业培训，促进信用管理专业化队伍的形成，为职业经理人信用体系建设提供充足的人力资源保障。

二、职业经理人信用评价内容

职业经理人信用评价是指对职业经理人在职业活动中遵守和执行信用契约能力的综合评估。根据国内外各机构、专家学者们的研究成果，结合我国职业经理人信用评价现状，一般将职业经理人信用评价分为个人信用评价和职业信用评价两部分。

（一）个人信用评价

现代经济生活中，个人信用必不可少，它是整个市场经济运行的基础。个人信用关注的是职业经理人的自然人身份，即作为自然人的职业经理人的信用水平，包括在金融机构的履约记录，如信用卡及消费信贷的还款情况等；与商业机构或个人发生借贷关系形成的履约记录；与公用事业单位发生赊购关系形成的履约记录；欠缴依法应交税费的记录；其他有可能影响个人信用状况的刑事处罚、行政处罚或民事赔偿记录等。如果某位职业经理人作为自然人的信用水平都不容乐观，那他作为职业经理人的信用水平也就可想而知了。可以说，个人信用是职业经理人信用的基础。实现对个人信用的有效评价，需要第三方平台与相关资信平台建立紧密的合作关系作为支撑。

（二）职业信用评价

职业信用评价是指职业经理人在履行职务行为过程中的信用记录及评估。企业雇主十分重视职业经理人的职业道德、职业能力和以往任职记录。

企业雇主认为职业道德良好的职业经理人，会做出符合社会道德规范的经营决策，会在经营活动中坚持自己的职业操守。职业道德指标包括恪守诚信、公正履职、社会责任和竞业避止等。

职业信用类因素不但包括职业经理人职业道德因素，而且包括企业委托人更为关注的职业能力。职业经理人与雇主之间信任建立的基础是职业经理人的职业能力，职业能力是职场人士胜任工作的基本条件。职业经理人的职业能力决定了其能否承担起某项工作任务。

职业经理人在应聘工作时，企业很看重职业经理人过往任职的记录。过往任职记录包括职业合同履约率、跳槽频繁度、离职不检行为、劳动纠纷记录和360度评价等。有些企业雇主在选择聘用职业经理人前会进行背景调查，对候选人的“上级、下级、平级、原单位其他相关部门以及候选人以往的部分客户等”进行全方位360度的调查，了解职业经理人在以往供职企业的职业操守状况，尤其会对职业经理人任职期间是否有过渎职、失职等任职不良记录进行调查。

目前，在我国除个人信用是由现有的主流征信方式来提供信息和资料之外，尚没有专门的征信机构可以提供与职业经理人特殊身份紧密关联的职业信用的数据和信息。社会各界普遍希望由专业机构开展的职业经理人才大数据中心来提供职业信用的信息和数据。

某互联网平台创始人认为，电子商务世界与现实的商务世界是一样的，唯一不同的只有工具，无论在线上还是线下，商务交易都必须可信。电子商务进行到一定阶段，职业经理人就会遇到门槛，那就是社会诚信体系。电子商务是在虚拟的网络平台中进行的，如果没有诚信，最后就做不成生意。诚信是中国优秀的传统品德，是中国商人最崇尚的道德信条，也是职业经理人得以发迹和发展的基础。但这种大智慧不是靠说出来的，而是需要靠实实在在的“言出必行”来支撑，它体现在点点滴滴的细节里，必须依靠实际行动才能证明。

“诚信绝不是一种销售模式，更不是一种空洞的理念，它是实实在在的细节。职业经理人诚信的建立是一个漫长的过程，诚信建立起来后需要进行维护，并建立相应的企业制度予以保障和控制。让诚信的网商富起来。在这个体系里，我们不需要抵押，我们需要信用；我们不需要关心，我们需要信用；我们不需要你挣多少钱，我们需要你踏踏实实为客户服务。

“让信用等于财富，就意味着在该互联网商业服务平台上面，每一个好评，每一个差评，对每个卖家来说都很重要。这样，信用体系才能逐渐建立。一个诚信的人，一定会得到丰厚的回报，因为他得到了人心，得人心者得天下，得人心者也能得到天下的财富。”这家互联网平台的创始人如是说。

第十一章

职业经理人标准

标准化是现代社会化大生产的必要条件，标准是实现科学管理的重要基础。建立职业经理人标准，有利于引导经理人持续提升职业素养和能力，不断促进经理人的职业化。通过分析职业经理人标准的基本内涵，对职业经理人标准的相关内容进行解析，为职业经理人标准体系的建设及应用提供支持。

第一节　职业经理人标准的作用及分类

一、职业经理人标准建立的背景和意义

（一）背景

中国加入世界贸易组织以来，国际市场竞争日趋激烈。随着经济转型发展和企业改革的不断深化，完善现代企业制度，优化法人治理结构，推行职业经理人制度，推进职业经理人队伍建设已经成为企业治理中的热点问题。随着国家经济结构的战略性调整，企业在科技创新和产业升级方面的要求越来越高，必然需要有相应的高水平的职业经理人管理团队以适应新的形势。

改革开放之初，国内的职业经理人大多具有国外留学或任职外企的经历，他们为中国企业带来了先进的理念和管理经验，为国家的产业结构调整、企业的健康持续发展做出了贡献。然而，中国企业引入职业经理人的 20 年是曲折的。企业家与职业经理人的相处是从质疑排斥、缺乏信任逐渐过渡到互相理解、共同合作的，早期能够真正融于国有企业和民营企业的职业经理人很少。

经济形势的发展，企业家的战略眼光和观念的转变，促使越来越多的企业积极引入职业经理人，这给职业经理人提供了机遇和发展的平台。随着国有企业混合所有制改革和股份制改革的不断深入，不只是非公有制企业的经理人，许多国有企业的领导也渴望转型为职业经理人，职业经理求职人群队伍正在不断扩大。那么，如何科学地选拔、任用、培养、评价职业经理人？许多想要引入职业经理人的企业迫切需要一套实用、易操作、可资借鉴的职业经理人标准。

《中共中央国务院关于进一步加强人才工作的决定》中指出，要树立科学人才观，以品德、知识、能力和业绩为衡量人才的主要标准。中共中央印发的《国家中长期人才发展规划纲要（2010—2020 年）》中提出“建立以岗位职责要求为基础，以品德、能力和业绩为导向，科学化、社会化的人才评价发现机制。完善人才评价标准”。在这些政策文件指引下，许多企事业单位、社会团体都在本行业、本专业领域甚至本企业内部积极进行职业经理人标准方面的探索和实践。

（二）意义

按照职业经理人标准建设一支高水平的职业经理人队伍，以适应国家经济建设、

企业转型升级以及构建和谐社会的需要，是贯彻落实党和国家的人才强国战略的具体行动，对于我国企业建立完善公司治理结构，持续提高企业经营管理水平和国际市场竞争能力具有重要意义。

职业经理人标准的构建有利于企业对职业经理人进行甄选识别，形成优胜劣汰的竞争机制，有利于优秀职业经理人的脱颖而出，推动职业经理人专业化和市场化的进程。

职业经理人标准要求职业经理人工作状态及行为的职业化和专业化，要准确地扮演好自己的角色，优质高效地完成工作目标。这些要求的贯彻落实，有利于企业经营绩效的持续改进和经营管理水平的不断提高。

职业经理人可自觉与标准中的具体条例进行对照，逐渐向国际优秀职业经理人标准看齐，同时了解企业的真正需求，发挥优势，查找不足，逐步成长，不断提升自身的水平。

职业经理人标准将有助于按照市场经济的要求，促进管理者和企业共同发展，为职业经理人搭建信息平台，有利于优化职业经理人市场的流通，推进职业经理人市场化进程，培育和发展我国职业经理人市场，建立和完善职业经理人市场体系，从而营造促使职业经理人阶层形成和发展的良好环境，为企业提供更充足的人才资源。

二、职业经理人标准的类别

（一）按适用范围分类

职业经理人标准，根据适用范围的不同，可分为国家标准、行业标准、地方标准、团体标准、企业标准。

对满足基础通用、与强制性国家标准配套、对各有关行业起引领作用等需要的技术要求，可以制定推荐性国家标准。推荐性国家标准由国务院标准化行政主管部门制定。目前已经发布的四项职业经理人国家标准《职业经理人相关术语》《职业经理人考试测评》《职业经理人通用考评要素》《职业经理人培训规范》，是由全国职业经理人考试测评标准化技术委员会归口，由国家标准化管理委员会颁布，在全国范围实施的国家标准。

对没有推荐性国家标准、需要在全国某个行业范围内统一的技术要求，可以制定行业标准。行业标准由国务院有关行政主管部门制定，报国务院标准化行政主管部门备案。例如《药品流通行业职业经理人标准》就是由中国医药商业协会和职业经理研究中心等联合起草，由全国职业经理人考试测评标准化技术委员会归口，由国家商务部批准发布，于 2012 年 12 月 1 日正式开始实施。

为满足地方自然条件、风俗习惯等特殊技术要求，可以制定地方标准。地方标准由省、自治区、直辖市人民政府标准化行政主管部门制定。例如原上海市劳动和社会保障局发布的《职业经理人职业标准（试行）》就是职业经理人地方标准。

国家鼓励学会、协会、商会、联合会、产业技术联盟等社会团体协调相关市场主体共同制定满足市场和创新需要的团体标准，由本团体成员约定采用或者按照本团体的规定供社会自愿采用。国务院标准化行政主管部门会同国务院有关行政主管部门对团体标准的制定进行规范、引导和监督。

企业可以根据需要自行制定企业标准，或者与其他企业联合制定企业标准。国家支持在重要行业、战略性新兴产业、关键共性技术等领域利用自主创新技术制定团体标准、企业标准。

（二）按标准化对象分类

根据标准化对象的不同，职业经理人标准体系可分为技术标准、管理标准和工作标准三大类。以职业经理人四项国家标准为例，《职业经理人相关术语》属于管理标准类，《职业经理人通用考评要素》属于技术标准类，《职业经理人考试测评》和《职业经理人培训规范》属于工作标准类。技术标准的作用是采用定量或定性分析的方法，明确标准化对象可以科学度量的技术指标及参数。管理标准的作用是保证技术标准的实施；工作标准的作用是保证管理标准和技术标准的实现。

1. 技术标准

技术标准是指对职业经理人标准化领域内需要统一协调的技术事项所制定的标准。目前已经建立的职业经理人技术标准，比较有代表性的就是职业经理人国家标准中的《职业经理人通用考评要素》。

该标准从职业道德、职业素养、职业知识、职业通用能力方面，规定了职业经理人通用考评要素的内容。适用于各类企业职业经理人通用考评及培训等相关工作。

2. 管理标准

管理标准是指对职业经理人标准化领域内需要统一协调的管理事项所制定的标准。目前已经建立的职业经理人管理标准，比较有代表性的就是职业经理人国家标准中的《职业经理人相关术语》。

《职业经理人相关术语》规定了与企业职业经理人相关的基础术语、考试测评术语和培训术语，适用于企业职业经理人考试测评和培训等方面的管理工作。主要包括基础术语、考试测评术语和培训术语等内容。

3. 工作标准

工作标准是指对职业经理人标准化领域内需要统一协调的工作事项所制定的标准。

目前已经建立的职业经理人工作标准，比较有代表性的就是职业经理人国家标准中的《职业经理人考试测评》和《职业经理人培训规范》。

（1）《职业经理人考试测评》规定了职业经理人考试测评工作的原则、对象、内容、工具、流程以及工作人员等方面的要求。本标准适用于从事职业经理人考评的各类机构。企业经营管理人员内部考评可参照使用。

（2）《职业经理人培训规范》规定了职业经理人培训内容、培训教材、培训机构、培训师、培训组织、培训评估、培训管理等方面的内容。适用于各类企业职业经理人培训。

第二节　职业经理人标准解析

职业经理人标准对职业经理人标准化领域内需要统一协调的技术事项、管理事项和工作事项做出了相应的规定。但在开展职业经理人的甄选、培训、评价等活动时，需要将标准的内容转化为可用于实际操作的具体评价指标，引导和规范职业经理人的甄选、培训和评价等工作。因此，需要建立职业经理人评价指标体系。

职业经理人评价指标体系，是依据职业经理人国家标准中的有关规定，结合我国职业经理人甄别、选拔、培训、评价等工作的实际需要，遵循科学性、适用性和可操作性的原则而建立的。为了使该体系能够在职业经理人培训、评价等实践活动中得到有效、合理地使用，现针对职业经理人标准中的主要考评要素，分析其标准化指标的内涵。

一、职业道德

职业道德是职业内在的规范与要求，是在职业活动中表现出来的品德，是人才选用的重要标准。大量的企业调研资料显示，企业雇主、出资人都十分重视职业经理人的职业道德。职业道德是指在职场中应遵循的道德规范和职业行为规范，包括恪守诚信、公正履职、社会责任、竞业避止等要素。

（一）恪守诚信

这是职业道德的一项重要内容，也是经营活动中法律化、制度化的要求。西方管理学侧重于信用制度、合同承诺意义上的“守信”，中国人则从理念和实践的结合上，更注重其道德规范的内涵和功能。对职业经理人来讲，“守信”既是一种履行承诺的道德自觉，也是一种遵循信用制度的法律自觉；是树立自身信誉人格，进而塑造企业信誉形象，增强企业内部凝聚力和社会信用度的重要保证。

管理大师彼得·德鲁克在《管理的实践》中提到“未来管理者”的新要求时，曾断言“诚实正直的品格最重要”。因为“管理者不只通过知识、能力和技巧来领导部属，同时也通过愿景、勇气、责任感和诚实正直的品格来领导”。当管理者面对社会文化意义上的现代人和企业知识工作者时，诚信品质尤为重要。对职业经理人来讲，如果能够在人际交往中做到坦诚相待、及时兑现自己的承诺，就可以获得信赖和支持，诚信品质对企业和自身发展来说都是至关重要的。

凡是具有百年历史，保持基业常青的中国老字号企业，如同仁堂、六必居、张一元等，它们的企业文化中都拥有“诚信”的理念。可见，“诚信”对于一个企业的长远发展来讲是非常重要的。

恪守诚信的标准化定义为：忠于企业、信守合同、依法纳税、取信于客户和员工；讲求信誉、兑现承诺、维护企业和消费者利益。

（二）公正履职

公正有平等、对等的价值内涵，它是人们所希望的社会、群体、他人对待自己的态度，也是自己对社会、群体和他人所应遵循的行为规范。进一步讲，公正也包含品行端正、作风严谨的意思。在企业中，公正表现为对待同事和下属一视同仁，尊重个性化差异，能够正确处理个人利益和企业利益之间的冲突。可以说，公正是职业经理人的立身履职之本，公正影响着履职的结果，公正需要遵循一定的标准，需做到合情、合理、合法，职业经理人要以公正的态度对待和处理企业的利益分配，才能有助于提高管理团队和员工的凝聚力及工作积极性。

公正履职的标准化定义为：秉公办事、执行制度一视同仁；恪尽职守、履行与企业达成的契约。

（三）社会责任

1924 年，著名学者谢尔顿在其著作《管理哲学》（*The Philosophy of Management*）中就提出了公司社会责任的概念。从可查阅的资料获知，这是迄今为止对公司社会责任的最早描述。他把公司社会责任与公司经营者满足产业内外各种人类需要的责任联系起来，并认为公司社会责任含有道德因素。由此可见，社会责任已经成为职业经理人乃至整个企业的重要职业道德内容，是企业价值观和职业经理人道德水平的表现。

国际标准化组织（ISO）于 2010 年 11 月 1 日正式发布 ISO 26000《社会责任指南》。社会责任涉及社会、政治、经济、文化、法律、宗教、伦理道德等各个方面，对社会、经济和环境的可持续发展具有重要影响。在尊重多样性和差异性原则的前提下，ISO 26000 的主要技术内容强调组织遵纪守法、尊重人权、关心员工、保护消费者、热心社会公益、关爱环境，为社会、经济和环境的可持续发展做贡献等。这对于我国当前转变经济增长方式、实现经济、社会又好又快发展具有现实意义。

社会责任的标准化定义为：注重服务质量，保护消费者权益和安全；为员工提供良好的工作环境和发展机会，维护员工的合法权益；促进企业发展，增加就业机会；注重节能减排，保护生态环境；参与社会公益事业。

（四）竞业避止

许多国家将“义务禁止”的内容列到《公司法》中，作为企业决策层、管理层各类人员的重要义务之一。《中华人民共和国公司法》第二十一条规定：“公司的控股股东、实际控制人、董事、监事、高级管理人员不得利用其关联关系损害公司利益。”第一百四十八条规定，董事和高级管理人员不得“利用职务便利为自己或者其他人谋取属于公司的商业机会，自营或者为他人经营与所任职公司同类的业务”。

《中华人民共和国劳动合同法》第二十三条规定：“用人单位与劳动者可以在劳动合同中约定保守用人单位的商业秘密和与知识产权相关的保密事项”“对负有保密义务的劳动者，用人单位可以在劳动合同或者保密协议中与劳动者约定竞业限制条款，并约定在解除或者终止劳动合同后，在竞业限制期限内按月给予劳动者经济补偿。劳动者违反竞业限制约定的，应当按照约定向用人单位支付违约金”。第二十四条规定：“竞业限制的人员限于用人单位的高级管理人员、高级技术人员和其他负有保密义务的人员。竞业限制的范围、地域、期限由用人单位与劳动者约定，竞业限制的约定不得违反法律、法规的规定。”

由于职业经理人能否履行竞业避止义务，往往涉及公司“商业机密”等根本利益，所以许多企业在自己的“章程”以及聘用经理人时签订的“代理契约”中都列有相关条文，规定职业经理人“竞业避止义务”的内容。可见，“竞业避止”虽以“义务”的身份作为规定，但实际上，它涉及道德准则方面的内容，尤其是在如今企业竞争加剧的大环境下，保守商业机密显得尤为重要。对“竞业避止”的要求，一方面能够维持市场良好的竞争秩序，另一方面能够增强企业的核心竞争力。

竞业避止的标准化定义为：严守商业秘密，尊重知识产权；依据与企业订立的契约回避同业竞争。

二、职业素养

美国著名心理学家麦克利兰的能力素质冰山模型显示，职业素养作为“水面以下的部分”，包括动机、品质、态度、价值观、自我认知与社会角色等，代表着个人的可造就性或潜力，也是左右个人行为和影响工作绩效的主要内在因素。一项互联网职位招聘信息调查显示，有95%的被调查企业在招聘中对某些职位的经理人提出了职业素养方面的要求。总体来看，这些要求与职位性质、职位高低没有直接的关系，体现了企业在招聘中对职业经理人职业素养普遍的重视。

职业素养是指在职场中应具有的人格特征和通过培养达到的行为养成，包括合规经营、协作共赢、直面挑战、国际视野等要素。

（一）合规经营

“合规”原意为“遵守、服从”。自20世纪90年代以来，在我国商业银行监督管理工作中，“合规”一词被经常使用，但对其概念的理解多数是表面化的，一般理解为：银行及其分支机构的经营管理行为必须符合银行总行制定的规章制度，不符合规定就是违规。

我们这里所说的“合规”，不特别针对金融行业。“合规”强调遵守规则，包括国际贸易的法规和惯例，也反映了自律、守信的因素。“合规经营”的目的是为企业防范经营风险，保持行业企业经营发展的正常秩序。

“合规经营”的标准化定义为：遵守法律法规，公平竞争；遵守企业章程及管理制度，自律守节。

（二）协作共赢

“协作”是指双方互相配合，以共同完成某项任务，是一种优势互补和信息共享；“共赢”是指合作双方或多方能够共同获得利益，是协作所达成的结果。协作共赢是市场经济发展的内在要求，是团队精神的高度体现。职业经理人需要具备协作共赢素养，发挥协作力量，才能激发出集体参与精神，帮助企业赢得胜利。

“协作共赢”的标准化定义为：具有协作精神，从企业利益出发，达成利益相关方的共同目标，使多方受益。

（三）直面挑战

“直面挑战”指的是在困难或挑战面前，能够不懈地探求解决问题的途径，承担压力，但不会因此降低工作效率，体现了一种拼搏向上、积极进取的精神。在职场中，存在各种各样的压力和挑战，而职业经理人必须能够勇于面对，不逃避，并努力冲破困难，取得最终成功。直面挑战是在竞争激烈的市场背景下，企业需要的一种重要的职业素养。

“直面挑战”的标准化定义为：面对压力，果敢自信；面对困难，采取积极合理的方式争取成功。

（四）国际视野

随着全球经济一体化的推进，国内市场与国外市场的边界几乎已经不存在，世界各国之间的经济联系日益密切，人才流动开始呈现国际化态势。国际视野是参与国际竞争的必要素养，参与对外贸易的企业对职业经理人的国际理念和思维非常重视。实际上，“国际视野”是经济学术语，也就是国际眼光或者国际视角，不自闭或只看重眼前利益，能够站在全球角度上观察经济运行，具有远见，善于捕捉和利用各种有价值的信息，从而为企业的发展服务。

具有国际视野，有利于培养全球化思考能力与策略化思考能力，善于在全球背景下思维、多因素复合思考。具有国际视野的职业经理人能在全球竞争环境中工作，利用从全球价值链中学到的知识，有效应用。这种能力是公司不断保持竞争优势的源泉。可见，具有国际视野是培养国际思维能力的前提。

“国际视野”的标准化定义为：以世界贸易角度观察市场运行和企业发展，确定与调整企业发展战略和经营布局。

三、职业知识

知识经济时代，优秀的职业经理人必须具备创造性和复合型的知识结构。复合型知识结构的特点是既有精深的专业知识，又有扎实的基础知识和宽广的知识面。

职业知识是指从事某种职业或担任某种岗位所需要掌握的理论和实践知识。职业经理人的职业知识包括战略管理、市场营销、生产管理、财务金融、人力资源管理等要素。

（一）战略管理

加拿大麦吉尔大学的明兹伯格教授在对以往战略理论进行梳理和深入研究的基础上，将人们对战略的各种定义概括为 5 个方面：①战略是计谋，是威胁和战胜竞争者的计策和谋略；②战略是计划，是有意识的、正式的、有预计的行动程序；③战略是模式，是企业在一段时期内采取的一系列行为规范；④战略是定位，是在企业的环境中找到一个有利于企业生存和发展的“位置”；⑤战略是观念，是深藏于企业内部、企业领导头脑中的感知世界的方式。

“企业战略”是指企业为求得持久的竞争优势和发展而进行的总体筹划。它围绕企业发展方向和所要实现的目标，优化资源配置，并设计与此相适应的经营管理体制，企业的战略要通过战略规划设计来实现。战略管理是指企业确定其使命，根据组织外部环境和内部条件而采取的一系列长期发展决策及其实施活动。

“战略管理”的标准化定义为：企业或组织为有效规划和执行战略所必需的知识，包括战略分析、战略选择、战略执行、战略控制与反馈几部分内容。“战略管理”不只是一项新的管理思想和管理方法，也是一个不间断的动态管理过程。

（二）市场营销

目前，关于“市场营销”（Marketing），比较权威的定义是美国市场营销协会提出来的：“营销是创造、沟通与传送价值给顾客，以及经营顾客关系以便让组织与其利益关系人受益的一种组织功能与程序。”另外，我国学者郭国庆教授博采众长，为“市场营销”下了一个新定义：市场营销既是一种组织职能，也是为了组织自身及利益相关者的利益而创造、传播、传递客户价值，管理客户关系的一系列过程。

对职业经理人而言，“市场营销”的标准化定义为：企业为计划、执行商品和服务销售、传递价值等活动所必需的知识，包括市场调研分析、营销战略、营销策略、营销组织与控制、营销的应用与创新。其中，营销策略是重点内容，体现了市场营销活动的精髓。职业经理人作为管理者，应该通过掌握市场营销的知识来组织实施和控制市场营销活动。

（三）生产管理

企业作为一种社会组织，生产性是其最重要的属性，也是企业区别于其他相关社会组织的主要特征之一。所谓生产性是指企业具有“将资源组织起来，依据特定需求转化成具有使用价值的消费品的过程”。生产管理是现代企业管理中的一项重要内容，它是对企业生产系统的设置和运行的各项管理工作的总称。生产管理涵盖的内容很广，主要包括生产组织、生产计划工作、生产控制工作等方面。

“生产管理”的标准化定义为：与企业生产运作相关的一系列管理知识，包括生产与运作计划、计划信息系统、物资管理、质量管理、工期管理、作业成本管理、设备管理、供应链管理等。只有掌握了生产管理的相关知识，职业经理人才能带领员工共同提高企业的技术创新和经营管理能力。

（四）财务金融

财务是在物质资料再生产过程中客观存在的资金运动及资金运动过程中所体现的经济关系。财务管理是企业管理的一个组成部分，是根据财经法规制度，按照财务管理的原则，组织企业财务活动，处理财务关系的一项经济管理工作。金融涉及的面比较广，是货币流通和信用活动以及与之相联系的经济活动的总称。广义的金融泛指一切与信用货币的发行、保管、兑换、结算、融通有关的经济活动，甚至包括金银的买卖；狭义的金融专指信用货币的融通。

"财务金融"的标准化定义为：为企业理财服务所必备的知识，涉及财务分析、预算、控制，资产的购置、融资和管理，金融产品的投资与风险控制等内容。

（五）人力资源管理

人力资源管理是指对人力资源进行有效开发、合理配置、充分利用和科学管理的制度、法令、程序和方法的总和。它贯穿于人力资源的整个运动过程中，包括人力资源的预测与规划，工作分析与设计，人力资源的维护与成本核算，人员的甄选录用、合理配置和使用，还包括对人员的智力开发、教育培训、调动人的工作积极性、提高人的科学文化素质和思想道德觉悟等，旨在满足组织当前及未来发展的需要，保证组织目标实现与成员发展的最大化。

"人力资源管理"的标准化定义为：从事企业人力资源管理工作所必须掌握的理论知识和实务操作知识，包括人力资源计划、招聘、考核、薪酬、培训、劳动关系等方面的知识。考查职业经理人的人力资源管理知识也是检验其领导能力的重要因素之一。

四、职业通用能力

能力是职业经理人解决问题的本领，是职业经理人素质的外在表现。一项企业经理人招聘情况的调查显示，有 92% 的被调查企业在招聘信息中对某些职位的经理人提出了职业能力方面的要求，这些要求与职位性质、职位高低有直接的关系。同时，许多经理人也把职业能力看作提升个人价值的最重要因素。

职业能力是指在职场中有效完成各类活动的心理特征总和。职业通用能力是指从事职业活动时，各个职位具有的不同程度近似性要求的主要能力。职业经理人的职业通用能力包括团队领导能力、经营决策能力、风险管控能力、变革创新能力、沟通协调能力、目标执行能力等。

（一）团队领导能力

团队领导的能力是组织成员在实现企业目标过程中的协同能力。团队领导在很大程度上强调团队的建设，然后根据团队发展的水平来评估自己的绩效。因此，团队领导能力主要表现在管理者为其所在团队设立绩效目标，在更宽泛的组织层面维护所在团队的利益，并为团队争取所需要的资源。

团队领导力的具体表现主要有：远见卓识、统领全局、有效管理、善于授权、精于沟通、有效激励、持续发展、重在创新、品格魅力、潜移默化等。团队领导能力表现为一种合力，是一个团队显示出来的整体能力，是通过后天培养的。职业经理人可以通过卓越的行为体现领导者职能，充分发挥团队优势。

“团队领导能力”的标准化定义为：率领和引导团队成员完成任务，实现发展目标的能力。

（二）经营决策能力

哈佛商学院认为，企业成败主要取决于决策和管理两大因素，其中决策因素占80%，管理因素占20%。经营决策是指企业对未来经营发展的目标及实现目标的战略或手段进行最佳选择的过程。经营决策的内容包括产品决策、价格决策、渠道决策、促销决策、目标市场决策等。经营决策能力的关键点在于，对多个可行方案的分析和判断能力，做决定的果断性和冒险意识，其目的是要做出有利于推进工作的明确决定。决策的正确与否，直接关系到企业的兴衰成败和生存发展。

“经营决策能力”的标准化定义为：在经营管理活动中进行分析、比较、综合和优化选择的能力。

（三）风险管控能力

“风险”在企业中意味着“潜在的危机”，对企业声誉、经营活动和内部管理会造成巨大压力和负面影响。风险管控是指采取各种措施和方法，消灭或减少风险事件发生的各种可能性，或者减少风险事件发生时造成的损失。风险管控的4种基本方法是风险回避、损失控制、风险转移和风险保留。当今市场竞争激烈，企业内外环境中不确定性因素剧增，管理者需要时时关注并采取措施化解潜在的风险，保证企业能够正常运转。风险管控包含：直觉、敏锐、冷静、思考、果断、快速等元素。

“风险管控能力”的标准化定义为：预测企业遭受的损失、伤害及面临的不利因素，制订预案，以最低成本达到预定目标的能力。

（四）变革创新能力

现代科学技术日新月异，信息瞬息万变，职业经理人作为企业的中高层管理者，也在从事着创造性的活动。这种创造性活动需要经理人具有不断进取的变革创新能力。变革创新要求不受陈规和以往经验的束缚，不断改进工作方法，以适应新观念、新形势发展的需要，具体表现为：①开放性，对信息持开放的心态，密切关注业内外的新动态和新发展；②挑战传统，敢于质疑传统和常识，能够提出与众不同的观点、见解和方法；③敢于冒险，敢于承担风险去制订新政策、采取新措施和尝试新方法；④危机意识，对潜在的危机较敏感，努力通过自身不断革新和发展，积极应对未来的挑战；⑤鼓励创新，积极营造创新氛围，对新观点、新方法的提出表示欢迎和赞同。变革创新的关键点在于提出实用的新思路并运用到工作中，敢于尝试、创造新概念、挑战原有的做法。

"变革创新能力"的标准化定义为：捕捉新事物，提出新设想，形成新方案，取得新成效的能力。

（五）沟通协调能力

沟通协调能力主要是指妥善处理内外部的人际关系，促成相互理解，获得支持与配合的能力。沟通协调的具体表现为：①积极沟通，重视且乐于沟通，愿意与人建立联系，在遇到沟通障碍时，能够以积极心态和不懈的努力对待冲突和矛盾，而不是强权或回避；②换位思考，能够打破以自我为中心的思维模式，尝试从对方的角度和立场考虑问题，体察对方感受，促进相互理解；③及时反馈，重视信息的分享，用心倾听各方意见，并根据实际情况及时做出调整和回应；④机制保证，能够有意识地在组织中搭建沟通平台，通过机制建设确保沟通渠道的顺畅。

"沟通协调能力"的标准化定义为：与他人或组织进行信息传递和交流，使各方观点或行为达成一致的能力。

（六）目标执行能力

目标执行是指为确保战略计划的达成，通过采用创新性的、严格规范的管理行为，高效率地实施计划，从而取得成果。执行力的三个特点是承诺的分量、为最终的胜利全力以赴的自我要求、不达目的永不放弃的决心。执行力的内涵包括执行人的自觉意志、执行要求的领悟、执行过程的传导与控制、执行中的组织协调与调整纠偏、执行人行为准则等项内容。职业经理人在目标执行过程中，需要对组织战略、组织结构等形成深刻的认知，高效组织各类资源，对工作进行分工，善于预见障碍并制订和实施克服障碍的计划，合理安排时间与资源，进行适当监控和指导，确保在规定时限内以较低的投入高质量地完成任务，并对方案计划的执行效果进行跟踪、反馈和改进。

"目标执行能力"的标准化定义为：按照岗位责任和计划，采取措施，完成预定目标的实施能力。

第十二章
职业经理人培养与社会化评价

职业经理人的成长途径主要包括企业内部培养和外部培养两个方面。本章通过从社会层面探讨职业经理人培养，并重点研究切实发挥社会化评价的引导和规范作用，以促进中国职业经理人队伍的成长壮大。

第一节　中国职业经理人培养与社会化评价主要情况

职业经理人是市场经济和企业发展的客观需要。国家在各个阶段陆续出台了一系列政策文件来推动职业经理人才队伍建设。例如，2002 年 5 月中共中央办公厅、国务院办公厅印发《2002—2005 年全国人才队伍建设规划纲要》提出："建设一支职业经理人队伍，逐步实行职业资格制度。"2003 年 12 月印发的《中共中央国务院关于进一步加强人才工作的决定》提出："企业经营管理人才的评价重在市场和出资人认可。"2010 年出台的《国家中长期人才发展规划纲要（2010—2020 年）》提出："以战略企业家和职业经理人为重点，加快推进企业经营管理人才职业化、市场化、专业化和国际化。"随着这些政策文件的出台，许多企事业单位、社会团体都积极参与到培养职业经理人的工作中，一度在社会上掀起了职业经理人资质培训、评价、认证的新热潮，有力促进了我国经理人职业化水平和企业经营管理水平的提高。然而，在取得一定成绩的同时，也出现了不少问题。

一、职业经理人培养机构规模和水平参差不齐

国内许多知名高校推出 MBA/EMBA 教育，为企业培养高端经营管理人才，具有较高知名度和美誉度，但职业经理人培养不是其重心。许多全国性行业组织围绕行业特点开展本行业职业经理人的培训、评价和认证，但具有以发证为目的的局限。地方职业经理人协会会在本区域内开展职业经理人相关的活动，但普遍规模不大，影响力较弱。此外还有一些培训机构从事职业经理人培训、评价和认证活动，但单纯的牟利诉求导致一些不规范的现象时有发生。

二、职业经理人国家标准的应用有待进一步加强

各职业经理人培养机构按照自己对职业经理人的理解开展培训、评价、认证等活动，培养工作的针对性、有效性和评价认证工作的科学性、规范性都难以保证。目前国家标准化委员会已经颁布了四项有关职业经理人的国家标准。但许多机构缺乏对职业经理人国家标准的了解和认识，在实际工作中对国家标准的应用很不到位。加强国家标准的宣传，使其在职业经理人培养工作中发挥引导、规范的作用，是目前迫切需要做好的重点工作之一。

三、培养方式有待改进

目前学院派的培训师仍为培训师行业的主流，通过课堂讲授方式进行系统的管理理论知识培训是其长项，实践案例的深刻剖析和实战经验的传递分享是其短板，讲大课仍是主要的培训形式。提升经理人职业素质能力的效果不太理想，情景模拟、实地考察、实战导师等方式的应用并不广泛。被国外广泛认可的案例教学，其使用范围和探析深度都不到位。培训内容的设置随意性也较强，国家标准中提及的若干能力素养的指标，虽已在一些机构的培训中有所体现，但目前还并不具有普遍性。开展通用能力培训的机构与开展专业能力培训的机构之间也有衔接不顺畅、“两张皮”的现象存在。

四、职业经理人社会化评价尚需规范

目前社会上开展职业经理人评价的机构很多，它们同时会颁发各种职业经理人证书。但由于许多机构不重视、不应用职业经理人国家标准，导致社会化评价活动中缺乏统一的评价标准和科学的测评方法，这令评价在职业经理人的甄别、选拔和任用中发挥的作用非常有限，认证也仅仅是颁发证书，对职业经理人的职业发展作用不大，在提高认证经理人上岗率和提职率方面作用不明显。一些机构单纯以赢利为目的，不遵守“考培分离”的原则，将培训和评价工作混为一谈，评价和认证都是轰轰烈烈地走形式，做表面文章，甚至有些机构出现“花钱买证”的现象，严重扰乱了职业经理人社会化评价的市场环境。

第二节　国外职业经理人培养与评价的主要情况

在职业经理人才队伍基础较为薄弱、成长环境不甚理想的条件下，如何做好职业经理人的培养工作呢？我们不妨先借鉴一下经济发达国家职业经理人培养的经验。

一、美国

美国主要通过高校建立工商管理学科培训职业经理人。最具代表性的职业教育培训机构是哈佛商学院，它已成为美国极大、极具名望、极有权威的院校，是一所世界公认的职业经理人的“制造厂”。工商管理硕士（MBA）教学是哈佛商学院（以下简称哈佛）的灵魂，哈佛的 MBA 都关心企业的成长和利润，他们有着极强的追求成功的欲望，哈佛为美国甚至全世界培养了众多优秀的企业经营管理人员。在它的 MBA 教学中，最具借鉴意义的就是案例教学，通过对案例的分析与思考，锻造职业经理人员的创新能力和冒险精神。哈佛有百余位教授进行案例的编写，每年对案例库进行更新。哈佛培养的首席执行官一般不需要资质认证，多数人会进入世界 500 强担任高管职务。据调查，42% 的企业要求经理人每年至少接受 5 天的脱产培训。美国 GE 公司、IBM 公司等许多跨国公司，都纷纷成立自己的管理学院，有针对性地培养管理人才。

目前美国的职业经理人认证机构以相关的社会组织为主，例如美国认证协会、财务管理师认证协会等很多专业协会。美国认证协会最早是由美国著名院校的专家教授组成的学术认证委员会，从事国际职业资格认证。由于市场需求不大和其他一些原因，职业经理人的资质认证工作已逐步淡化，逐步走向商学院的系统教育和培训类的素质证书或工商管理学位证书的认证。

二、英国

英国是老牌的工业化国家，在职业经理人的管理上比较注重政府引导工作，建立了相对完善的职业资格认证和培训制度。同时，英国法律制度完备，确保了企业外部市场的规范运作，对中高级职业经理人才队伍建设起到了很好的激励和约束作用。

英国注重职业经理人知识和技能方面的培训。主要通过国家职业资格认证体系（NVQS）特许经理人资格认证等方式，分级别逐步强化职业经理人的知识和能力。

NVQS 是英国政府设立的职业资格认证体系，覆盖 150 个行业和专业，设置数千个职位技能要求，真实而有效地考核申请者的实际工作表现和职业技能。NVQS 资格标准是通过英国企业所有者共同讨论确定的。对于职业经理人，主要设行政管理证书，共分为五级。

申请 NVQS 没有年龄、知识水平等准入条件的限制，只要申请人认为自己已经达到其中的五个级别之一，均可向认证机构提出申请，也可以跨行业申请。NVQS 的获取形式非常灵活，在合理的限度内，申请者可以自己确定所要申请的级别、时间、地点和学习方式。英国皇家特许管理协会目前拥有 71 万名个人会员和 520 名团体会员，是英联邦企业管理方面的权威中介组织。该协会专门针对职业经理设计了一个持续职业发展项目，可以对职业经理的工作实践进行动态的业绩记录、评价，以不断提高其管理水平。

三、德国

德国企业采取双重内部管理结构，设立了双重董事会制度，即监督董事会（相当于美、日的董事会）和管理董事会。监督董事会由股东代表、雇员代表和独立董事共同组成，负责对管理董事会中管理层人员的监督。管理董事会执行监督董事会的决议，负责企业经营管理，执行董事类似职业经理人，负责公司具体运营。

德国职业经理人的培养，重点在人员甄选和培训两方面。首先，在职业经理人的选择上倾向于受教育程度更高的人选。据了解，德国100强公司中，53.8%的常务董事拥有博士学位。西门子公司20多名董事会成员中，有10多位拥有博士学位。上市的德国国有公司中，持有博士学位的董事会成员占41.5%。其次，在职业经理人的培训方面，侧重于提升实战能力的多方式组合培训，内容包括在岗培训、多部门间轮岗以及定期的内部课程等。此外，网络培训也是德国公司常用的培训方法。

四、日本

日本的企业家族特色较为明显，经营管理人才的雇佣期较长，一般实行终身雇佣制，企业间的人员流动相对少得多，企业管理人员主要从企业内部提拔。

日本公司十分重视企业经营管理人才的开发培训，在日本，许多公司都有自己的培训中心和研修所。日本企业的高管一直是内部培养，极少外部引进。今天日本的世界500强企业大多数仍沿用内部培养高管的方式。

此外，日本企业普遍实行轮岗制度，随着级别越来越高，轮岗的范围也越来越广。轮岗的目的就是为了给经营管理人才一个提高自身能力的机会，使其成为复合型人才。尤其是在培养继任者方面，定期轮岗发挥着很大的作用。

五、启示与借鉴

总结几个经济发达国家职业经理人培养的经验可以看出，职业经理人的培养应以工商管理学科教育为基础，辅以轮岗等实战训练手段，加强职业经理人知识、能力的培训；合理利用职业经理人资质评价认证这一环节，从内因和外因两方面拉动职业经理人的素质能力提升。此外，考虑到与市场经济发达国家相比，我国的职业经理人培养尚处于萌芽状态，需要各方努力营造有利于职业经理人成长的环境，才能使中国的职业经理人队伍快速、健康地成长起来。

第三节　开展职业经理人培养与社会化评价的主要工作

一、营造职业经理人成长的良好环境

职业经理人才队伍建设是一项复杂的系统工程，不是一蹴而就的。要发展壮大中国职业经理人队伍，应首先营造有利于职业经理人成长的外部环境。

（一）营造有利于职业经理人成长的企业环境

1. 建立完善的现代企业制度环境

职业经理人群体的形成既是一个历史的过程，又是制度变迁的产物。发达资本主义国家的经理革命经历了近百年才宣告完成，结果是现代企业制度取代业主制、老板制的企业管理模式。中国职业经理人的产生与成长，也依赖于现代企业制度的建立，即企业内部要建立由股东、董事、监事、职业经理人组成的完善的法人治理结构，实行所有权与经营权的分离。可见，现代企业制度对物质资本与人力资本做了优化安排，是促进职业经理人成长的重要平台。

2. 营造公平竞争上岗的企业内部环境

改变陈旧落后的用人机制，形成公平竞争的环境氛围，完善职业经理人的选聘任用机制。

在国有企业中，企业领导人员多数都是由上级任命的，上级管理他们的方式和他们享受的待遇都近似于机关干部。为此，他们更注重对任命他的上级负责。在民营企业中，受到亲缘关系和地域观念的影响，经理人的选拔任用往往倾向于亲属或同乡。以关系的远近作为经理人选用的标准，容易造成“近亲繁殖”。以上两种用人方式，不是完全的市场行为，这种不公平竞争的用人机制，制约了职业经理人的发展。

近年来中央积极倡导国有企业改革，实行市场化选聘职业经理人，要求建立公开公平的选拔任用机制，由企业董事会负责公开招聘，职业经理人竞争上岗。通过公开透明的选拔，使高素质的职业经理人脱颖而出，从而实现经理人行业内的优胜劣汰。

（二）创造有利于职业经理人成长的社会舆论环境

21 世纪是信息时代，各种传播媒体正在以异乎寻常的力量影响着世界的每一个角落。职业经理人在我国尚属于新生事物，想要获得企业业主乃至社会各界的认知、认可需要一个渐进的过程。充分利用各种媒体对职业经理人进行宣传，对社会舆论加以引导，积极组织各类宣传推广职业经理人的活动，有利于为职业经理人的成长创造一个良好的环境。

1. 加强宣传和引导

（1）国家有关政策的宣传。

自2003年中央人才工作会议以来，国家陆续出台了一系列关于职业经理人的政策文件。例如，中共中央组织部、人事部《印发〈关于贯彻落实“十一五”规划纲要，加强人才队伍建设的实施意见〉的通知》（中组发〔2006〕11号）提出：“加快培养一批具有职业素养、创新精神、市场意识和经营管理能力的职业经理人。”《国家中长期人才发展规划纲要（2010—2020年）》（中发〔2010〕6号）提出：“以提高现代经营管理水平和企业国际竞争力为核心，以战略企业家和职业经理人为重点，加快推进企业经营管理人才职业化、市场化、专业化和国际化。”《企业经营管理人才队伍建设中长期规划（2010—2020年）》提出：“积极发展企业经营管理人才评价机构，建立和完善社会化的职业经理人资质评价制度，加强规范化管理。”党的十八届三中全会通过的《中共中央关于全面深化改革若干重大问题的决定》提出：“建立职业经理人制度，更好发挥企业家作用。”

加强国家政策的宣传，有利于加深社会各界对职业经理人行业的认识，提高各级政府机关、企事业单位、社会团体对职业经理人的重视程度，从而为培养高水平的职业经理人队伍提供更多的便利。

（2）职业经理人培训、评价、认证和人才交流业务的宣传。

加强对职业经理人培训、评价、认证和人才交流业务的宣传，使人们认识到职业经理人资质评价标准是出自市场和出资人认可的标准。对职业经理人的培训、评价和认证都是以此为基础的。这也是保证认证的职业经理人在人才市场上能够获得企业雇主认可的必要条件。对企业来说，选择有公信力的机构认证的职业经理人，才能获得有质量保障的人力资源。对于经理人来说，参加有公信力机构组织的培训、评价和认证，才能提高个人能力，获得理想的职业机会。

2. 开展普及职业经理人知识及职业经理人国家标准相关活动

让社会公众了解职业经理人的基本定义、定位、特点以及在现代企业制度下的重要作用等，从而为职业经理人的成长赢得更多的理解和支持。

通过上述的宣传和组织活动，加深社会公众对职业经理人的认识和理解，争取各有关方面的支持和配合，为职业经理人成长创造良好的外部环境。

二、完善职业经理人培养体系

职业经理人是企业的中坚力量，对企业发展起着重要的作用，正所谓“千军易得，一将难求”。然而职业经理人的短缺问题，不是仅仅靠体制转变和成长环境的优化就能够解决的。要想加速培养一支职业化、专业化、市场化、国际化的职业经理人队伍，需要从全社会层面构建职业经理人培养体系，积极推进职业经理人培养工作。

（一）明确职业经理人培训的内容范围

依据有关职业经理人国家标准，制订培训大纲，确定培训内容。

1. 职业素养

职业素养是指在企业经营活动中的一般行为表现。职业经理人应具有良好的职业素养，包括职业道德、职业精神和职业作风等。

2. 职业能力

职业能力是指在经营管理活动中职业经理人应该具备的通用能力，包括团队领导能力、经营决策能力、风险管控能力、变革创新能力、沟通协调能力、目标执行能力，以及不同行业的能力和岗位专业能力等。同时借鉴世界500强的领导能力包括战略领航、人才培养、推动执行、创新变革、协调工作等，构成符合职业经理人国家标准要求、满足企业管理实际需求的培训内容。

3. 职业知识

职业知识是指企业相应岗位所必须具备的知识。包括企业经营管理的综合知识、相关业务知识和相关行业知识，包括但不限于战略管理、生产管理、技术管理、市场营销、人力资源管理、财务金融和法务管理等。

（二）建立和规范管理培训师资队伍

1. 建立完整的高水平师资队伍

职业经理人资质培训的师资队伍应包括理论型、实战型、咨询型等多种师资类型。理论型师资要求是具有丰富的现代管理知识，参与过现代管理实践，掌握现代管理发展趋势的专家学者。实战型师资要求是具有系统的现代管理知识和管理能力，多年在企业从事管理工作、绩效显著并得到社会认可、思维清晰、语言表达能力强的企业经营管理者。咨询型师资要求是拥有社会认可的国际国内知名职业培训师或管理咨询师身份。

2. 加强对培训师资的规范管理

培训师资要公开选拔，培训上岗。培训师资应按职业经理人国家标准的要求设计培训内容及课程。符合条件的师资将进入职业经理人培训专家库。同时，建立师资签约制度，明确师资职业道德与行为规范，建立年度评估制度和公示制度，加强对培训师资的监督管理。

（三）创新培养模式

职业经理人资质培训应从实战出发，运用现代信息技术，创新教学方法，形成多种学习方式相结合的综合培养模式，加大人才培养力度，加快职业经理人才队伍的成长速度。

1. 面授学习

面授学习方式要明确面授课程和时间，提高培训师的面授技巧，增加案例教学内容和课堂互动性。

2. 移动互联网学习

移动互联网学习方式要求明确网络视频学习的时间和内容，定期上交自学报告，确定学分标准。

3. 行动学习

行动学习方式要求定期组织学员到典型企业考察，增强实战效果。

4. 模拟学习

模拟学习方式要以提升能力为出发点，采取商业模拟或者实训基地等多种方式，增强培训的实战性和针对性。

5. 挂职学习

挂职学习方式十分重要。到企业挂职实习的目的是增加学员实战经验，提高培训效果。

此外，企业实地观摩考察、专题研讨、实战导师带教、同业交流等也是培养职业经理人的有效方式。

三、开展社会化职业经理人资质评价

开展职业经理人社会化评价，是现阶段规范职业经理人队伍、提升职业经理人素质、推进职业经理人队伍建设的一项非常重要而有效的举措。建立职业经理人社会化评价体系是保障此项工作规范开展的重要前提和基础。

（一）政策依据

2003 年 12 月印发的《中共中央国务院关于进一步加强人才工作的决定》提出："企业经营管理人才的评价重在市场和出资人认可。发展企业经营管理人才评价机构，探索社会化的职业经理人资质评价制度。”

2010年出台的《国家中长期人才发展规划纲要（2010—2020年）》提出“建立社会化的职业经理人资质评价制度，加强规范化管理”等要求。

（二）基本原则

1. 坚持制度导向的原则

依据职业经理人国家标准有关要求，制订科学的资质评价办法，逐步建立相应的管理制度，规范职业经理人资质评价工作。

2. 坚持“公平公正、考培分离”的原则

职业经理人资质考评机构不宜直接从事职业经理人资质培训业务，职业经理人资质培训机构不宜从事资质评价业务。

3. 坚持市场和企业认可的原则

评价标准、内容、方式、技术等，要参照企业选人标准来确定，逐步形成完善资质评价体系。

（三）实施主体

评价标准、内容、方式、技术等，要参考企业选人标准来确定，逐步形成完善资质评价体系。由具备资质的专业机构负责组织命题、考务、测评、阅卷和认证等工作。各地的考评具体工作，由“考评实施机构”负责。

（四）评价方式

资质评价具体方法包括笔试、面试、心理测评、评价中心技术等反映职业经理人素质能力的有效方法。根据不同类别和职位，选用不同的考评方式。

（1）笔试包括开卷和闭卷（以案例考评为主），主要考评经营管理理论知识和与职业经理人国家标准相关的职业能力。

（2）面试可采取远程网络面试或到现场面试的方式，主要考评与职业经理人国家标准相关的职业能力和相关行业或职位要求的能力。

（3）测评主要采用心理测评和其他测评，主要考评职业经理人的基本素质和个性特征。

（4）评价中心技术可根据考评对象，选择使用其中某种技术或工具，根据需求考评特定的职业能力。

第十三章

职业经理人制度建设实践

职业经理人制度建设工作是随着职业经理人的发展不断深入和完善的过程。职业经理人制度建设实践主要包括职业经理人制度的相关研究，以及企业层面和社会层面的职业经理人制度建设实践，以期为开展职业经理人制度建设工作提供可以借鉴的经验和帮助。

第一节　职业经理人制度的相关研究

一、基础性研究

（一）职业经理人队伍建设与社会化资质评价制度研究

为贯彻2002年中共中央办公厅、国务院办公厅印发的《2002—2005年全国人才队伍建设规划纲要》提出的“建设一支职业经理人队伍”、2003年《中共中央国务院关于进一步加强人才工作的决定》提出的“发展企业经营管理人才评价机构，探索社会化的职业经理人资质评价制度”、2005年《国务院关于鼓励支持和引导个体私营等非公有制经济发展的若干意见》提出的“建立职业经理人评价与推荐制度”、2006年中组部和人事部印发的《关于贯彻落实“十一五”规划纲要，加强人才队伍建设的实施意见》提出的“建立社会化的职业经理人资质评价制度，研究制定中国特色职业经理人评价标准体系”等精神，政府有关部门和有关单位积极开展职业经理人队伍建设和社会化的职业经理人资质评价制度的相关研究工作。

2004年，国资委组织开展《企业经理人职业资格制度研究》课题研究工作。原国家劳动和社会保障部（现为人力资源和社会保障部）组织有关单位和人员开展了《企业经理人国家职业标准》课题的研究。

2004年，国资委所属职业经理研究中心与国家人事部全国人才流动中心共同开展了职业经理人队伍建设和社会化的职业经理人资质评价制度的研究工作。经过大量的调查研究、企业走访和专家座谈，并借鉴国内外有关研究成果与经验，开发出了以职业经理人“八大能力”为核心的职业经理资质标准体系和培训体系，以及“五位一体”的职业经理评价体系，为促进职业经理人素质能力提升，推进职业经理人队伍建设，探索社会化的职业经理人评价制度的建立进行了有益的探索。

2006年，国家发展和改革委员会中小企业司牵头组织召开了“建立中小企业职业经理人测评与推荐制度座谈会”，中组部、人事部、教育部、原劳动和社会保障部、农业部及职业经理研究中心等部委和单位有关领导参加了会议。会议认为，在“十一五”期间，全面提高企业经营管理人才的素质和能力，提高中国的企业管理水平十分重要；应尽快开展同建立中小企业职业经理人测评与推荐制度有关的理论研究和实证研究工作，探讨和解决与建立中小企业职业经理人测评与推荐制度有关的热点和难点问题。

会后，国家发展和改革委员会中小企业司组织有关单位和人员开展调研工作，并向中组部提交了有关职业经理情况的报告。国家发展和改革委员会中小企业司还组织有关单位和人员开展了《建立职业经理人测评与推荐制度》课题研究，以便为“十一五”期间中小企业职业经理人测评与推荐制度建设提供支持。

2010年，《中共中央国务院关于印发〈国家中长期人才发展规划纲要（2010—2020年）〉的通知》提出：“以提高现代经营管理水平和企业国际竞争力为核心，以战略企业家和职业经理人为重点，加快推进企业经营管理人才职业化、市场化、专业化和国际化”“完善以市场和出资人认可为核心的企业经营管理人才评价体系，积极发展企业经营管理人才评价机构，建立社会化的职业经理人资质评价制度，加强规范化管理”。这为职业经理人培养和职业经理人资质评价体系建立指明了具体的方向，同时明确提出了建立社会化的职业经理人资质评价制度。

2011年，为发挥职业经理人国家标准化工作的导向性、国际性、先进性的作用，引领全国职业经理人培训和考试测评工作方向、指导企业选拔职业经理人和助力职业经理人健康成长，财政部、工业和信息化部、国务院国有资产监督管理委员会组织开展了《职业经理人国家标准化研究》课题研究。课题综合运用文献研究、团体焦点访谈、企业调查、行为事件访谈、问卷调查等方法选取了职业经理人职业道德、素养、知识和能力4个方面的标准指标并进行了验证，其中职业道德指标4项：恪守诚信、公正履职、社会责任、竞业避止；职业素养指标5项：爱岗敬业、合规经营、协作共赢、直面挑战、国际视野；职业知识指标6项：战略管理、市场营销、生产管理、财务金融、人力资源管理、项目管理；职业能力指标6项：团队领导能力、经营决策能力、风险管控能力、变革创新能力、沟通协调能力、目标执行能力。课题还依据有关文献提出了职业经理人岗位和等级划分标准方面的建议，分为7类和3个等级。同时阐述了中西方职业经理人的发展历程和现状，对标准化的有关问题提出了政策建议。

从2011年起，国务院国有资产监督管理委员会组织开展“中央企业经管人才‘四化’建设和职业经理队伍建设”的专项研发工作。其希望通过研发工作，全面提高中央企业职业经理人才队伍的职业化、市场化、专业化和国际化水平，大力提升中央企业的竞争能力，促进中央企业职业经理阶层的形成与完善，为推进中央企业又好又快发展提供强有力的企业经营管理人才支撑。

2013—2015年，工业和信息化部组织开展了中小企业发展专项资金职业经理人发展项目课题的研究，其中包括：建立职业经理人制度的政策支持研究、职业经理人在中国民营中小企业发展中的地位和作用、职业能力和职业知识评价内容和方法研究、发展社会化评价机构的政策与措施、职业经理人才市场求职信息分类初步研究与框架设计等课题。

（二）职业经理人制度研究

根据党的十八届三中全会通过的《中共中央关于全面深化改革若干重大问题的决定》提出的“建立职业经理人制度”等文件精神，政府有关部门和单位组织开展了国有企业职业经理人制度的相关研究。

国务院国有资产监督管理委员会组织有关单位和个人围绕职业经理人制度，开展了多项专项课题的研究工作。中宣部文改办也组织开展文化产业方面的职业经理人制度的相关课题研究工作。北京市国有资产监督管理委员会组织开展了加强党的领导和完善公司治理有机统一的实现路径的课题研究工作。

国务院国资委所属职业经理研究中心也积极开展了职业经理人制度研究工作，先后与一些中央企业和地方国有企业共同开展国有企业职业经理人制度的相关研究，并在国务院国资委直属机关组织的“学习贯彻习近平总书记系列重要讲话精神征文活动”中提出的在国有企业建立职业经理人制度的研究成果获得奖励。此外，国务院国资委所属职业经理研究中心先后在《企业观察报》等期刊杂志上发表了有关职业经理人制度方面的研究成果，在社会上引起很好的反响。

二、应用性研究

（一）职业经理人评价系统的研发

2006 年，国务院国有资产监督管理委员会批准开展了“国有企业经营管理人员综合评价系统建设项目”研发建设工作。“国有企业经营管理人员综合评价系统建设项目”，对科学评价国有企业的经营管理人员的素质能力、对提高经理人的职业化水平具有重要意义，有利于国有企业提升经营管理水平。这对推动职业经理人评价制度的建设具有积极重要的作用和深远的影响。国有企业经营管理人员综合评价系统是以国有企业经营管理人员胜任力模型为基础，以“五位一体”（笔试闭卷、笔试开卷、面试、心理测验、资历评价）的评价模式为手段，以“八大能力”测评技术和题库为支撑，设计的适合中国国情的、具有自主知识产权的综合评价体系，能够有效实施心理测评、远程面试及各种评价中心技术，包括无领导小组讨论、公文筐测验、角色扮演等，能够从不同的角度为企业实施人才的评估、选拔、培养提供全方位的服务。

（二）国有企业经营管理人才市场的研发

2008 年，国务院国有资产监督管理委员会批准开展了“国有企业经营管理人才市场建设项目”研发建设工作。国有企业经营管理人才市场是以服务国有企业为主导，以面向国有企业经营管理人员为主体，结合企业及经营管理人才的特点，致力为国有企业及中高级经营管理人才服务的，集合各方信息资源的人才业务信息化网络服务平台，服务于国有企业与经营管理人才的高级企业经营管理人才市场。国有企业经营管理人才市场的建立旨在大力推进企业经营管理人才的人才培养机制、人才选用机制、人才评价机制、人才激励约束机制、人才引进与退出机制，努力形成与市场接轨的国有企业经营管理人才的保障体系，构建有利于企业管理人才脱颖而出的，集人才交流、评价、培养、推荐相结合的，服务于国有企业与经营管理人才的高级企业经营管理人才市场。

（三）全国职业经理人社会化评价服务体系的研发

2011 年，国务院国有资产监督管理委员会批准开展了“全国职业经理人社会化评价服务体系建设项目”研发建设工作，旨在建立起符合市场和企业需求的社会化科学评价体系，为职业经理人服务、为提高企业竞争力服务、为国民经济发展服务。全国职业经理人社会化评价服务体系目前已经建立了能力模型数据库、培训管理、考试测评、客户服务及经理人在线等系统，能系统、高效地为职业经理人提供评价服务。

（四）职业经理人信息化综合服务平台的研发

2014 年，国务院国有资产监督管理委员会批准开展了“职业经理人信息化综合服务平台建设项目”研发建设工作。将职业经理人全方位服务的内容集成于一个平台，更好地为职业经理人提供选拔、培养、测试、评价、交流等服务。

（五）职业经理人才大数据中心的研发

2016—2017 年，国务院国有资产监督管理委员会批准职业经理研究中心开展了“职业经理人才大数据中心建设项目”研发建设工作，通过建立职业经理人才数据库、信息应用软件系统、应用支撑环境系统、安全体系和运行维护体系等，实现职业经理人才数据综合分析、人才入库、信息共享、模型构建、网上调查统计、年度报告发布、信息资源开发利用等功能，可应用于职业经理人政策分析、信息交流、制度研究、标准研究、专题研究等领域。

第二节　企业职业经理人制度建设实践

为贯彻落实党的十八届三中全会提出的“建立职业经理人制度，更好地发挥企业家作用”，很多企业开展了职业经理人人才队伍建设、职业经理人市场化选聘和职业经理人制度建设等实践活动，取得了显著成绩。

一、企业职业经理人队伍建设

（一）企业职业经理人的培养

某央企委托职业经理研究中心开展所属企业的职业经理人队伍建设。职业经理研究中心按照该企业的人员培养与成长规律进行整体构思和设计，首先对企业发展战略和经营管理人员的能力状况进行调研，以现代心理学、行为学、管理学、教育学理论为基础，制定了企业经营管理人员“八大能力”，即资本运作能力、经营决策能力、团队领导能力、危机管理能力、自主创新能力、市场营销能力、沟通与协调能力和企业文化建设能力，作为培训与职业经理人资质评价重点；并在训练与评价方式上，借鉴企业创新训练与评价模式，吸收、采用现代培训与评价的最新方法和技术，为该企业提供了个性化的培训与评价服务，受到企业领导和学员的一致好评，有效提高了企业创新能力和经营管理能力，为促进企业核心竞争力的提升提供了有力支持，为企业整体职业经理人才入库奠定了基础。

某地方国企是经中国银行业监督管理委员会批准，合并重组而设立的商业银行。2016 年，为适应经济发展新常态和银行业改革发展需要，实现该银行的战略目标，做好网点的建设和转型，提高服务质量，提升经营效率，确保网点建设和管理的科学高效，该银行决定通过组织开展系统性的职业化人才管理能力提升培训，提高运营能力，确保该银行在新的发展周期中实现业绩突破，平稳高速地发展。职业经理研究中心自 2013 年开始，进行了为期 20 天的运营管理人员职业化素质能力调研，并编写了现有运营管理人员素质能力分析报告以及培训规划，连续 3 年开展职业化素质能力提升培训。在一系列项目服务过程中，着重提升岗位管理能力。设计课程时综合分析了该银行的发展战略、发展环境、企业文化，结合职业经理人标准、金融行业特点以及职位要求制定了管理者能力提升课程，通过培训中和培训后的评估，取得了非常好的成效，为金融领域职业经理人能力的提升积累了宝贵的经验。

某电气集团有限公司是集科研、制造及商贸为一体的多元化产品及服务提供商。随着公司的快速发展及全球经济一体化进程的不断加快，公司面临转型升级、内部管理提升和外部市场竞争的多重挑战。公司长期以来用比较传统的管理手段进行经营管理，但经济环境的迅猛发展及社会环境的不断变化要求公司管理向现代管理进行转型。职业经理研究中心通过深入调研认为，由于企业的快速发展，公司的员工，尤其是中高层管理人员急需开拓视野、拓宽思路，更快地适应变化，提高经营管理综合能力。调研建议该公司启动“智造未来人才成长计划”，来培养职业化、专业化管理人才。具体内容是以组织系统性的管理培训为切入点，提升经营管理能力，逐步形成人才梯队，建立健全人才培养模式，完成企业向学习型组织的转化，探索建立企业商学院。在公司内部建立一支职业化、市场化、专业化和国际化、符合公司发展要求的职业经理人队伍。从而优化提升公司的核心竞争力，实现公司平稳长足的发展。职业经理研究中心在调研的基础上，根据集团人才发展战略及对培训的定位，精心设计了培训课程。培训围绕现代企业制度、公司治理结构、职业经理人与团队领导力等方面的内容进行讲解。集团及下属15家企业40余名高层管理人员参加了此次培训，该培训使集团现有经营管理人员调整思维，开阔眼界，提高了经营管理能力。

（二）企业职业经理人人才库建设

某通信集团设计院为支持企业发展战略、保障大生产流程开展了人才库建设。力求实现人工成本最优化、人才管理科学化、人才定价市场化和人才价值最大化，从而在人员的甄选、培养、评价、使用和储备等方面能够有的放矢地做好相关工作。经过公开招标，职业经理研究中心成为中标单位，经过充分调研，进行了人才库研发以及人才入库工作，主要任务包括：职位划分方案、职位管理办法、职位素质能力模型、任职资格评价体系、薪酬管理办法、绩效考评管理方案、能力提升体系实施方案、能力模型应用体系建设方案等。职业经理研究中心聘请了国内一流专家与自己的专家团队一道，为人才库建设提供整体解决方案。该方案以能力模型为基础，构建大生产流程所需要并与之配套的人力资源开发和管理体系，同时，基于能力模型构建相应的培训体系、薪酬体系、绩效考评体系，重点解决以项目经理为代表的企业经营管理人才和专业技术人才的价值体现、合理定价与岗位匹配问题。

二、职业经理人市场化选聘

（一）地方国资委组织开展的市场化选聘活动

2014年，某省国资委为加快推进省出资监管企业经营管理者选拔任用制度改革，吸引国内外优秀人才为国有企业改革发展服务，同时安排7家省管国有企业面向境内外开展市场化选聘企业领导人员：其中总经理1名，副总经理7名，财务总监1名。此次市场化选聘涉及的行业广泛，涵盖了金融、煤炭、建材、冶金等各类省管大型企业，企业资产额从几十亿元到几百亿元不等，企业人员规模从几百人到几千人不等。

省国资委邀请职业经理研究中心专家组，针对这些企业的具体情况，进行了深入的调研与访谈。在调研中发现这 7 家省管国企存在的共性问题是：①现有的企业经营管理人员多为行政化任命，管理体制机制难以适应企业的快速发展，部分经营管理者创新意识不足，企业活力不足；②部分岗位缺乏专业的经营管理人才，导致业务开展、市场开拓受阻；③一些重组企业亟须补充相关岗位的管理人员。根据目前的问题，专家提出具体方案，在岗位胜任力分析基础上，形成了职业经理人选聘命题方案，并协助企业完成整个竞聘实施工作。这项工作在一定程度上推动了该省国有企业选人用人制度的改革，获得省国资委高度评价，为该省实施国有企业职业经理人选聘树立了标杆。

（二）国有企业组织开展的职业经理人市场化选聘

某煤矿机械集团是省属国有企业。2015 年，煤炭行业产能过剩，随着行业内外部环境的不断变化，行业整体趋势下滑，公司迫切需要相关人才来改变现状，使公司更好地生存和发展。该公司董事会和经理层存在一定程度的交叉任职，董事会对经理层的选聘、薪酬和考核职权未得到有效落实，公司治理结构尚待完善。公司当时使用的高管人员选拔任用机制较为僵化，多为国资委行政化任命而来，能进不能出、能上不能下，对高管人员的激励与约束不强，束缚了企业的发展，亟须探索建立市场化的选人用人机制，优化高层管理团队人员结构。同时，该企业是落实省国资委关于省管企业开展市场化选聘职业经理人试点工作的企业，亟待形成市场化选聘职业经理人的制度。为了吸引国际国内优秀人才为国有企业改革发展服务，企业决定面向境内外市场化选聘公司经理层人员 8 ~ 9 名，其中总经理 1 名、专职副总经理 5 ~ 6 名、财务总监 1 名、董事会秘书（或副总经理兼董秘）1 名。

为做好市场化选聘工作，企业委托第三方服务机构职业经理研究中心实施本项目，项目团队通过企业调研、深度访谈，进行了岗位胜任力分析，完成了相应招聘方案设计、命题及竞聘实施工作。通过此次市场化选聘项目，在全国范围内为企业招聘到了合适的人才，为企业更好地应对整个行业及企业所面临的挑战和机会奠定了人才基础。借此市场化选聘以及相关职业经理层管理办法的制定和落实，逐步实现了董事会与经理层分设，进一步明确了各自的岗位职责，公司的治理结构得到了完善。董事会在经理层的选聘、考核和薪酬方案制订与实施过程中发挥了主导作用，职权得到了充分的落实。通过职业经理人的市场化公开选聘以及任期制和契约化管理，实现了由“企业领导人员”向“职业经理人”的转换，促使经理层走向职业化、专业化、市场化，逐步建立起了经理层竞争上岗，能上能下、能进能出，收入能高能低，能者上、庸者下的竞争机制。对市场化选聘而来的职业经理人设立适应市场需求和企业实际的薪酬考核制度，激发了企业内部人员的工作积极性，增强了企业活力。同时，此次选聘过程中本企业的现有经营管理者也参与了公开竞聘，这在一定程度上激发了公司现有员工的工作积极性。

某国有控股租赁有限公司是所在省内首家内资融资租赁试点企业。随着公司规模的扩大，专业化人才尤其是融资租赁方向的高级管理人员严重缺乏，影响了公司业务的发展。作为第二批省管企业发展混合所有制经济试点企业，为落实省国资委关于省管企业开展市场化选聘职业经理人试点工作会议的精神，其拟以市场化选聘职业经理人为切入点来解决公司目前存在的问题。2015 年 6 月，职业经理研究中心承接了该公司市场化选聘职业经理人的项目，在全国范围内公开选聘融资和租赁方向的两个副总经理，遵循省委省政府及国资委关于国有企业改革等文件，落实省国资委建立职业经理人制度座谈会的要求，按照《租赁公司建立职业经理人制度的试行办法（草案建议稿)》，针对该公司健全公司高管层和职业经理人队伍、健全相关规章制度的需求，制订公司经理层岗位标准、引进制度、聘任制度和管理制度等配套办法，以及市场化竞聘方案，通过采取公开竞聘上岗的评价方式，完成公司经理层及相关中层管理岗位人员的市场化选聘。选聘副总经理 2 人均获准上岗。竞聘工作体现了市场化选聘职业经理人的公正性、职业化和专业化特点。通过此次市场化选聘，该公司进一步优化了公司高层管理团队人员结构，充实了骨干力量，为打造高水平的企业经营管理队伍、提升公司治理水平、实现企业良性发展奠定了良好的基础。

某国有企业资产经营（控股）有限公司，2015 年拟组建一个能向全国连通的第四方物流服务公司，采取线上和线下相结合的方式对物流资源进行整合。然而公司现有的人员中缺乏既懂物流又懂投资的专业化管理人才，因此拟在全国范围内公开招聘一名总经理全面负责该公司业务的开展。同时，因公司快速发展的需要，目前内部也缺乏一些中层经营管理人员，因此也拟同时开展这些岗位的市场化选聘。此次招聘的职位范围跨度较大，包括职业经理人 2 名，以及公司本部 7 个岗位若干名工作人员，其中财务部高级财务经理 1 ~ 2 名，企管部财务审计类项目经理 2 名，资本运营部项目经理 1 名，融资部项目经理 1 名，投资发展部项目经理 1 名，党委办公室党建工作专职副主任 1 名，纪检监察工作人员 1 名。

职业经理研究中心通过深度细致调研，建立了以市场化选人用人制度为核心，以市场化选聘、公开竞聘、高管团队管理评价为核心，招聘岗位职责、任职条件等相结合的方案，完善了人才队伍结构、优化了人才管理制度、激发了人才团队活力。该公司面向市场化选聘，分别成功招聘总经理、财务总监、党群主任等高端人才，优化了公司内部的管理团队，为公司进一步快速健康发展提供了人才保障。

某机械装备投资集团有限责任公司是 2015 年经某省人民政府批准成立的国有独资公司。由于集团刚刚组建，亟须吸引各类优秀人才，组建高水平的高管团队，全面负责集团的各项业务，以实现集团组建的目标——盘活存量资产、培育新兴产业的投资中心，产融结合的桥梁纽带。为此，集团委托职业经理研究中心在全国范围内公开选聘总经理、副总经理两个职位。此次市场化选聘，成功为集团找到了合适的高管人员，为集团的发展提供了人才保障。

某通信集团信息港中心于2010年4月成立，是央企通信集团公司的直属单位，中心人员分为工程建设、园区管理、综合支撑三大团队。作为一个成立年限不长但业务发展迅速的公司，员工流动率较大，长期存在人员短缺的情况。由于企业办公地点较为偏远，对人员的吸引力较小。职业经理研究中心于2015年开始，在对信息港中心调研基础上，结合企业发展战略、企业文化和岗位特征，提出招聘岗位的能力和素质要求。具体实践上，首先为企业量身定制岗位招聘方案，以丰富的招聘工作经验，提供高效优质的招聘渠道，策划创新有活力的招聘宣传方案，通过笔试、面试和测评等考评方式，为信息港中心建立职业经理人队伍提供选聘评价等服务。招聘工作涉及的岗位范围广泛，包括造价管理岗、工程项目管理岗、规划设计管理岗、人力资源管理岗等。通过持续的市场化选聘，为信息港中心各岗位招聘到了合适的人员，同时也为一些流动率较高的岗位储备了大量人才，为信息港中心业务的快速发展提供了人才基础。

三、企业职业经理人制度建设

（一）中央企业职业经理人制度建设

某集团公司被选为发展混合所有制试点及落实董事会职权改革双项试点。为配套开展试点工作，该集团决定推行职业经理人制度。2016年，该集团与职业经理研究中心联合成立项目组开展职业经理人制度建设。该集团对于推行职业经理人制度的规划主要包括实行全级次的现有经营管理者向职业经理人进行身份转换、加强党组织对职业经理人制度建设的领导与监督、创新党组织发挥核心作用的途径和方式，构建集团公司的职业经理人标准、结合集团公司战略和企业文化构建职业经理人制度体系，主要包括选聘制度、培养制度、薪酬制度、绩效考核制度、责任追究制度、退出制度等内容，形成国有企业董事会按市场化方式选聘和管理职业经理人的新模式，从而为提升集团的规模、技术、管理、机制“四大优势”发挥重要作用。

（二）地方国有企业职业经理人制度建设

某信托企业是中国银行业监督管理委员会核准的专业信托金融机构。2016年，该信托作为试点企业，在经理层推行职业经理人制度。该企业与职业经理研究中心联合开展适用于金融企业的职业经理人制度，拟进一步深化公司内部改革，充分发挥市场机制的作用，完善经理层选人用人机制，建立具有竞争力和创新力的职业经理人管理团队，促使企业在激烈的市场竞争中得到更好更快发展。该企业建立了较为完善的职业经理人制度体系，主要包括职业经理人职业资质标准、培养制度、选聘制度、绩效考核办法、薪酬制度、退出机制、任期制和契约化管理办法、责任追究制度等，为企业选好、用好、管好、留好、育好职业经理人打下了坚实的制度支撑和保障。

第三节　社会层面职业经理人制度建设实践

《中共中央国务院关于进一步加强人才工作的决定》提出的"企业经营管理人才的评价重在市场和出资人认可。发展企业经营管理人才评价机构，探索社会化的职业经理人资质评价制度"在社会上引起了强烈反响。为此，如何以社会化方式从宏观层面推动职业经理人制度建设，成为许多专业机构和社会组织探索和努力的方向。

一、职业经理人社会化资质评价

自2003年以来，职业经理研究中心应用现代心理学、管理学的理论和研究成果，在国家有关部委以及国内外著名高等院校、研究机构的专家学者的支持参与下，形成了具有自主知识产权的适合中国国情的职业经理人评价体系，并与知识性考试、面试、评价中心技术等人才测评手段结合起来，面向社会开展了职业经理人培训和资质评价工作，在全国范围内选择50多家单位作为职业经理人培训授权合作机构，采用将培训工作与评价工作相分离的方式，实行全国授权合作机构各地分散培训，职业经理研究中心进行全国统一考试，连续开展了14年职业经理人资质评价，评价职业经理人达4万多人。

在职业经理人资质评价工作中，职业经理研究中心还创立了职业经理人"五位一体"评价模式，通过笔试闭卷、笔试开卷、面试、心理测验、资历评价五种考评方式考察职业经理人在职业知识、职业素养、职业能力、职业业绩等方面的水平状况；并为通过考评的学员颁发职业经理资质证书和出具反映个人素质能力的测评报告，为企业在选人用人等方面提供参考，也为个人职业发展提供帮助。

职业经理研究中心制定了《职业经理人标准管理细则》《职业经理人资质评价管理

细则》等，明确了职业经理人资质评价工作管理制度，规范了管理程序，进一步完善了职业经理资质评价体系。职业经理人资质评价工作自开展以来，已建立起全国统一的资质评价体系，实行“统一标准、统一命题、统一评价”，通过多年实践，职业经理研究中心不但拥有了一支具有心理测量、计算机和管理等专业背景的高素质的专业化人才队伍，而且与高等院校和科研机构的专家学者建立了良好而稳定的合作关系，初步形成了由职业经理研究中心为核心的人才服务网络。目前，职业经理人资质评价工作正在拓展延伸至各个行业，为推动中国对外承包工程行业、医药流通行业、健身行业等职业经理人才队伍建设做出了积极的贡献。

二、职业经理人社会化培养

职业经理研究中心在全国范围内率先开展职业经理人培养工作的研究和探索。为贯彻落实党和国家关于培养职业经理人才队伍的精神，职业经理研究中心将多年研究成果进行转化，以职业经理人国家标准为基础，与企业经营管理特性紧密衔接，突出职业经理人实战所需的各项素质与能力的培养和训练，形成了具有自主知识产权的职业经理人能力训练体系。

该体系以能力训练为重点，依托职业经理人国家标准，形成了以团队领导能力、经营决策能力、风险管控能力、变革创新能力、沟通协调能力、目标执行能力等职业经理人职业通用能力为主，包含职业知识、职业道德和职业素养等方面培训内容；以案例教学为主，辅以情景模拟、实战导师、企业观摩等方式，应用网络信息新技术，通过高水平的品牌师资团队，指导促进学员不断挖掘自身潜力、提升自身素质。为更好地将职业经理人的培养与社会化评价相结合，职业经理研究中心制定了《职业经理人培训与评价管理办法（试行）》《职业经理人培训工作管理细则》等，梳理了职业经理人培养工作管理制度，规范了管理程序，进一步完善了职业经理人培养体系，并以此为基础，为众多国有企业集团、民营企业提供经理人培训的综合解决方案。到目前为止，已培训10余万人，获得各界领导的一致好评，也得到了职业经理人、企业和社会的高度认可，为我国的职业经理人才队伍建设做出了突出的贡献。

三、职业经理人标准化工作

（一）制定职业经理人相关国家标准

2009年，全国职业经理人考试测评标准化技术委员会由国家标准化管理委员会批准成立。职业经理研究中心作为全国职业经理人考试测评标准化委员会发起和秘书处承担单位，为推进社会化职业经理人评价制度建设走出关键一步。

2011 年，《职业经理人相关术语》和《职业经理人考试测评》由国家标准委发布实施；2012 年，《职业经理人通用考评要素》和《职业经理人培训规范》获得国家标准委的批准，标志着以职业经理人国家标准为依据的职业经理人制度建设新时代，即“国标时代”的到来。

1.《职业经理人相关术语》

《职业经理人相关术语》国家标准由全国职业经理人考试测评标准化技术委员会（SAC/TC 502）提出，由国家标准委发布并实施。编号为 GB/T 26999—2011。该标准规定了与企业职业经理人相关的基础术语、考试测评术语和培训术语。

制定《职业经理人相关术语》国家标准是建立职业经理人评价标准体系的基础工作。对于评价标准体系中的其他一系列标准而言，《职业经理人相关术语》国家标准是具有基础意义的标准，为日后将要立项起草的有关职业经理人的各类标准提供了重要依据。

2.《职业经理人考试测评》

《职业经理人考试测评》国家标准由全国职业经理人考试测评标准化技术委员会（SAC/TC 502）提出，由国家标准委发布并实施。编号为 GB/T 26998—2011。该标准规定了职业经理人考试测评工作的原则、对象、内容、工具、流程以及工作人员等方面的要求，适用于从事职业经理人考评的各类机构。企业经营管理人员内部考评也可参照使用。

制定《职业经理人考试测评》，是加强对职业经理人才评价领域的引导，加强规范化管理的重要手段，为各类职业经理人评价机构提供了操作规范，并为企业经营管理人才的甄选提供技术支持，促进职业经理人社会化资质评价获得市场和出资人的认可。

3.《职业经理人通用考评要素》

《职业经理人通用考评要素》国家标准由全国职业经理人考试测评标准化技术委员会（SAC/TC 502）提出，由国家标准委发布并实施。编号为 GB/T 28933—2012。该标准从职业道德、职业素养、职业知识、职业通用能力方面，规定了职业经理人通用考评要素的内容，适用于各类企业职业经理人通用考评与其培训等相关工作。

《职业经理人通用考评要素》立足于全面提升我国职业经理人整体水平，不仅为社会上的培训机构和考试测评机构的规范运作起到导向作用，而且为企业提供人才科学发展指南。

4.《职业经理人培训规范》

《职业经理人培训规范》国家标准由全国职业经理人考试测评标准化委员会（SAC/T 502）提出，由国家标准委发布并实施。编号为 GB/T 28934—2012。该标准规定了职业经理人培训内容、培训教材、培训机构、培训师、培训组织、培训评估、培训管理等方面的内容，适用于各类企业职业经理人培训。

制定《职业经理人培训规范》，是规范职业经理人培训市场秩序的有力措施。培训机构根据《职业经理人培训规范》开展工作，需要完善培训机构的组织建设，提高培训服务的能力和水平，建立培训质量评估监控体系，加强培训师资队伍建设，丰富培训方式，提高培训质量和效果，促进我国职业经理人队伍建设。

（二）制定职业经理人相关行业标准

药品流通行业是关系到人民生命健康的重要行业，该行业职业经理人的素质和能力决定着行业的经营质量和管理水平。国家商务部《全国药品流通行业发展规划纲要（2011—2015）》提出“建立全国药品流通职业经理人和其他从业人员的资格认证制度”“实施从业人员培训工程，‘十二五’期间培训高级职业经理人2000人，中级职业经理人5000人”等要求。

中国医药商业协会和职业经理研究中心按照商务部有关文件的要求，根据药品流通行业发展特点，结合企业提高药品流通行业职业经理人能力的迫切需求，共同完成《药品流通行业职业经理人标准》的制定工作。

《药品流通行业职业经理人标准》（SB/T 10765—2012），由国家商务部批准，于2012年12月1日正式开始实施。《药品流通行业职业经理人标准》是由全国职业经理人考试测评标准化技术委员会归口，中国医药商业协会和职业经理研究中心联合起草。该标准规定了药品流通行业职业经理人的资质要求、申请条件和资质评价办法，适用于药品流通行业职业经理人考试评价和培训等相关工作。

通过制定、宣贯和实施《药品流通行业职业经理人标准》，规范药品流通行业职业经理人的评价工作，并为药品流通企业职业经理人的综合评价、考核、指导、培训等提供依据，有利于促进药品流通企业职业经理人不断提高综合素质和专业水平，从而达到提高药品流通行业整体素质和管理水平、规范药品流通行业秩序的目的，促进整个行业的健康持续发展。

（三）行业协会制定的职业经理人相关标准

随着中国“走出去”战略实施的不断深化，中国对外承包工程业务得到了快速发展，企业经营模式和产业结构不断优化，在国际产业链中的地位明显上升，中国企业海外市场布局逐渐优化，中高端市场开拓取得了显著进展，“中国建造”在国际工程市场的影响力与日俱增，后金融危机时代为我国企业开拓国际基础设施建设市场创造了难得的机遇。然而，随着企业国际化经营的深入，高素质、复合型人才的缺乏已成为当前制约企业发展的瓶颈，大多数企业在人才规模、专业结构和人员的海外工作能力等方面难以适应对外承包工程业务快速发展的要求。越来越多的企业认识到，拥有一批高层次复合型人才已成为当前掌握国际竞争主动权至关重要的因素，合格的国际工程项目管理者将成为应对国际、国内市场激烈竞争，实现对外承包工程企业战略目标和持续发展的关键。

因此，尽快培养和造就一批高素质、高层次的国际工程项目管理者已成为适应对外承包工程行业转型升级，进一步提高企业现代化管理水平，增强企业国际竞争力的必要手段，也是众多企业的期待和需求。为积极落实党和国家有关指示精神，本着服务行业和会员企业的宗旨，充分发挥行业组织作用，中国对外承包工程商会组织制定了《国际工程项目经理资质推荐标准》。

该推荐标准对国际工程项目经理应具备的素质、知识和能力提出了要求，为企业甄选、培养及任用国际工程项目经理提供技术依据，希望通过标准的推广，推动国际工程项目经理素质能力的提升，提高我国企业国际工程项目管理水平，增强企业国际竞争力。

附　录

职业经理人相关法律法规

1993年，《中华人民共和国公司法》颁布，之后一系列相关法律法规又陆续出台，如《中华人民共和国证券法》《中华人民共和国企业国有资产法》等，其中与职业经理人相关的内容为我国职业经理人制度的建设奠定了良好的法律基础。

《中华人民共和国公司法》（节选）

第四十九条 有限责任公司可以设经理，由董事会决定聘任或者解聘。经理对董事会负责，行使下列职权：

（一）主持公司的生产经营管理工作，组织实施董事会决议；

（二）组织实施公司年度经营计划和投资方案；

（三）拟订公司内部管理机构设置方案；

（四）拟订公司的基本管理制度；

（五）制定公司的具体规章；

（六）提请聘任或者解聘公司副经理、财务负责人；

（七）决定聘任或者解聘除应由董事会决定聘任或者解聘以外的负责管理人员；

（八）董事会授予的其他职权。

公司章程对经理职权另有规定的，从其规定。

经理列席董事会会议。

第一百一十三条 股份有限公司设经理，由董事会决定聘任或者解聘。

本法第四十九条关于有限责任公司经理职权的规定，适用于股份有限公司经理。

第一百四十六条 有下列情形之一的，不得担任公司的董事、监事、高级管理人员：

（一）无民事行为能力或者限制民事行为能力；

（二）因贪污、贿赂、侵占财产、挪用财产或者破坏社会主义市场经济秩序，被判处刑罚，执行期满未逾五年，或者因犯罪被剥夺政治权利，执行期满未逾五年；

（三）担任破产清算的公司、企业的董事或者厂长、经理，对该公司、企业的破产负有个人责任的，自该公司、企业破产清算完结之日起未逾三年；

（四）担任因违法被吊销营业执照、责令关闭的公司、企业的法定代表人，并负有个人责任的，自该公司、企业被吊销营业执照之日起未逾三年；

（五）个人所负数额较大的债务到期未清偿。

公司违反前款规定选举、委派董事、监事或者聘任高级管理人员的，该选举、委派或者聘任无效。

董事、监事、高级管理人员在任职期间出现本条第一款所列情形的，公司应当解除其职务。

第一百四十七条　董事、监事、高级管理人员应当遵守法律、行政法规和公司章程，对公司负有忠实义务和勤勉义务。

董事、监事、高级管理人员不得利用职权收受贿赂或者其他非法收入，不得侵占公司的财产。

《中华人民共和国证券法》（节选）

第四十七条　上市公司董事、监事、高级管理人员、持有上市公司股份百分之五以上的股东，将其持有的该公司的股票在买入后六个月内卖出，或者在卖出后六个月内又买入，由此所得收益归该公司所有，公司董事会应当收回其所得收益。但是，证券公司因包销购入售后剩余股票而持有百分之五以上股份的，卖出该股票不受六个月时间限制。

公司董事会不按照前款规定执行的，股东有权要求董事会在三十日内执行。公司董事会未在上述期限内执行的，股东有权为了公司的利益以自己的名义直接向人民法院提起诉讼。

公司董事会不按照第一款的规定执行的，负有责任的董事依法承担连带责任。

第六十六条　上市公司和公司债券上市交易的公司，应当在每一会计年度结束之日起四个月内，向国务院证券监督管理机构和证券交易所报送记载以下内容的年度报告，并予公告：

（一）公司概况；

（二）公司财务会计报告和经营情况；

（三）董事、监事、高级管理人员简介及其持股情况；

（四）已发行的股票、公司债券情况，包括持有公司股份最多的前十名股东的名单和持股数额；

（五）公司的实际控制人；

（六）国务院证券监督管理机构规定的其他事项。

第六十八条　上市公司董事、高级管理人员应当对公司定期报告签署书面确认意见。

上市公司监事会应当对董事会编制的公司定期报告进行审核并提出书面审核意见。

上市公司董事、监事、高级管理人员应当保证上市公司所披露的信息真实、准确、完整。

第七十三条　禁止证券交易内幕信息的知情人和非法获取内幕信息的人利用内幕信息从事证券交易活动。

第七十四条　证券交易内幕信息的知情人包括：

（一）发行人的董事、监事、高级管理人员；

（二）持有公司百分之五以上股份的股东及其董事、监事、高级管理人员，公司的实际控制人及其董事、监事、高级管理人员；

（三）发行人控股的公司及其董事、监事、高级管理人员；

（四）由于所任公司职务可以获取公司有关内幕信息的人员；

（五）证券监督管理机构工作人员以及由于法定职责对证券的发行、交易进行管理的其他人员；

（六）保荐人、承销的证券公司、证券交易所、证券登记结算机构、证券服务机构的有关人员；

（七）国务院证券监督管理机构规定的其他人。

第一百零八条　有《中华人民共和国公司法》第一百四十六条规定的情形或者下列情形之一的，不得担任证券交易所的负责人：

（一）因违法行为或者违纪行为被解除职务的证券交易所、证券登记结算机构的负责人或者证券公司的董事、监事、高级管理人员，自被解除职务之日起未逾五年；

（二）因违法行为或者违纪行为被撤销资格的律师、注册会计师或者投资咨询机构、财务顾问机构、资信评级机构、资产评估机构、验证机构的专业人员，自被撤销资格之日起未逾五年。

第一百三十一条　证券公司的董事、监事、高级管理人员，应当正直诚实，品行良好，熟悉证券法律、行政法规，具有履行职责所需的经营管理能力，并在任职前取得国务院证券监督管理机构核准的任职资格。

有《中华人民共和国公司法》第一百四十六条规定的情形或者下列情形之一的，不得担任证券公司的董事、监事、高级管理人员：

（一）因违法行为或者违纪行为被解除职务的证券交易所、证券登记结算机构的负责人或者证券公司的董事、监事、高级管理人员，自被解除职务之日起未逾五年；

（二）因违法行为或者违纪行为被撤销资格的律师、注册会计师或者投资咨询机构、财务顾问机构、资信评级机构、资产评估机构、验证机构的专业人员，自被撤销资格之日起未逾五年。

《中华人民共和国企业国有资产法》（节选）

第十九条　国有独资公司、国有资本控股公司和国有资本参股公司依照《中华人民共和国公司法》的规定设立监事会。国有独资企业由履行出资人职责的机构按照国务院的规定委派监事组成监事会。

国家出资企业的监事会依照法律、行政法规以及企业章程的规定，对董事、高级管理人员执行职务的行为进行监督，对企业财务进行监督检查。

第二十二条　履行出资人职责的机构依照法律、行政法规以及企业章程的规定，任免或者建议任免国家出资企业的下列人员：

（一）任免国有独资企业的经理、副经理、财务负责人和其他高级管理人员；

（二）任免国有独资公司的董事长、副董事长、董事、监事会主席和监事；

（三）向国有资本控股公司、国有资本参股公司的股东会、股东大会提出董事、监事人选。

国家出资企业中应当由职工代表出任的董事、监事，依照有关法律、行政法规的规定由职工民主选举产生。

第二十三条　履行出资人职责的机构任命或者建议任命的董事、监事、高级管理人员，应当具备下列条件：

（一）有良好的品行；

（二）有符合职位要求的专业知识和工作能力；

（三）有能够正常履行职责的身体条件；

（四）法律、行政法规规定的其他条件。

董事、监事、高级管理人员在任职期间出现不符合前款规定情形或者出现《中华人民共和国公司法》规定的不得担任公司董事、监事、高级管理人员情形的，履行出资人职责的机构应当依法予以免职或者提出免职建议。

第二十四条　履行出资人职责的机构对拟任命或者建议任命的董事、监事、高级管理人员的人选，应当按照规定的条件和程序进行考察。考察合格的，按照规定的权限和程序任命或者建议任命。

第二十五条　未经履行出资人职责的机构同意，国有独资企业、国有独资公司的董事、高级管理人员不得在其他企业兼职。未经股东会、股东大会同意，国有资本控股公司、国有资本参股公司的董事、高级管理人员不得在经营同类业务的其他企业兼职。

未经履行出资人职责的机构同意，国有独资公司的董事长不得兼任经理。未经股东会、股东大会同意，国有资本控股公司的董事长不得兼任经理。

董事、高级管理人员不得兼任监事。

第二十六条 国家出资企业的董事、监事、高级管理人员，应当遵守法律、行政法规以及企业章程，对企业负有忠实义务和勤勉义务，不得利用职权收受贿赂或者取得其他非法收入和不当利益，不得侵占、挪用企业资产，不得超越职权或者违反程序决定企业重大事项，不得有其他侵害国有资产出资人权益的行为。

第四十三条 国家出资企业的关联方不得利用与国家出资企业之间的交易，谋取不当利益，损害国家出资企业利益。

本法所称关联方，是指本企业的董事、监事、高级管理人员及其近亲属，以及这些人员所有或者实际控制的企业。

第四十五条 未经履行出资人职责的机构同意，国有独资企业、国有独资公司不得有下列行为：

（一）与关联方订立财产转让、借款的协议；

（二）为关联方提供担保；

（三）与关联方共同出资设立企业，或者向董事、监事、高级管理人员或者其近亲属所有或者实际控制的企业投资。

第四十九条 国有独资企业、国有独资公司、国有资本控股公司及其董事、监事、高级管理人员应当向资产评估机构如实提供有关情况和资料，不得与资产评估机构串通评估作价。

第五十六条 法律、行政法规或者国务院国有资产监督管理机构规定可以向本企业的董事、监事、高级管理人员或者其近亲属，或者这些人员所有或者实际控制的企业转让的国有资产，在转让时，上述人员或者企业参与受让的，应当与其他受让参与者平等竞买；转让方应当按照国家有关规定，如实披露有关信息；相关的董事、监事和高级管理人员不得参与转让方案的制定和组织实施的各项工作。

第七十一条 国家出资企业的董事、监事、高级管理人员有下列行为之一，造成国有资产损失的，依法承担赔偿责任；属于国家工作人员的，并依法给予处分：

（一）利用职权收受贿赂或者取得其他非法收入和不当利益的；

（二）侵占、挪用企业资产的；

（三）在企业改制、财产转让等过程中，违反法律、行政法规和公平交易规则，将企业财产低价转让、低价折股的；

（四）违反本法规定与本企业进行交易的；

（五）不如实向资产评估机构、会计师事务所提供有关情况和资料，或者与资产评估机构、会计师事务所串通出具虚假资产评估报告、审计报告的；

（六）违反法律、行政法规和企业章程规定的决策程序，决定企业重大事项的；

（七）有其他违反法律、行政法规和企业章程执行职务行为的。

国家出资企业的董事、监事、高级管理人员因前款所列行为取得的收入，依法予以追缴或者归国家出资企业所有。

履行出资人职责的机构任命或者建议任命的董事、监事、高级管理人员有本条第一款所列行为之一，造成国有资产重大损失的，由履行出资人职责的机构依法予以免职或者提出免职建议。

第七十三条　国有独资企业、国有独资公司、国有资本控股公司的董事、监事、高级管理人员违反本法规定，造成国有资产重大损失，被免职的，自免职之日起五年内不得担任国有独资企业、国有独资公司、国有资本控股公司的董事、监事、高级管理人员；造成国有资产特别重大损失，或者因贪污、贿赂、侵占财产、挪用财产或者破坏社会主义市场经济秩序被判处刑罚的，终身不得担任国有独资企业、国有独资公司、国有资本控股公司的董事、监事、高级管理人员。

《中华人民共和国劳动合同法》（节选）

第二十三条　用人单位与劳动者可以在劳动合同中约定保守用人单位的商业秘密和与知识产权相关的保密事项。

对负有保密义务的劳动者，用人单位可以在劳动合同或者保密协议中与劳动者约定竞业限制条款，并约定在解除或者终止劳动合同后，在竞业限制期限内按月给予劳动者经济补偿。劳动者违反竞业限制约定的，应当按照约定向用人单位支付违约金。

第二十四条　竞业限制的人员限于用人单位的高级管理人员、高级技术人员和其他负有保密义务的人员。竞业限制的范围、地域、期限由用人单位与劳动者约定，竞业限制的约定不得违反法律、法规的规定。

在解除或者终止劳动合同后，前款规定的人员到与本单位生产或者经营同类产品、从事同类业务的有竞争关系的其他用人单位，或者自己开业生产或者经营同类产品、从事同类业务的竞业限制期限，不得超过二年。

参考文献

[1] 白万纲. 战略性绩效管控实操全解 [M]. 北京：中国经济出版社，2014.

[2] 彼得·德鲁克. 管理的实践 [M]. 北京：机械工业出版社，2006.

[3] 马涛. 美的业绩频频造假　疑被经理人“绑架” [EB/OL]. http：//mkt. icxo. com/htmlnews/2010/10/18/1421868. htm，2010 - 10 - 18.

[4] 丁明豪. “被辞职”牵出职业经理人业绩指标陈疾 [N]. 中国企业报，2011 - 06 - 03 (009).

[5] 谭建伟. 呼唤契约精神为职业经理人利益护航 [N]. 经理日报，2011 - 03 - 31 (A01).

[6] 汤孝锦. 关键绩效指标（KPI）在现代企业绩效管理中的应用 [J]. 企业经济，2009 (11)：46 - 48.

[7] 倪津荣. 职业经理人的职业道德探讨 [J]. 经济师，2008 (5)：189.

[8] 卢致天，胡建新. 中、美两国职业经理人产生与成长环境的比较及启示 [J]. 首都经济贸易大学学报，2005 (3)：48 - 51.

[9] 卢宗志. 职业经理人浅析 [J]. 商业文化（学术版），2009 (4)：24.

[10] 李雅鸿，李健. 浅析国内职业经理人的发展现状 [J]. 现代商业，2010 (15)：66 - 67.

[11] 李宁，尹奎，彭剑锋. 国有企业高管绩效管理体系优化探索与实践——以 BZ 集团为例 [J]. 中国人力资源开发，2016 (14)：44 - 53.

[12] 李宁. 德国汽车公司中任职时间最长的 CEO 还要将任期延长三年 [EB/OL]. http：//www. jiemian. com/article/256590. html，2016 - 08 - 18.

[13] 连英祺，葛文卉，董伟. 制度约束与道德规范：从国美之争看我国职业经理人行为的制衡机制 [J]. 人力资源管理，2011 (03)：82 - 84.

[14] 梁冶. 美国 CEO 抢系安全带 [J]. 环球财经，2005 (6)：42 - 43.

[15] 梁上坤，陈冬华. 业绩波动性与高管薪酬契约选择——来自中国上市公司的经验证据 [J]. 金融研究，2014 (01)：167 - 179.

[16] 林靖. 亚洲互动传媒 CEO 崔建平辞职 [EB/OL] . http：//www. caijing. com. cn/2008 - 06 - 25/100071424. html，2008 - 06 - 16.

[17] 刘浩，孙铮. 西方股权激励契约结构研究综述——兼论对中国上市公司股权激励制度的启示 [J]. 经济管理，2009，31 (04)：166 - 172.

［18］刘海英. 高管层报酬契约构成与标准——基于问卷调查的研究［J］. 山东大学学报（哲学社会科学版），2011（3）：121－126.

［19］刘琼. 被解雇的CEO：代价与前途［EB/OL］. http：//tech. qq. com/a/20110920/000030. htm，2011－09－20.

［20］刘步尘. 长虹新任总经理能否不辱使命？［EB/OL］. http：//tech. sina. com. cn/zl/post/detail/e/2015－11－30/pid_ 8497176. htm，2015－11－30.

［21］刘萌. 招商银行监事会坚持“三个结合”常规监督与创新监督协同 全方位提升监督效果［N］. 证券日报，2017－04－19（B02）.

［22］龙金光. “金手铐”的魔力：留住民企核心经理人.［EB/OL］. http：//edu. qq. com/a/20101209/000126. htm，2010－12－09.

［23］陆正飞. 董事会和经理层的业绩考核与薪酬制定——美国经验［J］. 财会学习，2012（05）：13－15.

［24］路遥. EVA指标在企业管理中的运用［J］. 上海企业，2011（01）：68－69.

［25］罗中枢，刘吕红. 论任期制与干部制度体系建设［J］. 上海行政学院学报，2013（02）：81－87.

［26］吕筱萍，刘梅. 基于利益相关者理论的职业经理人绩效评价研究［J］. 工业技术经济，2005（08）：58－62.

［27］吕青松. 试析职业经理人制度建设中标准的应用［N］. 企业观察报，2017－01－23（4）.

［28］罗双平. 从岗位胜任到绩效卓越［M］. 北京：机械工业出版社，2006.

［29］高冬梅. 我该聘谁——破解民营企业家与职业经理人之间的信用危机［J］. 中国商贸，2001（21）：24－25.

［30］高江虹. 首批职业经理人上岗 国投改革全线提速［N］. 21世纪经济报道，2016－08－25（003）.

［31］国务院国有资产监督管理委员会业绩考核局. 中央企业经营业绩考核暂行办法辅导讲座［M］. 北京：经济科学出版社，2004

［32］吉姆·柯林斯，杰里·波勒斯. 基业长青［M］. 真如，译. 北京：中信出版社，2009.

［33］科尔尼管理咨询公司. 董事会“有效性运动”5大方向［J］. 中国企业家，2005（09）：87－91.

［34］旷开源. 家族企业职业经理人退出补偿机制研究［J］. 商业经济与管理，2012（02）：29－33＋89.

［35］胡晓琼. 在夹缝中生存的中国民营企业职业经理人［J］. 新资本，2009

（04）：14－16.

［36］韩强．领导干部权力制约的任期制思考［J］．理论学刊，2011（01）：74－78.

［37］黄裕涛．企业领导人员任期长短利弊辨析［J］．企业文明，2014（03）：67－68.

［38］蒋建湘．企业社会责任的法律化［J］．中国法学，2010（05）：123－132.

［39］姜琳琳．职业经理人信用制度建设的现状与思考［N］．企业观察报，2016－08－16（4）.

［40］贾丽．家电企业董事长薪酬最大差70倍 方洪波分红是年薪的17倍［N］．证券日报，2017－05－02（C01）.

［41］贾薇．关于国有企业职业经理人培训的几点思考［N］．企业观察报，2016－12－26（4）.

［42］井利利．中国上市公司CEO薪酬激励模式研究［D］．北京：对外经济贸易大学，2006.

［43］焦斌龙．中国的经理革命［M］．北京：经济科学出版社，2003.

［44］小艾尔弗雷德·D．钱德勒．看得见的手：美国企业的管理革命［M］．重武，译．北京：商务印书馆出版，2014.

［45］GB/T 26999—2011，职业经理人相关术语［S］.

［46］GB/T 26998—2011，职业经理人考试测评［S］.

［47］GB/T 28933—2012，职业经理人通用考评要素［S］.

［48］GB/T 28934—2012，职业经理人培训规范［S］.

［49］GB/T 31864—2016，职业经理人信用评价指标［S］.

［50］谢永珍．混乱的CEO任免［J］．董事会，2013（09）：46－50.

［51］徐晶晶．股票期权在我国运用的困惑与出路［J］．中国科技信息，2005（22）：29＋35.

［52］徐宁．中国上市公司股权激励契约安排与制度设计［D］．济南：山东大学，2011.

［53］张维迎．企业家与职业经理人：如何建立信任［J］．北京大学学报（哲学社会科学版），2003（05）：29－39.

［54］张孟军．美国CEO为什么能潇洒离职？［J］．中外管理，2007（02）：27.

［55］张军，晓芳．杜邦分析法：缺陷、改进与展望［J］．内蒙古财经学院学报，2010（1）：88－90.

［56］张龙安，等．银行高管人员“市场退出”效果不明显［J］．农村金融研究，

2011 (11): 79.

[57] 张兆国, 刘亚伟, 杨清香. 管理者任期、晋升激励与研发投资研究 [J]. 会计研究, 2014 (09): 81 –88 +97.

[58] 张百舸. 美的创始人何享健: 得职业经理人得天下 [EB/OL]. http://www. jiemian. com/article/1282961. html, 2017 –04 –28.

[59] 赵杨易. 关于中国国企引入职业经理人的思考 [J]. 时代金融, 2008 (12): 91 –93.

[60] 赵云龙. 山东国企高管做重大决策时渎职? 终身追责! [EB/OL]. http://news. e23. cn/shandong/2017 –05 –12/2017051200571. html? pc, 2017 –05 –13.

[61] 重华. 国企改革多点突破　今年成政策落实年 [N]. 第一财经日报, 2016 –02 –24 (A01).

[62] 朱凯, 王媛媛. 物产中大全球海选高管　职业经理人薪酬突破"限薪令" [EB/OL]. http://company. stcn. com/2017/0330/13188135. shtml? from = groupmessage &isappinstalled =0, 2017 –03 –30.

[63] 祝嫣然. 国企高管不能光"限薪", 职业经理人薪酬市场化 [EB/OL]. http://www. yicai. com/news/5141903. html, 2016 –10 –24.

[64] 职业经理研究中心. 中国职业经理理论与实践 [M]. 北京: 中国工商出版社, 2004.

[65] GB/T 20000. 1 –2002, 标准化工作指南　第 1 部分 [S].

[66] 陈银林. 我国职业经理人市场发展存在的问题 [J]. 魅力中国, 2014 (02): 68 –69.

[67] 陈岱松, 韩疆. 金色降落伞境外备受争议 [J]. 董事会, 2016 (08): 23 –24.

[68] 程广林, 景浩. 建立在绩效基础上的国有企业员工退出机制 [J]. 中国人力资源开发, 2012 (04): 36 –39.

[69] 沈向光, 赵春荣, 郑利群. 不完全契约下经理和债权人之间的代理成本问题研究 [J]. 财会通讯 (学术版), 2006 (12): 104 –106.

[70] 丛寰宦. 董事长与 CEO 关系的中国法则 [J]. 董事会, 2012 (01): 47 –58.

[71] 孙卫敏. 职业经理人综合评价体系研究 [D]. 济南: 山东大学, 2007.

[72] 孙佳良. 浅谈职业经理人制度与民营企业的发展 [J]. 才智, 2015 (02): 4.

[73] 严学锋. 董事长眼中的 CEO 继任计划 [J]. 董事会, 2011 (08): 56 –57.

[74] 杨建勋. 美国公司 CEO 的激励收入体系 (上) [J]. 外国经济与管理, 1999 (08): 15 –19.

[75] 杨大跃. 职业经理人: 企业领袖与管理精英 [M]. 北京: 中国发展出版

社，2003.

［76］杨敏. 国有企业创业型企业家退出机制探析［J］. 中国党政干部论坛，2007（01）：25+31.

［77］杨轩. 国企将首次实行重大决策终身追责制［N］. 中国商报，2016-09-20（W01）.

［78］姚冬琴. 上市公司高管到底该拿多少钱？［J］. 中国经济周刊，2013（48）：36-38+88.

［79］姚建莉. 浙江最大国企试点职业经理人改革：一套班子两套薪酬体系如何运作？［N］. 21世纪经济报道，2017-04-07（007）.

［80］约翰·加普. CEO任期该多长？［EB/OL］. http：//www. ftchinese. com/story/001056018/，2014-04-30.

［81］吴广亮. 谈谈职业经理人［J］. 中国人力资源开发，2009（02）：100-101.

［82］魏杰. 职业经理人制度建设中的一个重要问题［J］. 上海国资，2001（03）：11-14.

［83］魏丽青. 英国职业资格证书教育的经验与启示［J］. 教育与职业，2009（09）：55-57.

［84］王玉东. 案例教学：哈佛商学院MBA教育的基本特征［J］. 大学教育科学，2004（03）：86-89.

［85］王娜. "萨班斯"大考逼近中国企业［J］. 法人杂志，2006（07）：68-70.

［86］王军，聂规划. 完善和建立职业经理人市场［J］. 中国建材，2008（09）：61-63.

［87］王清松. 佳木斯市国有企业契约化管理模式研究［D］. 哈尔滨：哈尔滨工程大学，2009.

［88］王永强. 职业经理人蛮荒时代结束　国美追索陈晓千万元幕后［N］. 中国经营报，2012-01-30（C03）.

［89］王义华，罗学宏，易思. 基于胜任力的银行高管人员履职行为监管探讨［J］. 金融理论与实践，2013（08）：34-37.

［90］王永利. 建立职业经理人才市场　推进职业经理人制度建设［N］. 企业观察报，2016-05-16（04）.

［91］吴双. 从任期制角度规范短期行为［J］. 党政干部学刊，2009（07）：55-57.

［92］吴卫华，万迪昉，吴祖光. CEO权力、董事会治理与公司冒险倾向［J］. 当代经济科学，2014，36（01）：99-107+127-128.

[93] 奥迪监事会将集会或讨论 CEO 施泰德去留问题 [EB/OL]. http：//auto. 163. com/17/0323/01/CG64UDBS000884ML. html，2017 -03 -23.

[94] 4 年时间做垮雅虎，“硅谷第一美女”黯然谢幕，但她还要拿走 2300 万美金…… [EB/OL] . http：//finance. jfinfo. com/news/20140221/00361578. shtml，2017 -03 -14.

[95] 福特董事会因财收下降质询 CEO　不看好其战略计划 [EB/OL]. http：// auto. cnr. cn/gdbkxw/20170511/t20170511_ 523750003. shtml，2017 -05 -11.

[96] 国有资本投资公司改革再迈新步　中粮放管结合　提质增效 [EB/OL] . http:// finance. sina. com. cn/roll/2016 -08 -23/doc -ifxvctcc8281537. shtml，2016 -08 -23.

[97] 国资委推四项改革　董事会职权受关注 [EB/OL]. http：//companies. caixin. com/2014 -07 -15/100704406. html，2014 -07 -15.

[98] 惠普起诉前 CEO 赫德加入甲骨文 [EB/OL]. http：//tech. 163. com/10/0909/01/6G3RCCVL000915BD. html，2010 -09 -09.

[99] 惠普向 SEC 提交马克·赫德离职协议全文曝光 [EB/OL]. http：//tech. 163. com/10/0807/13/6DG61FIT00094IN2. html，2010 -08 -07.

[100] 金色降落伞“给我备好了吗”[J]. 管理科学文摘，2001 (04)：54 -57.

[101] 上汽集团：激励与业绩挂钩　市场化薪酬留人 [EB/OL]. http：//stock. jrj. com. cn/hotstock/2017/05/18030122495047. shtml，2017 -05 -18.

[102] 邵宁. 亟需打通国企高管市场化退出通道 [J]. 中国总会计师，2014，(08)：9.

[103] 万达3 月内 3 名高管离职　百万高薪背后业绩考核严苛 [EB/OL]. http：//finance. qq. com/a/20170215/039069. htm，2017 -02 -15.

[104] Alfred D. Chandler. The Visible Hand—The Managerial Revolution in American Business [M]. Cambridge：Belknap Press of Harvard University Press，1999.

[105] Martin J. Conyon. Tenure and Contracts：The Experience of UK CEOs [J]. Personnel Review，1994，23 (5)：25 -33.

[106] CEO evaluation ：Navigating a New Relationship With the Board. [EB/OL]. http：//nadler -leadership -advisory. com/NAS -White -Papers/9_ CEO -Evaluation. pdf，2017 -05 -23.

[107] Notice of 2017 Annual Meeting of Shareholders and Proxy Statement [EB/OL]. http：//files. shareholder. com/downloads/AAPL/3444424458x0x921630/0F4F1DA5 -8CC6 -43DC -A27E -1D1FF97F9359/Apple_ 2017_ Proxy_ Statement. pdf，2017 -01 -06.